中国规划

李忠杰 著

人民出版社

自　序
科学制定和接续实施"五年规划"

李忠杰

　　为适应制定和学习、执行"十五五"规划的急需,特将《中国规划》一书重印,并将此文代作新序,原书前言及内容均不作改动。

　　我国将于2026年开始实施"十五五"规划。按照惯例,今年的中央全会将审议通过中共中央关于"十五五"规划的建议。习近平总书记主持召开部分省区市"十五五"时期经济社会发展座谈会,并对"十五五"规划编制工作作出重要指示:"编制和实施'十五五'规划,对于全面落实党的二十大战略部署、推进中国式现代化意义重大","谋划'十五五'时期经济社会发展,必须准确把握'十五五'时期的阶段性要求,着眼强国建设、民族复兴伟业,紧紧围绕基本实现社会主义现代化目标,一个领域一个领域合理确定目标任务、提出思路举措"。各级党委政府和有关部门需要做好有关工作,确保高质量完成规划编制工作。

充分发挥运用规划治国理政的政治优势

五年规划是中国共产党治国理政的鲜明特色和重要抓手。从20世纪50年代初起,中国开始实行五年计划。改革开放后,中国建立社会主义市场经济体制,但并没有抛弃计划方式,而是对它进行改革,使之更好地发挥作用。特别是从"十一五"开始,改成五年规划。中国式现代化建设,就是由这样一个个五年计划和规划连接起来并渐次推进的。

习近平总书记指出,科学制定和接续实施五年规划,是我们党治国理政一条重要经验,也是中国特色社会主义一个重要政治优势。中国式的五年规划,充满了治国理政的大智慧,具有一系列重要特点。

第一,坚持党的领导。所有五年规划都是在党的领导下制定的,并由党的中央全会甚至党代会通过有关建议。"一五"计划是由中央主持拟定的,其草案由党的全国代表会议审议通过。周恩来所作关于"二五"计划建议的报告,是由党的八大正式通过的。改革开放以来,都是由中央负责制定关于五年规划的建议,中央全会审议通过后,再由国务院按建议要求完成规划编制,这已成为基本的规范。

第二,坚持依法治国。全国人民代表大会依法行使的职权之一,是审查和批准国民经济和社会发展计划和计划执行情况的报告。所有经济和社会发展的五年规划,都严格按照宪法和法律的规定,在中央提出建议后,由国务院负责完成编制,最后由全国人民代表大会讨论通过、批准实施。每一届全国人大,都要审议一次五年规划。每一年的全国人大会议，还要以听取和审议政府工作报告的方式，审议五年规划每一年的进展和年度安排。

第三，坚持以人民为中心。所有规划都是为了更好地解放和发展社会生产力，满足人民群众物质文化生活的需要。最初的任务是解决人民温饱问题，现在是满足人民对美好生活的需求。每一个五年规划，都包含着大量民生指标、民生工程、民生举措。中国人民的生活水平和质量，都是通过一个个五年规划得以提升的。

第四，坚持实事求是。"二五"计划曾经因冒进和浮夸而未能执行。其他五年规划（计划），基本上都是实事求是制定的。实践告诉我们，任何规划都必须从实际出发，进行精确的计算，客观估量5年中应干什么、能干什么，不能有半点虚假和夸大。如有形势变化，规划的某些内容还要及时调整。具体到每个项目和工程，都要在严格论证的基础上作出决定并加以实施。

第五，坚持整体谋划。所有的五年规划都是着眼中国现代化建设的全局制定的，具有鲜明的战略性、全局性、长远性、基础性。必须根据国家发展的战略需要，统筹平衡各地区、各领域、各方面的关系，全面规划、合理布局，在动态中实现综合平衡。规划中的很多内容，都有牵一发而动全身的特点。必须总揽全局、精心谋划，推动经济、政治、文化、社会、生态文明的全面发展和进步。

第六，坚持改革创新。五年规划（计划）本身是从苏联学来的，但又糅合了中国的国情和治国思想。特别是改革开放以来，五年规划（计划）不断改革。"六五"计划第一次将"国民经济计划"改成了"国民经济和社会发展计划"。随后逐步将计划区分为指令性计划和指导性计划。改革开放的所有重大措施都会在五年规划（计划）

中体现出来,并推动改革开放不断深化。

第七,坚持长短结合。在中国的规划体系中,主体是5年,但很多五年规划还延伸到10年或15年的远景规划目标。如"十四五"规划同时伴有到2035年的远景目标,更长远的战略甚至贯通30年、50年、70年、100年。具体执行中,每一年都有年度计划。每一个五年规划,都必须把长远目标、阶段任务统一于一个整体中。

第八,坚持扎实推进。所有的规划一旦批准,就必须坚决执行。很多内容都要落实到各部门、各地区,有计划、有步骤地加以实施。党中央和国务院会制定所有任务的分解方案,有的制定相应政策,有的制定实施方案,有的落实工程项目,有的采取必要措施。国务院和有关部门进行期中检查,计划期满后进行必要的总结。

经过14个五年规划的实践和探索,中国运用五年规划治国理政、推进中国式现代化的经验更加丰富,制定和实施五年规划的水平不断提高,确保了改革开放以来中国特色社会主义事业发展的科学性、长期性、连续性和稳定性。在新时代新征程上,我们要更好发挥这样的优势,更高质量制定"十五五"规划,进一步提高规划编制和实施的水平,为中国式现代化的发展、第二个百年奋斗目标的实现,打下更加坚实的基础。

高质量完成"十五五"规划的编制任务

编制和实施"十五五"规划,对于全面落实党的二十大战略部署、推进中国式现代化意义重大。习近平总书记明确要求,坚持科学决策、民主决策、依法决策,高质量完成规划编制工作。这些指示对于进一步提高"十五五"规划编制的水平具有重要的指导意义。

实行科学决策、民主决策、依法决策,是党和国家依法治国方略的基本要求。在编制五年规划中实行这三个决策,实际上是一个典型的践行全过程人民民主的过程。所谓民主,就其最基本的含义来说,是指一种按照预定的程序和规则,根据多数人的意愿,通过投票等方式作出决定的机制。民主的本义,首要和主要的,是指这种机制和制度,其他如民主精神、民主作风等,都是从制度派生出来的。全过程人民民主,并不是仅仅指全过程听取意见,实际上是票决民主加协商民主,再加上党的群众路线、广泛调查研究、多方听取意见。

我国制定五年规划,都要经历非常规范的一系列过程,这是比较典型的全过程人民民主。在这个过程中,很多环节都以协商民主的方式,进行深入的调查研究,开展严格的科学论证,广泛听取各方面意见,与民主党派开展政治协商,由国务院完成规划编制,由全国政协进行协商审议,最后由全国人大审议表决。在关键的和最后的环节,严格依法履行民主程序。

高质量编制"十五五"规划,必须在一系列环节上践行全过程人民民主,唯有如此,才能全面提高规划编制的水平。

深入调查研究。开展不同形式的调查研究,已经成为制定五年规划的优良传统和首要环节。调查研究要全面、深入,既有起草部门的调查研究,也有不同课题组的调查研究;既有成绩和经验的调查研究,也有短板和不足的调查研究;既有普遍性的调查研究,也有专项性的调查研究。任何调查必须坚持实事求是的原则,唯有在客观真实的基础上,才能确定未来重点要抓的工作和项目,切实解决存在的问题,制定出真正科学、可行、管用、有用的规划来。

加强科学论证。制定五年规划,一般都要列出一系列重大课题,组织有关部门和专家进行深入的研究,这是保证规划科学性的重要基础。为编制"十五五"规划,有关部门从2024年就开始这项工作,并已取得成果。在形成规划初步方案之后,还需要对一些重大问题、重要政策、重大项目进行进一步科学论证。对于困难、棘手的问题,更要反复、严谨加以论证,听取不同专家的意见,设想各种不同的方案和结果,权衡利弊、形成共识。

广泛听取意见。制定五年规划的过程,就是一个听取民意、集中民智、集思广益、凝聚共识的过程。5年前的"十四五"规划编制工作,除了各种调查研究、征求意见外,还在2020年8月开展了网上意见征求活动,累计收到网民建言超过101.8万条。根据习近平总书记重要指示精神和"十五五"规划建议起草工作安排,有关方面已经开始通过多种形式征求干部群众、专家学者等的意见建议。这是党的群众路线的重要体现,也是科学决策、民主决策、依法决策的重要举措。

坚持顶层设计。制定五年规划,在问计于民的基础上,都要由党和国家进行顶层设计。五年规划是总揽全局的战略部署,顶层设计的科学性如何,决定着规划的成败。各个地区的规划,相对于这个地区来说,也是一种中观层面的顶层设计。顶层设计应该在更高层面上,把战略目标与现实需要结合起来,把群众要求与国家大局结合起来,把各方利益与不同需求结合起来,充分体现目标任务和政策举措的系统性、整体性、协同性,充分体现和发挥五年规划的战略指导作用。

加强规划衔接。经过多年发展和完善,我国已经形成了三级、三类的规划体系,三级即国家一级、省一级、地市一级,三类即国家规划、地方规划、专项规划。这样一个规划体系的形成,本身就是统筹衔接的表现和成果。编制"十五五"规划,要继续做好衔接协调工作,特别是注意"十五五"规划与"十四五"规划的衔接、地方规划与国家规划的衔接、各个地方规划相互之间的衔接、专项规划与国家规划及地方规划之间的衔接,既要反映市场需求和发展需要,又要体现各地特色、发挥比较优势,防止过多雷同和重复建设。

推进规划法治。今年4月,全国人大常委会已经对国务院提交的国家发展规划法草案进行审议,并公开征求各方面的意见。这是推进国家发展规划法治化的重要进展。发展规划关系国家发展大局,特别是空间规划直接涉及人民群众的民商利益,包括很多复杂的社会关系和法律问题。制定和实施高质量的发展规划,必须首先有法可依,严格依法办事。制定国家发展规划法,将填补我国法律体系的一个空白,大大提高制定和实施发展规划的科学化、法治化水平。

为"十五五"时期现代化建设绘好蓝图

编制"十五五"规划,实际就是谋划"十五五"时期的经济社会发展。"十五五"规划要在"十四五"时期发展基础上,向着2035年的目标迈出新的重要一步。编制"十五五"规划,必须准确定位"十五五"规划在中国式现代化进程中的任务和作用,为"十五五"期间中国式现代化的发展绘制科学蓝图。

科学预见"十五五"时期的形势走向。当前和未来,国内国际形势正在并将持续发生新的重大变化。编制"十五五"规划,必须以前瞻性的眼光尽可能准确分析预测未来5年形势变化的走向、特点、机遇、挑战,尽最大努力创造和利用一切可能的机遇,做好应对各种风险挑战的准备,坚定不移办好自己的事,坚定不移发挥自身长处、消除自身短板,坚定不移向着中国式现代化的目标前进。

准确把握"十五五"时期的阶段性要求。科学确定"十五五"规划的目标、任务、指导思想和应该遵循的原则。按照2035年的远景规划目标,理清思路,明确未来5年应该干什么、需要干什么、能够干什么。按照习近平总书记的重要指示,一个领域一个领域合理确定目标任务、提出思路举措。注重巩固拓展优势,突破瓶颈堵点,补强短板弱项,提高质量效益,加快构建新发展格局,全面推动高质量发展。

把目标导向和问题导向结合起来。着眼强国建设、民族复兴,瞄准世界科技和生产力发展前沿,把发展新质生产力摆在更加突出的位置,以科技创新为引领、以实体经济为根基,全面推进传统产业转型升级,积极发展新兴产业,超前布局未来产业,加快建设现代化产业体系。立足于解决现实问题,破解当前和未来面临的一些瓶颈和困难,有效稳住经济基本盘,多措并举稳就业、稳企业、稳市场、稳预期,突出解决好人民群众的切身利益问题。

提高五年规划的国际化水平。改革开放以来,外部因素对中国经济和社会发展的影响明显增大。近年来,对中国发展的不利因素迅速增加。制定发展规划,不能仅仅着眼于中国自身,而且还要进一步拓宽视野,更加突出地把中国放在世界发展和国际博弈的全局中来谋划,准确估计世界政治变动和各种突发事件对中国的影响,相应规划好如何更好地利用外部条件、如何在世界舞台上进行博弈、如何未雨绸缪制定好应对突发状态的战略对策。

统筹发展和安全的关系。发展是安全的基础,要安全就必须首先抓好发展。立足于固本强基,集中力量推进现代化建设,全面提升我国的经济、政治、科技、教育、文化、人才、资源实力。把自己的基础打牢、打扎实。安全是发展的保障,在发展的同时必须保障自己的安全。在国际规则允许的情况下,设置必要的防火墙,防止城门失火、殃及池鱼。增强机遇意识和风险意识,树立底线思维,把困难估计得更充分一些,把风险思考得更深入一些,注重堵漏洞、强弱项,下好先手棋、打好主动仗。

目　　录

前　言

从 20 世纪 50 年代初起,五年计划就走进了中国的国家和社会生活。从"十一五"开始,五年计划改成了五年规划。迄今,中国已经完成了 13 个五年规划(计划),并正在开始实施"十四五"规划。以五年规划为主干,逐步形成了"三级三类"规划体系。"三级"即国家、省和市县;"三类"即总体规划、专项规划和区域规划。2018 年,中共中央、国务院进一步要求,"建立以国家发展规划为统领,以空间规划为基础,以专项规划、区域规划为支撑,由国家、省、市县各级规划共同组成,定位准确、边界清晰、功能互补、统一衔接的国家规划体系"。除了这类经济社会发展的规划之外,党和国家还不断制定其他不同领域、不同层面、不同类型的规划。

所有这些规划,具有鲜明的中国特色,其规模、数量、内容、时空跨度、严整、系统、有效,都是世界上其他国家难以比拟和想象的,因此,我把它们统称为"中国规划"。

中国规划是中国共产党治国理政的重要方式,是国家组织推进经济和社会发展的基本手段和主要工作,是中国特色社会主义的重要组成部分。中国共产党治国理政的理念、战略和宝贵经验,中华人民共和国发展进步的过程、道路和辉煌成就，改革开放带来的历史变化和崭新面貌，新时代中国前进的目标、任务、举措和基本路径，都可以从中国规划制定、实施、完成的情况清楚地显示出来。中国规划在中国走向社会主义现代化的进程中发挥着极其重要的作用。

中国规划既是党和国家的工作大局，又与我们每一个人的工作和生活密切相关。长期以来，有关部门和学界人士对如何制定和实施这些规划以及规划的内容进行了大量研究，取得了巨大成绩。但是，对于中国规划这一独特的历史现象本身，特别是如何作为一种治国理政的手段和方法加以运用，包括中国规划的历史沿革、制定过程、规划体系、规划体制、基本特点、主要作用、实施方式等，却一直缺乏专门的研究。这是一件多少有点奇怪也非常遗憾的事情。

因此，从20世纪90年代起，我就断断续续开始了对中国规划的研究，特别是曾把全国所有省、自治区、直辖市的跨世纪发展规划搜集起来，进行比较分析，发现了一些共同特点和缺点，就此写过内参和文章。后来还以各种方式提出过提高规划制定和实施科学化水平的建议。

2020年10月，党的十九届五中全会审议通过《中共中央关于制定国民经济和社会发展第十四个五年规划和二〇三五年远景目标的建议》。2021年3月，十三届全国人大四次会议的主要议程就是审议"十四五"规划和二〇三五年远景目标，通过之后即正式实施。这是党和国家的一件大事，所以，去年以来，我先后发表了《历史新坐标上的战略谋划》《气势恢宏的"中国规划"》《历史交汇点上再出发》等文章，产生了比较好的影响。在此基础上，应人民出版社约请，又抓紧写出了《中国规划》一书，提供给广大读者特别是以不同方式参与制定、研究各种规划的领导干部和专家学者,也实现了我一直想写一本这方面著作的心愿。

本书出版之际,正是全国人大正式审议通过"十四五"规划和二〇三五年远景目标之时,也是各地各部门陆续制定不同类型五年规划的时候,而且,一如既往,今后制定这类规划的工作还会一直持续下去。所以,本书的主要目的,就是介绍一些以五年规划为主的中国规划的历史、现状、特点、方式等,提供一点中国规划的背景情况和研究意见,供有关部门和各方面人士在制定和研究规划时参考,也帮助广大读者在学习和贯彻五年规划等中国规划时加深理解。

中国规划是一个响亮的名片。读懂中国规划,就能够更加深入、全面、系统地读懂中国。所以,这本书也可以作为向世界介绍中国规划之用,希望外国朋友通过本书能更多地了解中国。

中国规划涉及经济、政治、文化、社会、党史、新中国史、改革开放史、社会主义发展史等很多方面的情况和专业,涉及很多文件、政策、概念以及它们的发展变化。所以,如果读者发现书中有不够准确的地方,敬请指正。

第一章　中国规划的坚定目标

党的十九届五中全会审议通过了《中共中央关于制定国民经济和社会发展第十四个五年规划和二○三五年远景目标的建议》，这是夺取全面建设社会主义现代化国家新胜利的纲领性文件。2021年3月，十三届全国人大四次会议审议批准了《中华人民共和国国民经济和社会发展第十四个五年规划和2035年远景目标纲要》。回溯既往，中华人民共和国成立以来，已经先后制定和实施完成了13个五年规划（计划），"十四五"规划也已经开始实施。此外还制定了其他各种形式的一系列规划（计划）。它们共同构成了富有特色的"中国规划"。

习近平总书记说："从第一个五年计划，到第十四个五年规划，一以贯之的主题，是把我国建设成为社会主义现代化国家。"[①]在中国这样一个经济文化落后的国家实现社会主义现代化，一直是中国人民孜孜以求的梦想，也一直是中国共产党坚定不移的目标。

---

① 人民日报记者杜尚泽，新华社记者张晓松、朱基钗：《高远务实的时代擘画——党的十九届五中全会侧记》，新华网，2020年10月30日。

因此,所有的中国规划,都始终瞄准着一个坚定的目标:社会主义现代化。中国规划都是奔向社会主义现代化的规划。我们要读懂十九届五中全会的精神,掌握"十四五"规划的精髓,首先要把中国规划放在中国现代化的历史进程中,看中国现代化的道路是怎样走过来的,看中国共产党是怎样设计现代化的步骤、推动现代化的进程的。

一、矢志不渝追求的目标

中华民族在长达 50 个乃至 80 个世纪的历史进程中,创造了辉煌的文明。但到近代,却落后了。在汹涌澎湃的近代文明大潮中,中华民族一度成了落伍者;在剧烈竞争的世界舞台上,中华民族一度成了挨打者。落后贫困的境地,任人欺凌的耻辱,激起炎黄子孙顽强奋斗的信念和决心。救亡和进步,成为近代中国的两大历史性任务。在此基础上再次振兴中华民族,实现现代化,重新进入世界先进民族之列,就成为无数志士仁人不懈追求的理想和目标。

近代中国的许多政治力量和先进人士,都曾提出过现代化的构想,作出过巨大的努力,甚至付出了生命的代价。尽管有的也取得了一定成果,但由于种种主观或客观的原因,都没有能够成功。中国现代化的道路艰难曲折。

中国共产党从成立开始的初心和使命,就是为中国人民谋幸福,为中华民族谋复兴。中国共产党相继推进新民主主义革命,推进社会主义革命和社会主义建设,实施改革开放的伟大变革,就对中华民族的整体目标而言,说到底,就是要实现中华民族伟大复兴,争取进入世界现代化的行列。所以,中国共产党在自己的奋斗过程中,逐步明确地提出了现代化的目标。

1945 年,毛泽东在党的七大所作的《论联合政府》报告中,明确宣布:"中国工人阶级的任务,不但是为着建立新民主主义的国家而斗争,而且是为着中国的工业化和农业近代化而斗争。"①

新中国的建立,为向这样的目标迈进创造了新的历史条件。1953 年,毛泽东亲自修改审定的《关于党在过渡时期总路线的学习和宣传提纲》指出:"我们党和全国人民的基本任务就是要改变国家的这种经济状况,在经济上由落后的贫穷的农业国家,变为富强的社会主义的工业国家。这就需要实现国家的社会主义工业化,使我国有强大的重工业可以自己制造各种必要的工业装备,使社会主义工业成为我国唯一的工业。实现国家的社会主义工业化,就可以促进农业和交通运输业的现代化,就可以建立和巩固现代化的国防。"毛泽东在这里实际上已经提出了现代化的工业、农业、国防和交通运输四个现代化的目标。

1954 年,毛泽东在第一届全国人民代表大会开幕词中号召:"将我们现在这样一个经济上文化上落后的国家,建设成为一个工业化的具有高度现代文化程度的伟大的国家。"②在《政府工作报告》中,周恩来强调:"如果我们不建设起强大的现代化的工业、现代化的农业、现代化的交通运输业和现代化的国防,我们就不能摆脱落后和贫

---

① 《毛泽东选集》第 3 卷,人民出版社 1991 年版,第 1081 页。
② 《毛泽东著作选读》下册,人民出版社 1986 年版,第 715 页。

困,我们的革命就不能达到目的。"①

1957 年 2 月,毛泽东在最高国务会议上发表《关于正确处理人民内部矛盾的问题》的讲话,其中提出"将我国建设成为一个具有现代工业、现代农业和现代科学文化的社会主义国家"②。科学文化在这里被纳入了现代化的范畴。1959 年底 1960 年初,毛泽东在阅读苏联《政治经济学教科书》社会主义部分时提出:建设社会主义,原来要求是工业现代化、农业现代化、科学文化现代化,现在要加上国防现代化。这是毛泽东第一次比较完整地概括四个现代化的内容,其内涵也与当初有所不同。1963 年 1 月,周恩来在上海市科学技术工作会议上提出:"我们要实现农业现代化、工业现代化、国防现代化和科学技术现代化,把我们祖国建设成为一个社会主义强国"③。四个现代化的内容在这里已经基本成型。

到 1964 年 12 月,在三届全国人大一次会议的《政府工作报告》中,周恩来正式向世界宣布:"要在不太长的历史时期内,把我国建设成为一个具有现代农业、现代工业、现代国防和现代科学技术的社会主义强国,赶上和超过世界先进水平。"④四个现代化的正式提出,反映了中国各族人民的共同愿望。

① 转引自《关于建国以来党的若干历史问题的决议注释本》,人民出版社 1983 年版,第 625 页。

② 《毛泽东著作选读》下册,人民出版社 1986 年版,第 760 页。

③ 中共中央文献研究室编:《建国以来重要文献选编》第 16 册,中央文献出版社 1997 年版,第 160 页。

④ 中共中央文献研究室编:《建国以来重要文献选编》第 19 册,中央文献出版社 1998 年版,第 483 页。

　　遗憾的是"左"的错误的发展和"文化大革命"的发生,延缓和打断了现代化的进程。但中国共产党并没有放弃现代化的目标和理想。1975 年,在毛泽东委托邓小平负责起草的《政府工作报告》中,周恩来再次向世界宣布:"在本世纪内,全面实现农业、工业、国防和科学技术的现代化,使我国国民经济走在世界的前列。"[①]在当时复杂和困难的环境下,重申现代化的目标,预示着拨乱反正的方向,受到了广大人民群众的热烈拥护。

　　1976 年"文化大革命"结束以后,实现现代化的任务被重新提上日程。1977 年 8 月的十一大和 1978 年 2—3 月的五届全国人大一次会议,都重申要在 20 世纪内把中国建设成为社会主义的现代化强国。

　　1978 年 7 月 6 日至 9 月 9 日,国务院召开务虚会,研究加快四个现代化建设问题,强调要放手利用国外资金,大量引进国外先进技术设备。

　　1978 年 11 月 10 日至 12 月 15 日,中央工作会议讨论了从 1979 年起把全党工作着重点转移到社会主义现代化建设上来等问题。

　　随后召开的党的十一届三中全会,成为党和国家实现伟大历史转折的标志。全会决定把全党的工作中心转移到社会主义现代化建设上来,明确指出当前以及今后相当长一个历史时期的主要任务,就是搞现代化建设。以党的十一届三中全会为起点,中国人民为实现民族振兴、国家富强和人民幸福,开始了以社会主义现代化为目标的

---

　　① 转引自中共中央党史研究室著:《中国共产党历史》第二卷(1949 —1978)下册,中共党史出版社 2011 年版,第 912 页。

一场新的伟大革命。1978年后的历史时期,也被称为改革开放和社会主义现代化建设的新时期。

建设宝山钢铁总厂,是当时推进现代化建设的一个典型举措。1978年12月23日,上海宝山钢铁总厂举行动工典礼。至1985年11月、1992年4月,宝钢一期、二期工程相继建成投产。2001年5月,三期工程通过竣工验收。虽然其中颇有周折,但宝钢对改革开放后的现代化发展起了导引和示范作用。

改革开放后的现代化目标,更加注重实际,更加切实可行,更加富有中国特色。

1979年3月21日,邓小平在会见外宾时提出"中国式的四个现代化"①概念。

1979年9月29日,叶剑英在庆祝中华人民共和国成立30周年大会上发表讲话,明确提出要从中国的实际出发,走出一条适合中国情况和特点的实现现代化的道路。

1980年1月16日,邓小平在中共中央召集的干部会议上作《目前的形势和任务》讲话,明确提出80年代的三大任务。一件是反对霸权主义、维护世界和平,一件是实现国家的和平统一。另一件、也是最核心的一件,就是"一心一意搞社会主义四个现代化建设,把中国发展起来"②。

1980年12月,邓小平在中央工作会议上正式提出经济发展

① 中共中央文献研究室编:《邓小平思想年谱》,中央文献出版社2011年版,第225页。

② 《邓小平建设有中国特色社会主义论述专题摘编》,中央文献出版社1995年版,第84页。

的战略构想：“经过二十年的时间，使我国现代化经济建设的发展达到小康水平，然后继续前进，逐步达到更高程度的现代化。”①

1981年6月，党的十一届六中全会通过的《关于建国以来党的若干历史问题的决议》指出：“我们党在新的历史时期的奋斗目标，就是要把我们的国家，逐步建设成为具有现代农业、现代工业、现代国防和现代科学技术的，具有高度民主和高度文明的社会主义强国。”

1982年9月，党的十二大作为中国共产党进入新时期之后召开的第一次党代会，顺应人民意愿，为党和国家制定了开创社会主义现代化建设新局面的奋斗纲领。在大会开幕词中，邓小平第一次鲜明地提出了建设有中国特色的社会主义的伟大命题和指导思想，为改革开放和现代化建设树起了一面光辉的旗帜。

党的十二大的一个重要历史贡献，是确定了党在新的历史时期的总任务，即：团结全国各族人民，自力更生，艰苦奋斗，逐步实现工业、农业、国防和科学技术现代化，把我国建设成为高度文明、高度民主的社会主义国家。党和人民的首要任务，是把社会主义现代化建设继续推向前进。

围绕总任务，大会提出了全面开创我国社会主义现代化建设新局面的奋斗目标、战略重点、实施步骤和一系列方针政策。确定把农业、能源和交通、教育和科学作为战略重点。同时确定了分两步走、到20世纪末使人民生活水平达到小康水平的目标。

---

① 《邓小平文选》第2卷，人民出版社1994年版，第356页。

1987 年 10—11 月,党的十三大的一个主要贡献,是制定了党在社会主义初级阶段的基本路线。基本路线的内容确定为:领导和团结全国各族人民,以经济建设为中心,坚持四项基本原则,坚持改革开放,自力更生,艰苦创业,为把我国建设成为富强、民主、文明的社会主义现代化国家而奋斗。在这条基本路线中,现代化是主要内容之一,是全党全国人民共同的奋斗目标。与这个目标相适应,党的十三大还制定了到 21 世纪中叶分三步走、实现社会主义现代化的发展战略,即"三步走"战略。

作为改革开放的总设计师,邓小平旗帜鲜明地将现代化建设放到国家发展的重要位置上,从不同方面论述和强调了现代化建设的战略地位。

一是把现代化建设作为党和国家最重要的一件任务。强调:"我们当前以及今后相当长一个历史时期的主要任务是什么? 一句话,就是搞现代化建设。能否实现四个现代化,决定着我们国家的命运、民族的命运。"①全党应毫不含糊地把现代化建设作为压倒一切的中心任务。

二是把现代化建设作为 80 年代要做的三件大事之一。

三是把现代化建设作为最大的政治。强调"社会主义现代化建设是我们当前最大的政治,因为它代表着人民的最大的利益、最根本的利益"②。

四是把现代化建设作为十一届三中全会以后最大的转变之一。

---

① 《邓小平文选》第 2 卷,人民出版社 1994 年版,第 162 页。
② 《邓小平文选》第 2 卷,人民出版社 1994 年版,第 163 页。

强调正是在以现代化建设为中心的基础上,才"制定了一系列新的方针政策,主要是改革和开放政策"①。

五是把现代化建设上升到党的路线的高度,明确指出:"我们党在现阶段的政治路线,概括地说,就是一心一意地搞四个现代化。"党的总路线的内容"不管怎样表述,实质是搞四个现代化,最主要的是搞经济建设,发展国民经济,发展社会生产力"②。随后我们党制定的基本路线,也被称之为现代化建设的路线。

邓小平这些多维度多层次的论证分析,表明了我们党对于现代化一往情深的向往和追求,也表明了现代化建设在党的心目中和工作中前所未有的地位和分量。

1992 年 10 月召开的党的十四大,报告的标题就是"加快改革开放和现代化建设步伐,夺取有中国特色社会主义事业的更大胜利"。"现代化"概念在报告全文中出现了 59 次,从多个角度提出了现代化建设的任务和要求。

2002 年,党的十六大宣布:"当人类社会跨入二十一世纪的时候,我国进入全面建设小康社会、加快推进社会主义现代化的新的发展阶段。""我们党必须坚定地站在时代潮流的前头,团结和带领全国各族人民,实现推进现代化建设、完成祖国统一、维护世界和平与促进共同发展这三大历史任务,在中国特色社会主义道路上实现中华民族的伟大复兴。这是历史和时代赋予我们党的庄严使命。"③

----

① 《邓小平文选》第 3 卷,人民出版社 1993 年版,第 237 页。

② 《邓小平文选》第 2 卷,人民出版社 1994 年版,第 276 页。

③ 中共中央文献研究室编:《十六大以来重要文献选编》(上),中央文献出版社 2005 年版,第 1—2 页。

2007 年,党的十七大对推进改革开放和社会主义现代化建设、实现全面建设小康社会宏伟目标作出新的全面部署,并指出:"我们党正在带领全国各族人民进行的改革开放和社会主义现代化建设,是新中国成立以后我国社会主义建设伟大事业的继承和发展,是近代以来中国人民争取民族独立、实现国家富强伟大事业的继承和发展。"①

2012 年党的十八大指出:"建设中国特色社会主义,总依据是社会主义初级阶段,总布局是五位一体,总任务是实现社会主义现代化和中华民族伟大复兴。"②

从党的十八大开始,中国特色社会主义进入了新时代。2017 年党的十九大指出:"这个新时代,是承前启后、继往开来、在新的历史条件下继续夺取中国特色社会主义伟大胜利的时代,是决胜全面建成小康社会、进而全面建设社会主义现代化强国的时代,是全国各族人民团结奋斗、不断创造美好生活、逐步实现全体人民共同富裕的时代,是全体中华儿女勠力同心、奋力实现中华民族伟大复兴中国梦的时代,是我国日益走近世界舞台中央、不断为人类作出更大贡献的时代。"③

党的十九大修改后的党章,在党的基本路线的目标中已经增加"和谐"一词的基础上,又增加了"美丽"一词,并将原来的"国家"一

① 中共中央文献研究室编:《十七大以来重要文献选编》(上),中央文献出版社 2009 年版,第 43 页。
② 中共中央文献研究室编:《十八大以来重要文献选编》(上),中央文献出版社 2014 年版,第 10 页。
③ 中共中央党史和文献研究院编:《十九大以来重要文献选编》(上),中央文献出版社 2019 年版,第 8 页。

词改为"强国",使我们的奋斗目标成为"把我国建设成为富强民主文明和谐美丽的社会主义现代化强国"[①]。

社会主义现代化建设事业,代表了全国各族人民的共同意志和根本利益。改革开放的最终目标,当代中国共产党人的庄严使命,就是坚持党的基本路线,团结和带领全国各族人民,沿着中国特色社会主义道路,自力更生,艰苦创业,把我国建设成为富强民主文明和谐美丽的社会主义现代化强国,实现中华民族的伟大复兴。

二、走中国特色的现代化道路

什么是现代化? 现代化是一个世界范畴,也是一个历史概念。我在辨析现代化各种定义的基础上,在 20 世纪 90 年代的有关论文中,提出了自己的见解。我认为,现代化应该分为狭义和广义两个方面。从狭义来说,它是自工业革命以来,人类社会发展以工业文明为核心的现代文明的一种深刻的变革过程,特别是落后的农业国追赶先进的工业国的过程。从广义来说,它也是任何历史时代都存在的文明无限发展的过程。

我认为,现代化的历史哲学基础,就是包括经济、政治、文化、科技、军事、社会等在内的整个人类文明发展的不平衡规律。从纵向来看,人类文明总是在不断发展进步;但从横向来看,不同地域、不同国家、不同类型、不同领域的文明发展又都是不平衡的。在每一个特定

---

① 《中国共产党第十九次全国代表大会文件汇编》,人民出版社 2017 年版,第 71 页。

时刻,总是有一些类型或国家的文明,处于比较领先亦即"现代"的水平。其他的,就要不断地追赶,力争向"现代"转"化"。至于"现代"的内容,很长历史时期,是以工业化为核心内容,但现在已经增加了信息化、智能化、民主化、法治化等各项内容。未来时代,还必定会有新的要求。谁代表"现代"? 都要视一定时代的实际情况而定。所谓现代化,实际上就是这样一个你追我赶、不断超越、无限发展、不断前进的广阔图景和漫长过程。

基于这样的哲学解析,我认为,现代化是一个动态的、其内涵难以精确化的总体范畴。我们通常理解的近代以来的"现代化",有相对集中的含义和要求。但无论狭义还是广义,现代化都主要是一个世界范围的运动过程。它并没有终结的目标,当然,也没有统一的模式。每个国家都要向现代化前进,但每个国家都要从自己的实际出发,选择自己最适当的道路。

中国是一个有悠久历史、曾经陷于半殖民地半封建社会、经济文化又非常落后的东方大国。这样一个国家走向现代化,不能不受到基本国情的制约,不能不选择最适合中国国情的道路。在现代化的每一个关头,我们都要作出选择。每一次选择,都是一次探索;每一次选择,都确定着中国的走向。正是在一次次选择的基础上,中国共产党终于领导人民走出了一条中国特色社会主义的现代化道路。

1840 年之后,中国成为西方殖民者掠夺的对象,但西方的先进文明也同时流入了中国。于是,近代中国与西方国家之间的矛盾,不仅主要表现为侵略与反侵略、掠夺与反掠夺的矛盾,而且也伴随有先进文明与落后文明的矛盾。这种特殊的性质,构成了马克思所称的一种"离奇的悲剧"（现也译作"对联式悲歌"）。这种悲剧不断地在中国的舞台上上演。于是,也就提出了近代中国两个重大的任务:救亡与进步。救亡,是反对帝国主义、解决自己民族和国家的生存问题。进步,则主要是反对封建主义、解决业已陈腐的社会如何赶上世界潮流的问题。不救亡,就没有自己国家和民族在世界上的立足之地,也就谈不上社会的现代化;但如果不推动社会文明的进步,不仅难以从根本上救亡,而且也不可能真正走向现代化。

中国社会的各种政治力量,基于自身的利益和思考,选择了不同的道路。中国人民选择了救亡和进步。中国共产党坚持通过新民主主义革命走向社会主义,解决通向现代化的道路问题。经过千辛万苦的探索,制定了新民主主义革命的路线和纲领,终于领导人民取得了新民主主义革命的胜利,实现了民族独立和人民解放,为中国的现代化扫除了许多障碍,创造了前所未有的新的历史条件。

在新民主主义革命胜利的基础上,中国共产党通过"一化三改造",领导建立了社会主义,使中国的社会面貌发生了根本性的变化。通过艰难曲折的探索和实践,逐步增强了中国的国家实力,改变了中国的发展进程。历史证明,中国共产党领导的现代化,是与社会主义紧紧联系在一起的。中国共产党始终在现代化目标之前,标注社会主义一词,强调社会主义离不开现代化,现代化也离不开社会主义。多少年来,中国共产党领导中国在社会主义的道路上,顽强地朝着现代化的目标一步步逼近。

在中国这样一个经济文化落后的国家建设社会主义现代化,是亘古未有的大试验。走俄国人的路,曾经是我们的选择和信念。革命要走俄国人的路,建设也要走俄国人的路。但实践证明,俄国人的路有适合中国的地方,也有不适合中国的地方。我们学习苏联,运用国家计划组织社会资源和人民力量,曾经创造了很多改天换地的业绩,但苏联那种高度集中的经济政治模式内部的弊病,也日渐深刻地暴露了出来。于是,从毛泽东开始,便努力探索一条适合中国自己的社会主义现代化道路。但由于还没有真正搞清楚什么是社会主义、怎样建设社会主义,毛泽东的探索没有能继续下去,还走了弯路。在经历了种种曲折甚至吃了很多苦头以后,我们才终于明白了人类文明的很多基本道理。

以十一届三中全会为标志,中国共产党形成了解放思想、实事求是的思想路线,明确在发展道路上,要走自己的路,不把书本当教条,不照搬外国模式,坚持独立自主地建设中国特色社会主义。邓小平强调,过去搞民主革命,要适合中国情况,走毛泽东开辟的农村包围城市的道路。现在搞建设,也要适合中国情况,走出一条中国式的现代化道路。按照这样的思想路线,中国共产党顺应历史潮流,实行了改革开放的大政策。

改革开放的很多举措和探索,都曾遇到这样那样的质疑:农村的家庭联产承包责任制到底是社会主义还是资本主义?农贸市场到底是社会主义还是资本主义?国有企业自主经营到底是社会主义还是修正主义?搞经济特区是不是租界又回来了?

面对这些困惑,党中央一再强调,要正确处理理论与实践的关系,要以我国改革开放和现代化建设的实际问题、以我们正在做的事情为中心,着眼于马克思主义理论的运用,着眼于对实际问题的理论思考,着眼于新的实践和新的发展。离开本国实际和时代发展来谈马克思主义,没有意义。静止地孤立地研究马克思主义,把马克思主义同它在现实生活中的生动发展割裂开来、对立起来,没有出路。

1982 年 9 月,在党的十二大开幕词中,邓小平明确指出:"把马克思主义的普遍真理同我国的具体实际结合起来,走自己的道路,建设有中国特色的社会主义,这就是我们总结长期历史经验得出的基本结论。"[①]

按这样的思路和方向,全党解放思想、实事求是,在改革开放中形成了一整套建设中国特色社会主义的路线、方针和政策。邓小平说:"改革开放以来,我们立的章程并不少,而且是全方位的。经济、政治、科技、教育、文化、军事、外交等各个方面都有明确的方针和政策,而且有准确的表述语言。"[②]"如果说构想,这就是我们的构想。""总的来说,这条道路叫做建设有中国特色的社会主义的道路。"[③]

理论的创新不断为实践指明方向。1992 年春,在中国向何处去的关键时刻,邓小平发表南方谈话,为改革开放打开了广阔的空间,特别是确认社会主义可以搞市场经济,使我们得以围绕建立和完善社会主义市场经济体制做了几十年的文章,直到现在还需要继续做下去。

在改革开放进程中,中国共产党先后形成了邓小平理论、"三个代表"重要思想、科学发展观,进入新时代后,又形成了习近平新时代中国特色社会主义思想,实现了党的指导思想的一次次与时俱进。

---

① 中共中央文献研究室编:《十二大以来重要文献选编》(上),人民出版社1986 年版,第 3 页。

② 《邓小平文选》第 3 卷,人民出版社 1993 年版,第 371 页。

③ 《邓小平文选》第 3 卷,人民出版社 1993 年版,第 65 页。

这些理论,既是改革开放和现代化建设的产物,又对改革开放和现代化建设起着重要的指导作用。

随着改革开放的不断深入,我们相继开辟了中国特色社会主义道路,形成了中国特色社会主义理论体系,确立了中国特色社会主义制度,发展了中国特色社会主义文化。

改革开放和现代化建设的实践证明,中国特色社会主义是深深植根于中国大地、符合中国国情、具有强大生命力的社会主义。中国道路,是实现我国社会主义现代化的必由之路,是创造人民美好生活的必由之路。

中国特色社会主义道路,就是在中国共产党领导下,立足基本国情,以经济建设为中心,坚持四项基本原则,坚持改革开放,解放和发展社会生产力,建设社会主义市场经济、社会主义民主政治、社会主义先进文化、社会主义和谐社会、社会主义生态文明,促进人的全面发展,逐步实现全体人民共同富裕,建设富强民主文明和谐美丽的社会主义现代化国家。

中国特色社会主义的道路并不完全等同于现代化的一套内容体系,但两者在根本上是一致的,而且无疑包含着现代化道路的内容在内。这条道路来之不易,所以要格外珍惜。这条道路的开辟,蕴涵着宝贵的历史经验,一定要牢牢记取。

党的十八大指出:"回首近代以来中国波澜壮阔的历史,展望中华民族充满希望的未来,我们得出一个坚定的结论:全面建成小康社会,加快推进社会主义现代化,实现中华民族伟大复兴,必须坚定不移走中国特色社会主义道路。"

三、从初级阶段实际出发推进现代化进程

我曾一再强调,现代化建设是一个庞大的系统工程。它既是一种客观的社会物质运动,又是一种主观见之于客观的能动的社会实践。现代化的进程及其成效和速度,不仅取决于自然的、客观的条件,而且取决于人的主观的努力和行动。因此,在既定的客观条件下,如何认识和掌握规律,提高领导和组织水平,对现代化进程实行科学的战略策略指导,就成为一个非常重要的问题。这种指导,需要有科学的思想方法,需要有严密的科学态度,需要有高超的领导艺术。这些指导现代化的方法、态度和艺术,又集中体现在现代化战略的制定、实施和指导上。

现代化建设必须建立在对中国国情的科学认识和准确把握之上。现代化的目标是根据中国的国情提出来的,现代化的进程要从中国国情的实际向前推进,现代化的一系列战略也都要依据现实的中国国情来制定。中国共产党坚持从中国的国情出发,在探索现代化建设规律的基础上,制定和不断完善了一系列有关现代化建设的战略,并努力地将这些战略付诸实施,从而使现代化建设得以稳步有序地推进,并取得了丰硕的成果。

中国最大的国情是处在什么样的历史发展阶段。

毛泽东曾经思考过社会主义是否可分两个阶段的问题,并认为要超过先进的资本主义国家,没有 100 多年的时间是不行的。但由于对国情特别是所处发展阶段把握不准,在现代化建设中急躁冒进,所以曾造成过一些大起大落。

1957年11月,毛泽东出席在莫斯科召开的社会主义国家共产党和工人党代表会议。苏联提出,要在几项工业产量方面15年赶上或超过美国。毛泽东则提出,中国在钢产量方面15年赶上或者超过英国。苏联超过美国,中国超过英国,到那个时候,我们就无敌于天下了。

毛泽东回国后,立即将这样的宏图大志付诸实践。1958年5月党的八大二次会议,正式通过了鼓足干劲、力争上游、多快好省地建设社会主义的总路线,确定了15年赶上或者超过英国的目标。这条总路线反映了广大人民群众迫切要求改变我国经济文化落后状况的愿望,但忽视了客观的经济规律,脱离了中国实际。

党的八大二次会议后,"大跃进"运动在全国范围迅速展开。在工业方面,钢产量指标不断提高。在农业方面,对农作物产量的估计严重浮夸。生产发展上的高指标和浮夸风,推动生产关系急于向所谓更高级的形式过渡,主观地认为农业合作社的规模越大,公有化程度越高,就越能促进生产。1958年8月的中央政治局北戴河扩大会议后,以高指标、瞎指挥、浮夸风、"共产风"为主要标志的"左"倾错误严重泛滥,并进一步达到高潮。主要由于"大跃进"和"反右倾"的错误,加上其他各种复杂的原因,我国国民经济在1959年到1961年发生严重困难,国家和人民遭到重大损失。

党的十一届三中全会以后,总结历史的经验教训,邓小平强调:"不要离开现实和超越阶段采取一些'左'的办法。"①他强调,"要使中国实现四个现代化,至少有两个重要特点是必须看到的":一个是

① 《邓小平文选》第2卷,人民出版社1994年版,第312页。

"底子薄",另一个是"人口多、耕地少"。①

陈云也提出:我们搞四个现代化,要讲实事求是,先要把"实事"搞清楚。这个问题不搞清楚,什么事情也搞不好。我国有 9 亿多人口,80%在农村,革命胜利 30 年,人民生活有改善,但不少地方还有要饭的,这是一个大问题。要认清我们是在这种情况下搞四个现代化的②。

之后的 1981 年,《关于建国以来党的若干历史问题的决议》首次明确提出"我们的社会主义制度还是处于初级的阶段"③。1987 年 10 月,党的十三大对社会主义初级阶段理论进行了全面而系统的阐述,确认从中华人民共和国建立到下个世纪中叶的 100 年间都是初级阶段。以此为立论根据,党的十三大制定了社会主义初级阶段的基本路线。

初级阶段是一个什么样的阶段? 我们党一再指出,初级阶段是中国建设社会主义现代化不可逾越的历史阶段。1997 年,党的十五大报告概括了社会主义初级阶段的九个基本特征,指出:社会主义初级阶段是逐步摆脱不发达状态,基本实现社会主义现代化的历史阶段;是逐步缩小同世界先进水平的差距,在社会主义基础上实现中华民族伟大复兴的阶段。只有准确地把握初级阶段的基本特点和历史定位,我们对国情的认识才能更加现实、客观和深刻,社会主义现代化建设的战略和方针政策才能建立在更加科学和坚实的基础上。

---

① 《邓小平文选》第 2 卷,人民出版社 1994 年版,第 163—164 页。
② 《陈云文选(1956—1985)》,人民出版社 1986 年版,第 226 页。
③ 中共中央文献研究室编:《三中全会以来重要文献选编》(下),人民出版社 1982 年版,第 838 页。

因此,党的十五大强调,我们讲一切从实际出发,最大的实际就是中国现在处于并将长期处于社会主义初级阶段。我们讲要搞清楚"什么是社会主义、怎样建设社会主义",就必须搞清楚什么是初级阶段的社会主义,在初级阶段怎样建设社会主义。十一届三中全会前我们在建设社会主义中出现失误的根本原因之一,就在于提出的一些任务和政策超越了社会主义初级阶段。改革开放和现代化建设取得成功的根本原因之一,就是克服了那些超越阶段的错误观念和政策,又抵制了抛弃社会主义基本制度的错误主张。

确认社会主义初级阶段对于现代化建设具有重大的意义。社会主义的根本任务是发展社会生产力。在社会主义初级阶段,尤其要把集中力量发展社会生产力摆在首要地位;要把改革开放作为推进中国特色社会主义事业各项工作的动力;要正确处理改革、发展同稳定的关系,保持稳定的政治环境和社会秩序。认清社会主义初级阶段的基本国情,不是要妄自菲薄、自甘落后,也不是要脱离实际、急于求成,而是要坚持把它作为推进改革、谋划发展的根本依据。

社会主义初级阶段是一个发展过程,在不同的时期会有不同的阶段性特点。党的十七大明确指出,进入新世纪新阶段,我国发展呈现一系列新的阶段性特征。这些阶段性特征,是社会主义初级阶段基本国情在新世纪新阶段的具体表现。党的十七大要求,必须始终保持清醒头脑,立足社会主义初级阶段这个最大的实际,科学分析我国全面参与经济全球化的新机遇新挑战,全面认识工业化、信息化、城镇化、市场化、国际化深入发展的新形势新任务,深刻把握我国发展面临的新课题新矛盾,奋力开拓中国特色社会主义更为广阔的发展前景。

2012 年,党的十八大指出:"我们必须清醒认识到,我国仍处于并将长期处于社会主义初级阶段的基本国情没有变,人民日益增长的物质文化需要同落后的社会生产之间的矛盾这一社会主要矛盾没有变,我国是世界最大发展中国家的国际地位没有变。在任何情况下都要牢牢把握社会主义初级阶段这个最大国情,推进任何方面的改革发展都要牢牢立足社会主义初级阶段这个最大实际。"①

2017 年,党的十九大对我国社会的主要矛盾做了新的调整和界定,同时强调:"我国社会主要矛盾的变化,没有改变我们对我国社会主义所处历史阶段的判断,我国仍处于并将长期处于社会主义初级阶段的基本国情没有变,我国是世界最大发展中国家的国际地位没有变。全党要牢牢把握社会主义初级阶段这个基本国情,牢牢立足社会主义初级阶段这个最大实际,牢牢坚持党的基本路线这个党和国家的生命线、人民的幸福线,领导和团结全国各族人民,以经济建设为中心,坚持四项基本原则,坚持改革开放,自力更生,艰苦创业,为把我国建设成为富强民主文明和谐美丽的社会主义现代化强国而奋斗。"②

社会主义初级阶段本身,是一个从低到高的发展过程。由贫穷到温饱,由进入小康到全面小康,由基本现代化到富强民主文明

①　中共中央文献研究室编:《十八大以来重要文献选编》(上),中央文献出版社 2014 年版,第 12—13 页。

②　中共中央党史和文献研究院编:《十九大以来重要文献选编》(上),中央文献出版社 2019 年版,第 9 页。

和谐美丽的社会主义现代化强国……社会发展步步推进,现代化水平步步提高。坚持社会主义初级阶段基本判断的目的,不是为了停留在初级阶段,而是为了更好地发展这个阶段、走出这个阶段。随着中国特色社会主义事业的发展,我们将会越来越趋于走出初级阶段,而离现代化强国的目标越来越近。甚至到2035年基本实现现代化之时,我们也许就可以宣布社会主义初级阶段已经结束。但在未来的那个节点到来之前,将我国国情定位于社会主义初级阶段,这是稳妥的,也是合乎实际的。至于现在,肯定还不能说已经走出了初级阶段。

四、科学认识和界定中国社会的主要矛盾

如何准确认识和界定中国社会的主要矛盾,是中国共产党制定一系列路线方针政策的基础,也一直是现代化建设中所要解决的重大的基础性问题。

1956年党的八大对社会主义改造完成后阶级关系的新变化作了科学分析。大会通过的关于政治报告的决议中宣布:由于民主革命和社会主义革命的胜利,"我国的无产阶级同资产阶级之间的矛盾已经基本上解决"。"我们国内的主要矛盾,已经是人民对于建立先进的工业国的要求同落后的农业国的现实之间的矛盾,已经是人民对于经济文化迅速发展的需要同当前经济文化不能满足人民需要的状况之间的矛盾。这一矛盾的实质,在我国社会主义制度已经建立的情况下,也就是先进的社会主义制度同落后的社会生产力之间的矛盾。"基于这一矛盾的变化,"党和全国人民的当前的主要任务,

就是要集中力量来解决这个矛盾,把我国尽快地从落后的农业国变为先进的工业国。"[①]

党的八大关于主要矛盾的实质、即第三句话的表述,在理论上有不太准确之处,但其着眼点,是突出说明中国生产力发展还很落后这一基本国情,强调在社会主义改造已经基本完成的情况下,国家的主要任务已经由解放生产力转变为在新的生产关系下保护和发展生产力,全党要集中力量去发展生产力。所以,党的八大对我国社会主要矛盾的认识和界定基本上是正确的。

对我国社会主要矛盾作出新的认识和界定,是党的八大的一个重大贡献,是探索中国自己建设社会主义道路的良好开端和重要成果。它为中国走向现代化的历史进程奠定了重要的理论基础,具有深远的历史意义和现实意义。

但遗憾的是,这一判断和界定是笔杆子的主意,而不是毛泽东的本意。虽然毛泽东在匆匆忙忙中也认可了,但没过几天,他就提出了批评。所以,党的八大的观点提出没多久,就被改变了,以致后来"左"的错误逐渐发展,造成了严重后果。

"文化大革命"结束之后,在理论和政治上所要解决的一个重大问题,就是重新确定我国社会的主要矛盾。

1978 年,党的十一届三中全会断然停止使用"以阶级斗争为纲"的口号,作出把工作重点转移到社会主义现代化建设上来的战略决策,实际上就从根本上改变了 50 年代中后期以来对我国社会主要矛

---

① 中共中央文献研究室编:《建国以来重要文献选编》第 9 册,中央文献出版社 1994 年版,第 341—342 页。

盾的错误认识。

1979年3月,邓小平在党的理论工作务虚会上指出:"什么是目前时期的主要矛盾,也就是目前时期全党和全国人民所必须解决的主要问题或中心任务,由于三中全会决定把工作重点转移到社会主义现代化建设方面来,实际上已经解决了。我们的生产力发展水平很低,远远不能满足人民和国家的需要,这就是我们目前时期的主要矛盾,解决这个主要矛盾就是我们的中心任务。"①

1979年6月,由中央政治局常委主持起草、经政治局讨论后,由华国锋在五届全国人大二次会议上所作的政府工作报告,进一步指出:"在本世纪内实现四个现代化,把我国目前很低的生产力水平迅速提高到现代化水平,为此而改革我国目前生产关系和上层建筑中那些妨碍实现四个现代化的部分,扫除一切不利于实现四个现代化的旧习惯势力,这就是我国现阶段所要解决的主要矛盾,也就是全国人民在现阶段的中心工作。"②

到1981年,十一届六中全会通过的《关于建国以来党的若干历史问题的决议》,进一步规范和明确表述了我国社会的主要矛盾,指出:"在社会主义改造基本完成以后,我国所要解决的主要矛盾,是人民日益增长的物质文化需要同落后的社会生产之间的矛盾。"③这一界定,坚持了党的八大的正确思想,又解决了党的八大表述不够完

---

① 《邓小平文选》第2卷,人民出版社1994年版,第182页。

② 中共中央文献研究室编:《三中全会以来重要文献选编》(上),人民出版社1982年版,第159页。

③ 中共中央文献研究室编:《三中全会以来重要文献选编》(下),人民出版社1982年版,第839页。

善的问题,将原来的"落后的社会生产力"改为"落后的社会生产",
更加准确了。

1982 年的十二大党章,进一步写进了对社会主要矛盾的新界
定,并指出:"其他矛盾应当在解决这个主要矛盾的同时加以解决。"
还特别强调"阶级斗争已经不是主要矛盾"。① 党的十二大报告指
出:"新党章在总纲中,对党的性质和党的指导思想,对现阶段我国
社会的主要矛盾和党的总任务,对党在国家生活中如何正确地发挥
领导作用,都作了马克思主义的规定。"②

对我国社会主要矛盾的这一界定,顺应了历史发展进程的客观
要求,顺应了广大人民群众的普遍愿望,成为拨乱反正的一个重大成
果,成为党的十一届三中全会实行工作中心转移的基础,成为社会主
义初级阶段基本路线的基础,成为改革开放以来我们几乎所有方针
政策的基础。

党的十四大把关于我国社会主要矛盾的判断作为中国特色社会
主义理论的重要内容,强调:"我国社会的主要矛盾已经不是阶级斗
争,经济建设已经成为我们的中心任务。除非发生大规模外敌入侵,
无论在什么情况下都不能动摇这个中心。"报告指出:"在历史上,由
于没有能够清醒对待国际国内某些事件,我们有过离开经济建设这
个中心的严重教训。"这显然就是指背离八大主张和决策的教训。
所以,十四大强调:"坚持党的基本路线不动摇,关键是坚持以经济

---

① 中共中央文献研究室编:《十二大以来重要文献选编》(上),人民出版社
1986 年版,第 65 页。
② 中共中央文献研究室编:《十二大以来重要文献选编》(上),人民出版社
1986 年版,第 47 页。

建设为中心不动摇。"①

此后的历次党代会,都以类似语言反复强调了这一思想。

我国社会主要矛盾的科学界定,如果从 1956 年算起,已经 60 多年了,如果从 1981 年算起,也已经将近 40 年了。改革开放 40 多年来,中国国情和社会现实已经发生了很大变化。社会主要矛盾的表现也出现了新情况、新特点。

针对这种新情况、新特点,党的十九大对中国特色社会主义进入新时代后的基本国情作了新的分析,对我国社会主要矛盾状况作了新的判断,对此前关于我国社会主要矛盾的界定作了重要的调整,确认:"我国社会主要矛盾已经转化为人民日益增长的美好生活需要和不平衡不充分的发展之间的矛盾。"②

这一新的界定,是与时俱进作出的一个重大理论创新,也是应时而为作出的一个重大政治决策。这一新的界定,与改革开放之初的界定,既一脉相承,又与时俱进。

所谓一脉相承,就是原来的界定是"日益增长的物质文化需要"同"落后的社会生产"之间的矛盾,而现在是"日益增长的美好生活需要"与"不平衡不充分的发展"之间的矛盾。两个界定都是需求与供给的矛盾,矛盾双方大体上可算是"量"和"程度"的提升,而不是"质"和"本源"的转变,也就是说,并没有作根本的甚至颠覆性的改变。所以,它们是一脉相承的。

---

① 中共中央文献研究室编:《十四大以来重要文献选编》(上),人民出版社 1996 年版,第 14 页。

② 《中国共产党第十九次全国代表大会文件汇编》,人民出版社 2017 年版,第 9 页。

所谓与时俱进，就是 40 多年来，人民需求的层次已经大大提高，现在主要已不再是温饱的需求，而是对于更加美好生活的需求；我国的发展，也已经到了较高水平，主要问题已不是整体"落后"，而是发展还不够平衡、不够充分。这种新情况、新特点，要求我们在更高层次上研究和解决主要矛盾，更加充分、更加均衡、更加公平、更高质量地满足人民群众对于美好生活的需求和向往。

按照邓小平的分析和预计，从 1949 年到 2049 年，都将是社会主义初级阶段。初级阶段长达 100 年。这 100 年，不会是静止不动的。它总是处在不断的发展进步过程之中。因此，必然会有一个从低往高的上升发展过程。相应地，社会主要矛盾的表现形式也必然会有一定的变化。这是正常的，也是必然的。

因此，对我国社会主要矛盾的表述作新的调整和界定，更加准确地反映了改革开放以来中国社会发展变化和进步的现实，更加准确地反映了中国特色社会主义进入新时代后的新形势、新特点，是完全符合实际的。

我国社会主要矛盾的变化是关系全局的历史性变化，也是新时代中国特色社会主义的理论和实践基础。主要矛盾的变化对党和国家工作提出了许多新要求，对未来我们的战略方向、战略举措起着重要的指导作用。党的十九大宣布开启全面建设社会主义现代化强国的新征程，并制定了"两步走"战略。其中第二步的战略目标包括"富强民主文明和谐美丽"五个方面，较之此前更加全面。所有这些，都是解决新时代我国社会主要矛盾的必然要求。

对我国社会主要矛盾的新界定，必然会对很多政策作出必要的调整。最重要、最基础、最根本的，当然是对我国国情的基本认识，对社会主义初级阶段的基本认识,对党在社会主义初级阶段基本路线的认识和更加全面的坚持。

党的十九大清醒地认识和预见到这一点,因而特别强调,我国社会主要矛盾的变化,没有改变我们对我国社会主义所处历史阶段的判断,我国仍处于并将长期处于社会主义初级阶段的基本国情没有变,我国是世界最大发展中国家的国际地位没有变。

这"两个没有变",符合党的十一届三中全会以来的认识、判断和路线,也同样符合"新时代"的中国实际。

确认"两个没有变",在政治上的目的和必然结论,就是"三个牢牢":牢牢把握社会主义初级阶段这个基本国情,牢牢立足社会主义初级阶段这个最大实际,牢牢坚持党的基本路线这个党和国家的生命线、人民的幸福线。

当年,邓小平曾经非常坚定地强调:"要坚持党的十一届三中全会以来的路线、方针、政策,关键是坚持'一个中心、两个基本点'。不坚持社会主义,不改革开放,不发展经济,不改善人民生活,只能是死路一条。基本路线要管一百年,动摇不得。"[①]

2016年,在庆祝中国共产党成立95周年大会上的讲话中,习近平总书记强调指出:"邓小平同志曾经语重心长地说:'基本路线要管一百年,动摇不得。只有坚持这条路线,人民才会相信你,拥护你。谁要改变三中全会以来的路线、方针、政策,老百姓不答应,谁就会被打倒。'党的基本路线是国家的生命线、人民的幸福线,我们要坚持把以经济建设为中心作为兴国之要、把四项基本原则作为立国之本、

---

① 《邓小平文选》第3卷,人民出版社1993年版,第370—371页。

把改革开放作为强国之路,不能有丝毫动摇。"①

五、从宏观整体上确定现代化建设的战略布局

现代化建设包含丰富的内容。毛泽东等人最初提出的现代化目标,先后包括过工业、农业、国防、交通运输、科学文化、科学技术等项内容,后来逐步聚焦在工业、农业、国防和科学技术四个现代化上。

党的十一届三中全会以后,中国共产党认真研究现代化建设的主要内容,确定"现代化建设的任务是多方面的,各个方面需要综合平衡,不能单打一"②。物质文明建设和精神文明建设都要抓好。包括"四个现代化"的用语,叶剑英在新中国成立30周年大会上解释:"我们所说的四个现代化,是实现现代化的四个主要方面,并不是说现代化事业只以这四个方面为限。"③所以后来我们一般不再提"四个"现代化,意在表示现代化是全面的现代化,并不仅仅限于"四个"。

在现代化的各项任务中,经济建设是最根本的任务。"说到最后,还是要把经济建设当作中心。""其他一切任务都要服从这个中心,围绕这个中心,决不能干扰它,冲击它。"④现代化的全部内容都要建立在雄厚的物质基础之上。党的十一届三中全会以来,邓小平

---

① 中共中央文献研究室编:《十八大以来重要文献选编》(下),中央文献出版社2018年版,第349页。

② 《邓小平文选》第2卷,人民出版社1994年版,第250页。

③ 中共中央文献研究室编:《三中全会以来重要文献选编》(上),人民出版社1982年版,第233页。

④ 《邓小平文选》第2卷,人民出版社1994年版,第250页。

领导我们所作的最根本的拨乱反正,就是把全党工作的重点转移到经济建设上来,一心一意搞现代化,发展社会生产力。只有坚持以经济建设为中心不动摇,大力发展社会生产力,才能真正体现社会主义的本质,才能逐步解决社会主义初级阶段的主要矛盾,也才能使现代化的实现成为可能。40 多年来,无论遇到什么冲击,无论遇到多大风浪,我们都坚持这个中心没有动摇。正因为如此,我们的现代化建设事业才稳步推进,没有发生大的波折。

现代化建设要抓住哪几个关键方面?从总体上怎样布局?1979年 10 月,邓小平指出:"我们的国家已经进入社会主义现代化建设的新时期。我们要在大幅度提高社会生产力的同时,改革和完善社会主义的经济制度和政治制度,发展高度的社会主义民主和完备的社会主义法制。我们要在建设高度物质文明的同时,提高全民族的科学文化水平,发展高尚的丰富多彩的文化生活,建设高度的社会主义精神文明。"[1]

1986 年,党的十二届六中全会使用"总体布局"的概念,明确提出:"我国社会主义现代化建设的总体布局是:以经济建设为中心,坚定不移地进行经济体制改革,坚定不移地进行政治体制改革,坚定不移地加强精神文明建设,并且使这几个方面互相配合,互相促进。"[2]

1987 年,党的十三大制定的基本路线明确规定我们的奋斗目标,是建设富强、民主、文明的社会主义现代化国家。把富强、民主、

---

[1] 《邓小平文选》第 2 卷,人民出版社 1994 年版,第 208 页。

[2] 中共中央文献研究室编:《十二大以来重要文献选编》(下),人民出版社1988 年版,第 1173—1174 页。

文明三个词作为目标的基本内容,表明了现代化首先要有高度发达的社会生产力,有丰富的物质财富,同时,还要建设社会主义民主政治和精神文明。忽略了其中任何一个方面,都是不完整的。

党的十三大把"总体布局"的内容融合进了"一个中心、两个基本点"的基本路线之中。邓小平认为基本路线在某种意义上就是"战略布局"。在这个布局中,经济建设是中心,改革开放是途径,四项基本原则是保证。三个方面紧密结合,互相促进,统一于建设有中国特色社会主义的实践。1989 年 11 月,邓小平说:"十三大确定了'一个中心、两个基本点'的战略布局。我们十年前就是这样提出的,十三大用这个语言把它概括起来。这个战略布局我们一定要坚持下去,永远不改变。"①

1991 年,江泽民在建党 70 周年庆祝大会上,系统地论述了有中国特色社会主义经济、政治、文化的主要内容和基本特征。1997 年,党的十五大进一步制定了社会主义初级阶段的基本纲领。

2005 年,胡锦涛明确指出:提出构建社会主义和谐社会的战略目标,"这表明,随着我国经济社会的不断发展,中国特色社会主义事业的总体布局,更加明确地由社会主义经济建设、政治建设、文化建设三位一体发展为社会主义经济建设、政治建设、文化建设、社会建设四位一体。"党的十七大与过去党代会的报告相比,专门增加了一个社会建设部分。

党的十七大之后,中国更加强调生态文明建设。党的十八大报告把"大力推进生态文明建设"作为单独的一个部分加以论述,并明

① 《邓小平文选》第 3 卷,人民出版社 1993 年版,第 345 页。

确将它作为"五位一体"总体布局的一个重要部分。这就进一步提升了生态文明建设的战略地位,也使我们的战略布局更加完善。在此基础上,党的十八大报告强调:"建设中国特色社会主义,总依据是社会主义初级阶段,总布局是五位一体,总任务是实现社会主义现代化和中华民族伟大复兴。"

这样,到党的十八大时,中国特色社会主义和现代化建设事业的总体布局,已经发展为五位一体,即经济、政治、文化、社会和生态文明建设五位一体。

"五位一体"的总体布局,要求牢牢抓好执政兴国的第一要务,始终代表中国先进生产力的发展要求,坚持以经济建设为中心,聚精会神搞建设、一心一意谋发展;要求坚持创新、协调、绿色、开放、共享的发展理念,全面推进经济建设、政治建设、文化建设、社会建设、生态文明建设,促进现代化建设各个环节、各个方面相协调;要求统筹兼顾,正确认识和妥善处理中国特色社会主义事业中的重大关系,促进现代化建设各方面相协调,生产关系与生产力、上层建筑与经济基础相协调。

党的十八大以后,以习近平同志为核心的党中央,坚持改革开放以来中国特色社会主义的战略规划,同时,又针对新形势下的机遇、挑战和历史任务,提出了"四个全面"的战略思想和战略布局。

2017 年,党的十九大将"协调推进'四个全面'战略布局"作为习近平新时代中国特色社会主义思想和治国方略的重要内容,并且写进了党章。

"四个全面"概括了十八大以来党中央治国理政的总体框架。这个战略布局,既有战略目标,也有战略举措。全面建成小康社会是战略目标,全面深化改革、全面依法治国、全面从严治党是三大战略举措。"四个全面"战略布局对党和国家的全部工作都具有重要的指导意义。

全面建成小康社会,是党的十八大在原有"全面建设小康社会"基础上提出的战略目标,即到 2021 年建党 100 周年时全面建成小康社会,这也是"两个一百年"的第一个目标。2020 年前,是全面建成小康社会的决胜期,全党必须为决胜全面建成小康社会、夺取新时代中国特色社会主义伟大胜利而奋斗。

全面深化改革,就要把改革开放作为坚持和发展中国特色社会主义的必由之路,以巨大的政治勇气和智慧,全面推进改革开放,把改革创新精神贯彻到治国理政各个环节,坚决破除一切不合时宜的思想观念和体制机制弊端,突破利益固化的藩篱,吸收人类文明有益成果,构建系统完备、科学规范、运行有效的制度体系,完善和发展中国特色社会主义制度、推进国家治理体系和治理能力现代化。

全面依法治国,就要坚持依法治国这个党领导人民治理国家的基本方略,坚定不移走中国特色社会主义法治道路,建设中国特色社会主义法治体系,建设社会主义法治国家,坚持依法治国、依法执政、依法行政共同推进,坚持法治国家、法治政府、法治社会一体建设,坚持依法治国和以德治国相结合,依法治国和依规治党有机统一,深化司法体制改革,提高全民族法治素养和道德素质。

全面从严治党,就要坚持和加强党的全面领导,坚持党要管党、全面从严治党,以加强党的长期执政能力建设、先进性和纯洁性建设为主线,以党的政治建设为统领,坚定不移推进党的自我革命,统筹推进党的各项建设,清除一切侵蚀党的健康肌体的病毒,不断开展反腐败斗争,以零容忍态度惩治腐败,不断增强党的政治领导力、思想引领力、群众组织力、社会号召力。

六、走向现代化的长远规划和战略步骤

现代化是一个美好的愿景,但怎样实现? 在不断探索发展的现代化进程中,中国共产党把长远目标与阶段任务结合起来,确立了走向现代化的长远规划和战略步骤。

1964 年,根据毛泽东的提议,周恩来提出分两步到 20 世纪末实现现代化:"第一步,建立一个独立的比较完整的工业体系和国民经济体系;第二步,全面实现农业、工业、国防和科学技术的现代化,使我国经济走在世界的前列。"[1]此后到 80 年代以前,我们都一直沿用这样的提法,把它作为实现现代化的基本步骤。

由于十年内乱耽误了时间,而且中国的底子还很薄,到底能不能在预期的 20 世纪末实现现代化,就成为一个必须认真考虑和回答的问题。所以邓小平在 1979 年时"改了个口,叫中国式的现代化,就是把标准放低一点。"[2]不是像发达国家那样的现代化,"而是'小康之家'。"[3]改这个口,体现了实事求是的精神。

在此基础上,邓小平进一步提出了著名的"三步走"战略。据此,党的十三大正式确定了中国现代化建设"三步走"的发展战略,

---

[1] 中共中央文献研究室编:《建国以来重要文献选编》第 19 册,中央文献出版社 1998 年版,第 483 页。

[2] 《邓小平文选》第 2 卷,人民出版社 1994 年版,第 194 页。

[3] 《邓小平文选》第 2 卷,人民出版社 1994 年版,第 237 页。

即:第一步,从 1981 年到 1990 年国民生产总值翻一番,实现温饱;第二步从 1991 年到 20 世纪末再翻一番,达到小康;第三步到 21 世纪中叶再翻两番,达到中等发达国家水平。邓小平把这"三步走"战略当作是中国现代化建设的根本发展战略。

对一个国家的发展作如此长远的构想和规划,跨度巨大,气度非凡。

"三步走"战略包含着丰富的内容,既制定了发展的战略目标,又提出了实施战略目标的步骤和手段;既描绘了总的战略布局,又确定了战略的重点;既坚持了基本的战略方针,又实行了战略性的政策;既奉行了辩证的战略方法,又分析了客观的战略条件。

"三步走"战略,把我国社会主义现代化的进程具体化为切实可行的步骤,是激励全国人民为一个共同理想而努力奋斗的行动纲领,具有十分重要的战略指导意义。

1992 年,在南方谈话中,邓小平语重心长地指出:"如果从建国起,用一百年时间把我国建设成中等水平的发达国家,那就很了不起!从现在起到下世纪中叶,将是很要紧的时期,我们要埋头苦干。我们肩膀上的担子重,责任大啊!"[①]

按照"三步走"的战略,党和国家先后制定了连续几个国民经济和社会发展规划,把"三步走"的目标、任务一步步落到实处。首先在 1987 年提前三年实现了第一步翻一番的目标,我国的国民生产总值达到 57600 亿元。随后,继续向在 20 世纪末全面实现人均国民生产总值翻两番的目标前进。到 2000 年,国内生产总值超过 8.9 万亿

---

① 《邓小平文选》第 3 卷,人民出版社 1993 年版,第 383 页。

元人民币。按 TMF 的测算，人均国内生产总值达到了 848 美元。尽管某些项目还有差距，但总体上，小康的目标基本达到，也就是说，"三步走"的前两步已经基本实现，中国整体上进入了小康社会。

对此，1997 年党的十五大报告给予高度肯定："在中国这样一个十多亿人口的国度里，进入和建设小康社会，是一件有伟大意义的事情。这将为国家长治久安打下新的基础，为更加有力地推进社会主义现代化创造新的起点。"

到 1997 年，快要进入新世纪了，前两步已经实现，后面就要走第三步了。第三步怎么走，这成为摆在党和国家面前的新课题。

为了把第三步即 21 世纪前 50 年再细化，1997 年，党的十五大庄严宣告："展望下世纪，我们的目标是，第一个十年实现国民生产总值比二〇〇〇年翻一番，使人民的小康生活更加宽裕，形成比较完善的社会主义市场经济体制；再经过十年的努力，到建党一百年时，使国民经济更加发展，各项制度更加完善；到世纪中叶建国一百年时，基本实现现代化，建成富强民主文明的社会主义国家。"[1]

这实际上是一个把邓小平的第三步设想加以展开的小"三步走"战略。按照这个战略，中国从 20 世纪末进入小康社会后，将分 2010 年、2020 年、2050 年三个阶段，逐步达到基本实现现代化的目标。

进入新世纪后，2002 年的十六大明确提出："要在本世纪头二十年，集中力量，全面建设惠及十几亿人口的更高水平的小康社会"[2]。

---

[1] 中共中央文献研究室编：《十五大以来重要文献选编》（上），人民出版社 2000 年版，第 4 页。

[2] 中共中央文献研究室编：《十六大以来重要文献选编》（上），中央文献出版社 2005 年版，第 14 页。

2007 年的十七大要求，"为夺取全面建设小康社会新胜利而奋斗"①，并对小康社会建设提出了新的要求。

随着 2020 年即将到来，2012 年党的十八大将"全面建设小康社会"中的"建设"一词改成了"建成"。明确把到 2020 年"全面建成小康社会"作为第一个一百年的奋斗目标。从"建设"到"建成"，虽是一字之差，但目标更加明确，任务更加具体，时间更加紧迫。

改革开放以来，中国共产党团结和带领全国人民，一心一意奔小康，把"三步走"的战略变为现实。几十年来，中国的整个现代化发展进程，都是按照大"三步走"和小"三步走"战略，一步一个脚印、一步一个台阶地向前推进的。

在现代化的道路上，尽管遇到过各种各样的困难、各种各样的考验，但党和人民始终坚持党的基本路线不动摇，坚持以经济建设为中心不动摇，坚持"三步走"的发展战略不动摇。同时，根据时代发展的新情况、新条件，丰富和发展邓小平的战略思想，制定了不同阶段的发展目标，提出了其他一系列战略，使"三步走"战略的一个个阶段性目标得到了稳步实现。

七、未来 30 年的"两步走"战略

到 2020 年全面建成小康社会，这是中国共产党对历史、对现实、对人民、对民族、对世界作出的一个庄严承诺。能否如期实现这个目

---

① 中共中央文献研究室编：《十七大以来重要文献选编》（上），中央文献出版社 2009 年版，第 1 页。

标,是对人民交出的一份答卷,也是对党执政成效的一个重要检验。

党的十八大时,距离 2020 年还有 8 年时间。党的十九大时,距 2020 年底只有 3 年多一点的时间。时钟在分分秒秒向 2020 年逼近,分分秒秒都已经是催人的战鼓和号令。

所以,党的十九大报告标题的第一句,就是"决胜全面建成小康社会"。党的十九大要求全党全国,按照十六大、十七大、十八大提出的全面建成小康社会各项要求,紧扣我国社会主要矛盾变化,统筹推进经济建设、政治建设、文化建设、社会建设、生态文明建设,突出抓重点、补短板、强弱项,特别是要坚决打好防范化解重大风险、精准脱贫、污染防治的攻坚战,确保全面建成小康社会的目标如期实现,而且要使全面建成小康社会得到人民认可、经得起历史检验。

全面建成小康社会,是第一个百年目标。实现这个目标,不是万里长征的终点,而是新的起点。再往前走,还有第二个百年奋斗目标,还有中华民族伟大复兴的宏伟目标。从第一个一百年到第二个一百年之间有 30 年的跨度,这段路子怎么走?应该确定什么样的目标?采取什么样的步骤?已经是迫在眉睫、必须回答的问题。新世纪的前两步即将走完,马上就要进入时间跨度长达 30 年的第三步的门槛了。要不要像党的十五大那样,再将这 30 年进行分解、并制定出更加具体的战略呢?

答案是肯定的。党的十九大第一次明确规划了从 2020 年到本世纪中叶总共 30 年的战略目标,以及实现这一目标的战略步骤、战略措施,并且用一段经典的语言加以概括,这是中共中央高瞻远瞩、统筹规划国家发展大计的重大举措。

报告将 2020 年到本世纪中叶的 30 年分成两个阶段来安排。

第一个阶段，从 2020 年到 2035 年，在全面建成小康社会的基础上，再奋斗 15 年，基本实现社会主义现代化。

需要注意的是，原来"三步走"战略确定的目标，是到本世纪中叶基本实现现代化，而现在提前到 2035 年就基本实现，提前了 15 年。这是令人鼓舞的，应该说，也是有把握的。

党的十九大描绘了到 2035 年这个目标实现时的中国图景：我国经济实力、科技实力将大幅跃升，跻身创新型国家前列；人民平等参与、平等发展权利得到充分保障，法治国家、法治政府、法治社会基本建成，各方面制度更加完善，国家治理体系和治理能力现代化基本实现；社会文明程度达到新的高度，国家文化软实力显著增强，中华文化影响更加广泛深入；人民生活更为宽裕，中等收入群体比例明显提高，城乡区域发展差距和居民生活水平差距显著缩小，基本公共服务均等化基本实现，全体人民共同富裕迈出坚实步伐；现代社会治理格局基本形成，社会充满活力又和谐有序；生态环境根本好转，美丽中国目标基本实现。

第二个阶段，从 2035 年到本世纪中叶，在基本实现现代化的基础上，再奋斗 15 年，把我国建成富强民主文明和谐美丽的社会主义现代化强国。

同样需要注意的是，这个目标用的是"现代化强国"。显然，已不是"中等发达国家水平"，而是世界领先的强国。标准更高了，要求更高了。

党的十九大也描绘了到本世纪中叶这个目标实现时的中国图景：我国物质文明、政治文明、精神文明、社会文明、生态文明将全面提升，实现国家治理体系和治理能力现代化，成为综合国力和国际影响力领先的国家,全体人民共同富裕基本实现,我国人民将享有更加幸福安康的生活,中华民族将以更加昂扬的姿态屹立于世界民族之林。

党的十九大对两个阶段目标相继实现之时中国的面貌,作如此总括性的构画,如同淡淡的白描,文字很简练,但整体的轮廓已经浮现,关键的状态已经清楚,各个领域的任务和目标已经明确。

从全面建成小康社会到基本实现现代化,再到全面建成社会主义现代化强国,是一个新的"两步走"战略,是新时代中国特色社会主义发展的战略安排,是为未来30多年中国发展构画的宏伟蓝图。

特别需要注意的是,在现代化目标中,党的十三大是用"富强、民主、文明"三个修饰词作定语的。党的十七大增加了一个"和谐",也就是将社会建设纳入了总体布局和现代化目标。到党的十九大,又增加了一个"美丽",也就是在党的十八大将生态文明建设纳入总体布局的基础上,又将其纳入了现代化建设的目标,进一步提升了生态文明建设的地位。

这样,我们建设社会主义强国的目标就扩充为"富强民主文明和谐美丽"五个方面。这一扩展,更加体现了中国特色社会主义是全面发展的社会主义,中国的现代化是全面进步的现代化。

"富强民主文明和谐美丽"的五大目标,与基本纲领五个方面的建设相对应,与"五位一体"的总体布局相吻合。

党的十九大报告还第一次使用了"社会文明"的概念,将我们所要建设的文明扩充为物质文明、政治文明、精神文明、社会文明、生态文明五个文明。五个文明,分别对应于五个建设,解决了原来长期不够对应的问题。这是一个重要的理论创新。

　　我和我的学生特别高兴的是,2004 年至 2007 年,我和时任中央党校副校长龚育之一起,指导我们的博士研究生于建荣完成的博士论文,题目就是《中国特色社会主义社会文明研究》。从论文答辩通过到 2017 年党的十九大正式使用"社会文明"这个概念,正好是整整 10 年时间。

　　从"全面建成小康社会"到"全面建成现代化强国",将是一个巨大的历史跨越。实现第一个"全面",是中华民族的一个历史性成就;实现第二个"全面",将会是中华民族更大的历史性飞跃。

　　这样一个战略目标和战略步骤,是具有长远意义的战略部署和战略规划,对全党全国各族人民是一个巨大的鼓舞。这一战略安排,正在对中国到本世纪中叶的现代化建设新进程起到巨大的推进和指导作用,对外部世界也将产生深远的影响。到 21 世纪中叶"三步走"战略完全实现之时,中华民族将实现一次新的空前伟大的飞跃。

第二章　中国规划的历史征程

　　中国的现代化建设,是由一个个五年计划(规划)连接起来的。中华人民共和国成立以来,已经制定了 14 个五年计划(规划)。数十年来的每一个五年计划(规划),都是一份国家经济和社会发展的蓝图。党的十九届五中全会的主要议题和内容,是审议通过《中共中央关于制定国民经济和社会发展第十四个五年规划和二〇三五年远景目标的建议》。迄今为止已经完成的 13 个五年计划(规划)连同刚刚开始实施的《中华人民共和国国民经济和社会发展第十四个五年规划和 2035 年远景目标纲要》,就是一个个相互连接的中国发展的序列化蓝图。它们组合起来,就是一幅社会主义现代化建设的历史长卷。

一、第一个五年计划的制定和实施

　　五年计划不是中国的发明,而是从苏联"老大哥"学来的。1929 年 5 月,苏联召开全苏联盟第五次代表大会,会场上悬挂起一幅标有五年计划建设项目的巨型地图。国家计委主席克尔日扎诺夫斯基一边作报告,一边在地图上指出各种标记。随着他的指点,地图上亮起了几十座星标,显示出顿巴斯、库兹巴斯、莫斯科等大大小小的煤田。接着,又亮起了表明火力发电站的红色光圈和表明水力发电站的蓝色光圈。到报告结束时,地图上已是星光满布、闪烁耀目。五年后苏联的壮观景象呈现在代表们的眼前,会场上顿时掌声雷动。代表们在热烈的气氛中通过了苏联、也许是世界上第一个五年计划。

第二次世界大战结束以后,东欧等社会主义国家都向苏联学习,采用了苏联的经济模式。中国共产党与苏联曾经同属共产国际,同干世界革命。中国共产党和中华人民共和国的成立都得到了苏联的帮助。新中国成立时,中国迅速采取了"一边倒"的方针,与苏联结盟。因此,也迅速向苏联学习。毛泽东说:"苏联共产党就是我们的最好的先生,我们必须向他们学习。"[1]1949 年 6 月至 8 月,刘少奇率团秘密访问苏联时,在向苏联学习党和国家建设经验的清单中,就有一条"苏联经济的计划与管理"。依据苏联的经验,当时设想用 15年的时间基本实现工业化,于是决定制定第一个五年计划,作为工业化启动的第一个中期计划。

在中共中央直接领导下,周恩来、陈云主持制定发展国民经济的第一个五年计划。1951 年春,中央财经委员会根据"三年准备、十年计划经济建设"的部署,着手试编第一个五年计划,1952 年 7 月形成第二稿,即《1953 年至 1957 年计划轮廓(草案)》。经中央政治局讨论,作为向苏联提出援助要求的基本依据。毛泽东等中央领导多次审阅计划和修改草稿。

---

① 《毛泽东选集》第 4 卷,人民出版社 1991 年版,第 1481 页。

1952 年八九月间,周恩来率团出访苏联,主要任务是就五年计划轮廓草案同苏方交换意见,争取苏联政府的援助。在制定计划期间,周恩来先后两次会见斯大林,征询对中国"一五"计划的意见。斯大林认为原计划 20% 的增长率有些紧张,建议留有余地。对需要苏联援助的项目,希望拿出具体的清单来。

第一个五年计划采取边制定、边执行的办法,不断进行修订、调整、补充。从 1951 年开始编制,先后历时四年,五易其稿,到 1954 年 9 月基本定案。1955 年 3 月,中国共产党召开全国代表会议,讨论并原则通过"一五"计划草案。7 月,第一届全国人民代表大会第二次会议正式审议并通过了中共中央主持拟定的《中华人民共和国发展国民经济的第一个五年计划(1953—1957 年)》。

根据中国共产党在过渡时期总路线的要求,"一五"计划所确定的基本任务是:集中主要力量进行以苏联帮助的 156 个项目为中心、由 694 个大中型项目组成的工业建设,建立我国社会主义工业化的初步基础,发展部分集体所有制的农业生产合作社,以建立对农业和手工业社会主义改造的基础,基本上把资本主义工商业分别纳入各种形式的国家资本主义的轨道,以建立对私营工商业社会主义改造的基础。

"一五"计划描画了新中国发展的第一张蓝图,集中反映了中国人民对新政权的期待和对国家发展的美好愿望。通过计划的制定和实施,把全国的资源和人心集聚到一起,调动起广大劳动者的积极性。

到 1957 年底,"一五"计划的各项指标大都超额完成,595 个大中型工程建成投产。一批新兴工业部门,如飞机、汽车、发电、冶金、矿山设备、重型机械、精密仪器制造,以及高级合金钢、有色金属制造、基本化工和国防军工企业均已建立,填补了重工业建设的很多空白,初步改变了旧中国工业过于集中于沿海的不合理布局,开始形成了工业布局的新框架。

全国新建铁路 33 条,修复 3 条,通车里程 29862 公里,增加 22%。公路通车里程 25.5 万公里,增加 1 倍。

"一五"期间,许多重要的工业产品被制造出来:1954 年 7 月,南昌飞机制造厂试制成功初教-5 教练机。1956 年 7 月 13 日,长春第一汽车制造厂试制成功第一批国产"解放"牌载重汽车。

到 1957 年,工业总产值达到 783.9 亿元,比 1952 年增长 128.3%,平均每年增长 18%。在工农业总产值中,工业产值所占比重由 1949 年的 30% 提高到 56.5%,重工业的比重由 26.4% 提高到 48.4%。

教育科技也有很大发展。高等院校发展到 229 所,比 1953 年的 181 所增加 26.5%;科研机构 580 多个,研究人员 2.8 万人,比 1952 年增加 2 倍多。人民生活明显改善,居民平均消费水平 102 元,比 1952 年的 76 元提高 33% 多。

当然,也要说明,"一五"计划的成功,与苏联东欧国家的援助是分不开的。

1949 年 1 月 31 日—2 月 8 日,苏共中央政治局委员米高扬和来华帮助修复东北地区铁路桥梁的苏联铁道部部长科瓦廖夫,一同访问西柏坡。在会谈中,毛泽东等领导人介绍了中共建设新国家的构想。同时,表达了希望得到苏联援助的强烈愿望,并明确要求苏联提供 3 亿美元的贷款。

1949 年 6 月至 8 月,刘少奇率中共代表团秘密访问苏联。其间,商谈了苏联对华援助问题。8 月 14 日,刘少奇与科瓦廖夫及苏联专家 220 人一起离莫斯科回国。此后,中苏两国专家开始共同研究苏联帮助中国建设的具体项目。1950 年至 1952 年底,确定了 50 个项目。此后又分几批确定了一系列项目。

这样,在中国的"一五"计划期间,苏联帮助中国实施建设了 156 项工程(也称 156 个项目),这是很多人熟知的。但其实之后还有很多后续项目,156 加上后续项目,计划总数是 304 个,最后完成和由中国接续完成的共 215 个。

此外,当时中国和东欧各国还签订协定引进成套设备建设的项目 116 项,完成和基本完成的 108 项,解除义务的 8 项;单项设备 88 项,完成和基本完成的 81 项,解除义务的 7 项。

这些工程项目跨越了两个五年计划,历时 10 余年。涉及的行业众多,包罗了国民经济最基础的重要工业领域,系统性、配套性也比较强。分布的区域广阔,包括东北、华北、西北、中南、西南等区域以及其他部分地点。华东极少,江浙没有,安徽有一个。所有这些项目,都是着眼全局、考虑备战、资源所在以及基础条件来布局的,对加强中西部地区建设,改变生产力布局不平衡状态发挥了重要作用。

这些项目多数为成套设备,从设计、图纸、勘测、建设、设备制造和安装、调试、生产,都是一条龙帮助建设。在最尖端的核武器技术上,也因特定原因,一度提供技术,帮助制造。

无论中苏关系多么复杂、多么纠结,但几十年过去后,站在更加客观的立场上来看,苏联援建的这些"以 156 项为主的 215 项工程",以及东欧国家援建的项目,对中国的工业化进程和社会主义建设发挥了重要的作用。

"一五"计划是改革开放前完成得最好的五年计划。虽然由于缺乏经验,也由于某些"左"的思想开始冒头,"一五"计划实施中也存在一些问题,但总的来说,"一五"期间经济发展较快,经济效果较好,重要经济部门之间的比例比较协调,人民生活显著改善。因此,历来公认,"一五"时期是我国经济社会发展最好的时期之一。

二、艰难曲折的计划之路

继"一五"计划(1953—1957 年)之后,中国又开始编制第二个五年计划。从"一五"到改革开放初,一共实行了 5 个五年计划。这些计划都是在一定的历史条件下、遵循一定的指导思想进行编制和实施的。所以,这些五年计划经历了不同的发展过程。总的来说取得了很大成绩,但除了"一五"计划外,改革开放前的其他计划完成得都不算很理想。

第二个五年计划(1958—1962 年)

1955 年夏,国务院在北戴河召开会议,讨论编制 15 年(1953—1967 年)远景计划和第二个五年计划的轮廓问题。毛泽东对计划初拟的指标不满,认为太低。各部委和国务院按照毛泽东的意见提高了指标。但苏联认为指标太高不合适。所以后来又作了调整。1956 年 9 月召开的党的八大,正式通过由周恩来主持起草的《关于发展国民经济的第二个五年计划的建议的报告》。

《建议》提出,从1958年到1962年五年内的主要指标是:工业产值增长一倍左右,农业总产值增长35%,钢产量1962年达到1060万吨到1200万吨,基本建设投资占全部财政收入的比重由"一五"时期的35%增长到40%左右,基本建设投资总额比"一五"时期增长一倍左右,职工和农民的平均收入增长25%到30%。

但是,党的八大关于第二个五年计划的建议,并没有付诸实施,很快就被批判反冒进、"大跃进"所否定了。党的八大后,"左"的思想很快发展,出现了严重的冒进倾向,"二五"计划的许多指标不断修正和大幅度提高。

1958年8月,北戴河中央政治局扩大会议讨论并批准《关于第二个五年计划的意见》,大幅度提高指标,为向共产主义过渡创造条件,要求在若干重要产品的产量方面超过英国,赶上美国。

据此,该意见提出,农业总产值五年增长2.7倍以上,1962年粮食总产达到15000亿斤,棉花15000万担,钢8000万吨,煤9亿吨,棉纱1600万件,五年基本建设投资3850亿元,重大建设项目1000个以上。为此,1958年的钢产量就要在1957年535万吨的基础上翻一番,达到1070万吨。中央党校的邮政信箱就叫1070信箱。怎么来的?有一年,我作为校委成员去看望一位老同志。这位老同志告诉我,就是按1070万吨钢起的代号。

其实,这种速度,连来访的赫鲁晓夫都不太相信,苏联在华专家总顾问阿尔希波夫也说恐怕实现不了,并表示土法炼钢再多也没有用。但这些看法,当时的中国领导人不仅没有听进去,反而更激发了大干一场的决心。毛泽东说:1100万吨钢少一吨都不行。

1958 年开始的这场"大跃进"以及此后的"反右倾"运动,造成国民经济主要比例关系失调,连年出现财政赤字,人民生活遇到很大困难。国家经济建设已不能按照"二五"计划的部署继续发展,只好对国民经济实行调整。1960 年 9 月,中共中央在批转国家计委《关于 1961 年国民经济计划控制数字的报告》中,提出了国民经济"调整、巩固、充实、提高"的八字方针。1961 年 1 月,党的八届九中全会正式批准了八字方针。

"二五"计划的期限是 1958 年至 1962 年。但实际上直到 1966 年,才开始实施第三个五年计划,在此期间的 1961 年至 1965 年,便成为五年计划的空档期,也就是没有五年计划的时期。这在新中国的历史上是绝无仅有的。

第三个五年计划(1966—1970 年)

1966 年至 1970 年是第三个五年计划时期,也正是"文化大革命"内乱之时。"三五"计划是从 1964 年初开始研究和编制的。其中内容比较详尽的计划方案有两个:先是国家计委提出、经 1964 年 5 月中央工作会议讨论并原则同意的《第三个五年计划(1966—1970 年)的初步设想》(汇报提纲)。但因毛泽东提出准备打仗的问题,所以,1965 年 9 月国家计委又修改计划,重新拟定《关于第三个五年计划安排情况的汇报提纲》,经中央讨论基本同意。

修订后的"三五"计划建立在备战的基础上,战时色彩比较浓厚,而且仍然存在盲目追求高速度、高积累的倾向。特别是由于"文化大革命"的动乱,国民经济受到很大破坏,1968 年国民经济跌入谷底。但经过各方面的艰苦努力,"三五"计划期间,按照《汇报提纲》

所订的主要经济指标还是完成了计划。

第四个五年计划(1971—1975年)

"四五"计划于1970年开始编制。2月15日至3月21日国务院召开全国计划工作会议,制定1970年国民经济发展计划。会上研究、讨论、制定了《第四个五年计划纲要(草案)》。同年9月,在党的九届二中全会上作为参考文件印发。1971年3月,中共中央在批转1971年计划时,将《第四个五年计划纲要(草案)》的部分指标也作为附件下发。

第四个五年计划期间的主要经济指标,按照《第四个五年计划纲要(草案)》的规定,工农业总产值每年平均增长速度达到12.5%,五年合计国家预算内基本建设投资1300亿元,1975年粮食产量达到6000—6500亿斤,棉花6500—7000万担,钢3500—4000万吨,原煤4—4.3亿吨,发电量2000—2200亿度,铁路货运量9—10亿吨。

1973年7月,国家计委拟订了《第四个五年计划纲要(修正草案)》。1972年、1973年两年国民经济形势有所好转,1973年各项主要经济指标都完成和突破了计划,并且是"一五"计划以来经济增长最快的一年。

1975年是"四五"计划的最后一年,也是邓小平大力开展整顿的一年。按照《修正草案》规定的1975年指标要求,计划执行的结果是:发电量103.1%,棉纱96.8%,铁路货运量98.7%,预算内基本建设投资完成101.6%。

"四五"计划期间的主要问题是,因为还处在"文化大革命"期间,经济形势随着政治斗争而动荡起伏。1973年7月国家计委对

"四五"计划进行修订,对主要经济指标进行了调整,不少指标有所压缩,钢产量下调到 3200—3500 万吨,后又调到 3000 万吨。1974年到 1975 年,连续三年财政赤字、财政收支恶化。1975 年,由于实施全面整顿,经济形势转好。按照调整后的指标,计划基本完成。

第五个五年计划(1976—1980 年)和十年发展纲要

1975 年,中共中央制定了《1976—1985 年发展国民经济十年规划纲要(草案)》,同时安排了"五五"计划。"五五"计划跨越和连接了改革开放前和改革开放后两个时期。

从"五五"计划执行情况来看,1978 年社会总产值为 6846 亿元,比 1977 年增长 13.1%,1978 年国民生产总值达到 3010 亿元,比 1977年增长 12.3%,比 1976 年增长 19.4%。财政收入和支出连续两年大幅度增加,但收入略有节余。

"五五"计划提出后三年(1978—1980 年),建立独立的比较完整的工业体系和国民经济体系。1978 年 3 月,修订了十年发展纲要,要求到 1985 年钢产量达到 6000 万吨,石油达到 2.5 亿吨,国家计划新建和续建 120 个大型项目。从 1978 年到 1985 年,基本建设投资相当于过去 28 年的总和,每年要投资 700 亿元,超出了实际可能,违反了经济发展的规律。

因此,党的十一届三中全会后不久,中央就对此作了修正。1979年 4 月,中共中央工作会议正式提出"调整、改革、整顿、提高"的方针(新八字方针),并从这一年开始对国民经济进行调整。

"五五"计划时期是中国发生历史性大转折的时期。结束"文化大革命"后,党和国家的工作重点转移到现代化建设上,国民经济得到恢复、发展。但因对经济发展要求过急，又表现出明显的冒进倾向，规定的指标过高。幸而及时调整，使国民经济逐步走上了健康发展的轨道。

总的来说，从新中国成立到改革开放启动，我国已制定和实施了5个五年计划。"一五"计划成绩显著，后4个计划之路艰难曲折。对经验教训需要总结。该肯定的成绩应该肯定。从成绩的一面来说，通过制定实施这5个五年计划，奠定了我国工业化、现代化的基础，基本形成了独立的、比较完整的工业体系和国民经济体系，为开展社会主义建设积累了经验。"一五"时期，以苏联援建的156个建设项目为重点，启动了大规模工业建设，工业生产取得的巨大成就，远远超过旧中国一百年来所达到的水平。"二五"至"四五"时期，尽管受到"大跃进""文化大革命"等影响和冲击，经济发展经历重大挫折，但也集中力量办成了一些意义非凡的大事，取得了"两弹一星"、高产量籼型杂交水稻等一批重大科技创新成果，建成了南京长江大桥、成昆铁路、刘家峡水电站和大庆油田等一批重大基础设施和重大工业项目，工业体系和国民经济体系逐步健全。"五五"时期，党中央提出"调整、改革、整顿、提高"八字方针，推动国民经济重大比例关系朝着协调合理的方向发展，特别是党的十一届三中全会胜利召开，拉开了我国改革开放的大幕。

三、五年计划与计划经济

在实施第一个五年计划的过程中，中国的计划经济逐步确立起来。随着此后几个五年计划的实施，计划经济得到进一步强化。计划经济与五年计划是互为表里、紧密结合在一起的。

所谓计划经济，我查了很多定义，都不很理想。因此我给它下了一个简要的定义。所谓计划经济，就是一种由国家掌控、按照计划对所有经济活动进行高度集中管理的经济体系和运行体制。一般来说，是由政府（在中国首先是由中国共产党）事先制定五年计划和其他各种类型的计划，提出国民经济发展的目标体系，制定相应的规划、战略、政策和措施，确定一系列重要项目，然后将计划付诸实施，严格按计划从事所有重大经济活动，按计划配置资源，规定生产、经营、流通、分配、消费的内容、规模、速度和进度。所有经济运营活动都由政府按计划决定和管理。

在世界上，苏联首先实行计划经济。随后东欧等社会主义国家都向苏联学习，采用了苏联的计划经济模式。中国共产党和中华人民共和国的成立都得到了苏联的帮助，中国采取"一边倒"的对外政策，与苏联结盟，因此，也迅速向苏联学习，接受了计划经济的模式。

中华人民共和国成立后，首先在各地实行军事管制，没收官僚资本和地主土地。1949 年冬，确定实行全国财政经济统一管理的方针，并通过 1950 年 2 月的全国财政会议，以指令性方式提出了财政收支统一、公粮统一、税收统一、编制统一、贸易统一、银行统一等"六个统一"。1950 年 8 月，召开第一次全国计划工作会议，随后，开始以制定指令性经济计划的形式，对国民经济各方面实行全面的计划管理。1952 年开始进行大规模的社会主义改造，个体、私营等多种经济成分基本消失，生产资料和其他资源基本集中到国家和集体手中。所有这些，为建立高度集中的计划经济奠定了最重要的经济和政治基础。

为了应对当时紧急困难的经济状况,还采取了统购统销等一系列集中管控的措施,使国民经济的集中程度急速提高,国家对所有经济活动和公民活动的管控程度大大增强。

新中国成立后,城镇总人口迅速增加,工业化建设和军事国防需要大量粮食。农村土改之后,粮食总量有所增加,但农民向市场供应的粮食反而减少,且原先从国外进口粮食的做法基本停止。因此,国内粮食供求关系十分紧张。

面对粮食短缺的尖锐矛盾,毛泽东让中央财经委员会拿出办法。中财委在陈云主持下开始提出 8 种方案,中共中央最后选定了统购统销的方案。1953 年 10 月 16 日,中共中央政治局讨论通过《中共中央关于实行粮食的计划收购与计划供应的决议》。随后,政务院又发布了相关命令和执行办法。1953 年 12 月,开始正式实行。

统购统销,就是统一收购、统一销售。统购,就是对农民的绝大部分粮食都按国家制定的价格统一收购,粮食只能卖给国有粮食机构,农民自己食用的粮食以及种子数量和品种也必须由国家批准。统销,就是全社会所需要的粮食全部按国家规定的标准和价格统一配售,城镇居民只能向国有粮食机构按固定标准购买粮食。国家严格管制粮食市场,实际上取消了历史上长期存在的粮食自由销售的市场。

实行统购统销后,全国城镇居民实行粮食的定量供应。所有家庭每家发放一个粮本,凭粮本供应粮食,每人按年龄状况每月分配一定口粮。同时,在定额标准内发放粮票,以便流通和方便就餐。如果没有粮票,就无法进城、旅行和在市场上就餐。部分缺粮和生产经济作物的农村,由国家返销一部分粮食,也实行计划定量供应。

之后,国家又陆续把棉花、油料、黄麻、生猪、鸡蛋、糖料、桑丝、蚕茧、烤烟、水产品等农副产品列入统购统销范围。最多时,列入国家统购派购的农产品达到180多种。

统购统销成为计划经济的基础。一直到改革开放后,统购统销的政策才逐步改变,到1992年,统购统销最终退出历史舞台。

随着经济基础发生变化,在"一五"计划制定和执行过程中,国家加强了计划管理。

1952年11月成立了国家计划委员会。对重点建设项目实行集中统一管理,中央各主管部门从人力、财力、物力的调度到基础设施的施工、生产准备的安排等一抓到底。实行统一领导、分级管理的财政经济管理体制。建立由国家计委和中央各主管部门严格控制的物资管理和分配制度,由各级计划、劳动部门统一招收工人,制定统一工资标准的劳动管理制度。

1954年,新中国制定和颁布的第一部宪法规定:"国家用经济计划指导国民经济的发展和改造"[①]。1956年,以社会主义改造和"一五"计划的实施并完成为标志,高度集中的计划经济体制在中国正式建立。

新中国建立的计划经济,基本照搬了苏联模式,但也考虑到中国的国情,具有自己的特点。如,在集中统一的原则下,发挥中央与地方两个积极性;以计划管理为主,同时在一定条件下发挥市场作用;比较注重宏观调控,综合平衡,处理好各方面的关系。

---

① 中共中央文献研究室编:《建国以来重要文献选编》第5册,中央文献出版社1993年版,第524页。

与高度集中的计划经济体制相适应,这一阶段的五年计划主要采取指令性计划的管理方式,由中央制定计划,然后层层分解下达到地方和企业。计划过程强调统筹兼顾、综合平衡,主要是做好产品供求、财政收支、信贷收支、外汇收支等重要领域的平衡。在计划经济体制下,五年计划在实施过程中经历过一些挫折,走过一些弯路,但在当时我国经济基础较为薄弱的情况下,也有其一定的历史必然性和合理性,对于发挥社会主义集中力量办大事的制度优势,较快建立起独立的、比较完整的工业体系和国民经济体系,改善人民生活,提升国际地位,发挥了重要的作用,也为改革开放后的持续快速发展奠定了相当一部分物质技术基础。

计划经济有助于在全社会范围内调动资源,集中力量办大事,加快推进工业化建设,特别是在"一五"期间初步建立起独立的国民经济体系和工业体系;也有助于应对和克服各种自然和社会的风险挑战,同心协力闯过各种难关;有助于在全国范围内统筹经济布局,促进不同区域的共同发展,缩小区域发展差距;有助于集中紧缺的人才和科研资源,实行重大项目的科研攻关,实现科学技术的某些重大突破。所以,计划经济在中华人民共和国的历史上发挥了重要作用。

但是,计划经济也有很多重要的缺陷和弊端。社会资源集中在国家手中,生产什么、怎样生产和为谁生产,都要由政府来决定;个人、企业等其他社会主体缺乏内在的动力和活力,经济活动缺乏效率和效益;经济运营和管理主要依靠行政手段,计划的制定和实施受到主观意志的很大影响,很容易违反客观经济规律,造成经济生活的波动;长期忽视市场的作用,把市场当作资本主义的代表,造成计划的僵化;只在一定时期与苏联东欧国家开展经济合作,对西方发达国家长期关闭大门,拉大了与发达国家的差距。

这些缺陷和弊端,对中华人民共和国的经济发展和社会进步也产生了消极的影响。加上在指导思想上长期以阶级斗争为纲,中国经济经常发生不应有的波动。随着国际国内条件的变化,计划经济越来越不适应现代化建设的要求。

所以,党的十一届三中全会以后,开始对传统的计划经济体制进行调整和改革,并逐步认识到计划与市场都是手段,不是社会主义与资本主义的区别。中国的改革开放逐步确立了市场化的取向,并最终确认改革的目标是建立社会主义市场经济体制,同时发挥计划手段的作用。40多年来,通过发展、建立和完善社会主义市场经济,中国经济极大地增强了内在的活力,连续几十年保持高速发展的势头,取得了世界瞩目的成就。

四、社会主义市场经济的建立和完善

中华人民共和国成立初期,曾有一定的市场存在,对活跃经济、保障供给发挥了积极作用。但后来,参照苏联的计划经济模式,逐步建立起集中统一的计划经济体制,市场受到坚决排斥。1949年的《共同纲领》中还有两处出现"市场"概念,虽然不是市场经济的含义,但1954年的宪法,一个"市场"的概念都没有了。多年来,在城乡底层不时出现集市贸易这类低级的市场交换活动,但一直受到批评和打压,无法得到正常的发展和提升。国民经济统得太死,过于僵化。

到底应该怎样看待市场经济呢?这就首先要搞清楚什么是市场

经济。

所谓市场经济,一般所下的定义,是指一种资源配置的方式。但其实,总结改革开放以来中国发展社会主义市场经济的经验,我认为,对市场经济所下的定义不要太玄乎。简单地说,所谓市场经济,其实就是一种通过市场进行商品交换,并根据市场供求变化来调节、引导和决定资源配置的经济形式和运行机制。

那么,哪个社会可以不要交换呢?进而,哪个社会可以没有商品呢?过去一段时间,我们曾经认为社会主义可以消灭商品,其实,这是违背起码常识的空想。在任何一个现代社会,商品及其交换都是不可避免的。因此,也就必须有市场,从而也就有市场经济。市场经济可以在不同的社会制度下存在,为不同的社会制度服务。当代中国所建立的市场经济,是同社会主义基本制度结合在一起的,所以,是社会主义市场经济。

中国共产党对市场经济的认识,是在改革开放的进程中,逐步调整、逐步发展、逐步提升的。对市场经济获得比较客观和正确的认识,经历了一个艰难的历程。

1978年之后,随着改革开放的发展,当旧体制捆在人们身上的绳索一步步解开后,人们有了选择的自由。有人从业、有人买卖、有人生产、有人经营……但所有这些,都要有市场。

于是,一个突出的问题,日益尖锐地摆在无数老百姓的面前,更摆在党和国家的面前:如何处理计划与市场的关系?经济体制改革的目标是什么?

1978年底和1979年初,当改革的春潮正在涌动之时,中国经济界就有人提出了市场经济的概念。

在改革开放的进程中，党和国家必须对实践提出的问题给以回答，因而也不断思考和回答着这一问题。

党的十二大提出计划经济为主、市场调节为辅。

1984年10月，党的十二届三中全会通过的《中共中央关于经济体制改革的决定》明确提出，社会主义经济"是在公有制基础上的有计划的商品经济"①。这个论断虽然没有出现"市场经济"的概念，但比起传统的"计划经济"，已经进了一大步。

党的十二届三中全会之后，党中央、国务院先后提出了商业、外贸、财政、金融、税收、价格等方面改革的方案。中国进入了城市、农村以及科技、教育、政治全面改革的新阶段。

党的十三大指出，社会主义有计划商品经济的体制应该是计划与市场内在统一的体制，提出了"国家调节市场，市场引导企业"②的间接调控方式。

党的十三届四中全会后，提出建立适应有计划商品经济发展的计划经济与市场调节相结合的经济体制和运行机制。

特别是邓小平，这位改革开放的总设计师，当大多数人还视"市场经济"为洪水猛兽的时候，他就从1979年开始，先后6次论述了市场经济问题。在1992年的南方谈话中，他再一次鲜明地指出："计划经济不等于社会主义，资本主义也有计划；市场经济不等于资本主

---

① 中共中央文献研究室编：《十二大以来重要文献选编》（中），人民出版社1986年版，第568页。

② 中共中央文献研究室编：《十三大以来重要文献选编》（上），人民出版社1991年版，第27页。

义,社会主义也有市场。"①

1992年6月9日,江泽民在中央党校省部级干部进修班上提出经济体制改革的目标可以有三种选择,"我个人的看法,比较倾向于使用'社会主义市场经济体制'这个提法。"②

当年10月召开的党的十四大,作出了三项影响深远的决策,其中之一,就是明确我国经济体制改革的目标是建立社会主义市场经济体制。1993年11月,党的十四届三中全会审议通过《中共中央关于建立社会主义市场经济体制若干问题的决定》,将党的十四大提出的经济体制改革的目标和原则具体化,明确了建立社会主义市场经济体制的基本任务和要求,勾画了总体规划和基本框架。

党的十四大之后,中国的经济体制改革由侧重于突破旧体制转向侧重于建立新体制,由政策调整转向制度创新,由单项改革转向综合配套改革,由重点突破转向整体推进与重点突破相结合。

到21世纪初,我国初步建立起社会主义市场经济体制。2003年党的十六届三中全会通过《中共中央关于完善社会主义市场经济体制若干问题的决定》。与10年前党的十四届三中全会通过的《决定》相比,差别就在一个词:将"建立"改成"完善"。虽仅一词之差,但却浓缩了我国社会主义市场经济发展的历史进程,标志着我国的经济体制改革跨入了一个新的历史发展阶段。

市场经济,关键是在"市场"两个字上做文章。瞄准市场,捕捉市场,根据市场的需求而生产,创造的价值到市场上去实现。归结起

---

① 《邓小平文选》第3卷,人民出版社1993年版,第373页。
② 《江泽民文选》第1卷,人民出版社2006年版,第202页。

来，就是由市场决定资源配置，这是市场经济的一般规律。建设和完善社会主义市场经济，核心问题是处理好政府和市场的关系，使市场在资源配置中起决定性作用和更好发挥政府作用。

通过改革开放，市场的分量越来越重，也越来越发挥着更大的作用。

党的十五大提出"使市场在国家宏观调控下对资源配置起基础性作用"[1]。党的十六大提出"在更大程度上发挥市场在资源配置中的基础性作用"[2]。党的十七大提出"从制度上更好发挥市场在资源配置中的基础性作用"[3]。党的十八大提出"更大程度更广范围发挥市场在资源配置中的基础性作用"[4]。到党的十八届三中全会的《决定》，则更进一步把市场在资源配置中的"基础性作用"改变为"决定性作用"，同时，后面仍强调，要"更好发挥政府作用"[5]。

党的十八大以来，习近平总书记在关于全面深化改革、坚持社会主义市场经济改革方向方面，提出了一系列重要思想、重要论断和重要举措，为全面深化经济体制改革指明了正确方向。

习近平总书记强调，"使市场在资源配置中起决定性作用和更

---

① 中共中央文献研究室编：《十五大以来重要文献选编》（上），人民出版社2000年版，第18页。

② 中共中央文献研究室编：《十六大以来重要文献选编》（上），中央文献出版社2005年版，第20页。

③ 中共中央文献研究室编：《十七大以来重要文献选编》（上），中央文献出版社2009年版，第17页。

④ 中共中央文献研究室编：《十八大以来重要文献选编》（上），中央文献出版社2014年版，第15页。

⑤ 中共中央文献研究室编：《十八大以来重要文献选编》（上），中央文献出版社2014年版，第513页。

好发挥政府作用,二者是有机统一的,不是相互否定的,不能把二者割裂开来、对立起来",而是要"学会正确运用'看不见的手'和'看得见的手'"。

为了发挥市场对于资源配置的决定性作用,从 2013 年到 2018 年的五年中,国务院部门行政审批事项削减 44%,非行政许可审批彻底终结,中央政府层面核准的企业投资项目减少 90%,行政审批中介服务事项压减 74%,职业资格许可和认定大幅减少。中央政府定价项目缩减 80%,地方政府定价项目缩减 50% 以上。这些措施,有助于把可以由市场解决的问题交给市场,增强各类市场主体的活力。

从无到有,从构想到建立,从建立到完善,党和国家全面推进农村、国有企业、财政、税收、金融、外贸、外汇、投资、价格、社会保障、住房、科技、教育等各方面体制的改革,培育和发展社会主义市场经济体制,健全和完善国家的宏观调控体系,加强市场经济的法律制度建设,从而实现了建立社会主义市场经济的大步跨越,成为中国经济体制改革的最大成果。综览古今中外,堪称前无古人的伟大创举。

党的十八大以来,党和国家紧紧围绕使市场在资源配置中起决定性作用深化经济体制改革,坚持和完善基本经济制度,加快完善现代市场体系、宏观调控体系、开放型经济体系,加快转变经济发展方式,加快建设创新型国家,推动经济更有效率、更加公平、更可持续发展,取得了新的成就。

在社会主义条件下发展市场经济,是前无古人的伟大创举,是中国共产党人对马克思主义发展作出的历史性贡献,体现了党坚持理论创新、与时俱进的巨大勇气。由计划经济体制向社会主义市场经济体制的转变,实现了改革开放新的历史性突破,打开了中国发展的崭新局面。

五、新时期五年计划(规划)的改革

改革开放后,党和国家积极推动计划经济向社会主义市场经济实行战略转变,同时,仍然保留了五年计划(规划)的方式,充分发挥五年计划(规划)的积极作用。但是,对五年计划(规划)的指导思想、内容、方法乃至名称,都进行了重大改革,并且随着一个个五年计划(规划)的制定和实施不断深入推进,从而使五年计划(规划)发生了深刻的变革。所以,中国的改革是改掉了传统的高度集中的计划经济体制,而不是把制定和实施五年计划(规划)的方法也全部抛弃掉。在建立和完善社会主义市场经济的过程中,作为一种宏观调控的手段,制定五年计划(规划)的方法发挥了重要的作用。

第一,1980 年至 1985 年的"六五"计划,第一次将"国民经济计划"改成了"国民经济和社会发展计划",并用一编的篇幅("社会发展计划"),对社会发展的各个方面进行计划安排,意在促进社会与经济一同全面发展。当时的《政府工作报告》就此指出:"第六个五年计划是整个国民经济和社会发展的全面的计划,它既包括建设物质文明,也包括建设精神文明。"从此,国民经济发展五年计划均更名为国民经济和社会发展五年计划,计划中均增加了社会发展的内容。

第二,随着改革开放的发展,首先将各种计划区分为指令性计划和指导性计划两种,将五年计划逐步改成了指导性计划,总的是起指导作用而不是强制的指令作用,允许各方面发挥自主性、积极性和创造性。管理方式从行政指令性计划、政府直接配置资源逐步向符合市场经济规律的宏观经济管理转变,大幅度缩减计划管理的范围和指标。"十一五"规划纲要进一步提出"约束性"指标,将其与预测性和引导性的指标区分开来。

第三,扩大企业和地方的自主权,下放和减少中央特别是计划委员会的权力。计委主要侧重于规划制定、宏观调控,而不是干预日常经济运行的事务。日常经济运行先由经济委员会管,后来经济委员会也撤销了。计划委员会最后改名为发展和改革委员会。经济体制改革的最初探索,首先就是扩大自主权。随后,地方的自主权也逐步扩大。在计划工作中,大幅度向地方和企业下放计划决策权,精简了行业管理机构。

第四,计划(规划)制定更加及时,在新的五年计划时期刚开始之时就制定出完整的五年计划,得以使两者同步。"一五"计划通过时,已经实际执行两年半。这与当时的历史环境有关。此后多个五年计划,都是在已开始实际执行后才正式通过。从1983年到1986年3月,国家制定并审查通过了1986年至1990年的"七五"计划。在一个新的五年计划时期刚刚开始的时候,就制定出了完整的经济和社会发展计划,这种及时性在我国经济发展史和五年计划(规划)史上是第一次。

第五,五年计划制定程序逐步规范。基本形成了制定五年计划(规划)的制度和比较规范的工作程序。每个五年计划(规划)都有完整的正式文本并完成了法律程序。先由党中央提出建议,然后国务院根据建议组织有关部门制定纲要(草案),最后提交全国人民代表大会审查批准。五年计划(规划)的科学性、严肃性、有效性进一步增强。

第六,在发展社会主义市场经济条件下制定中长期规划,所定指标总体上是预测性、指导性的。1996 年至 2000 年的"九五"计划就是在发展社会主义市场经济条件下制定的第一个中长期规划。

第七,将"计划"进一步改为"规划"。2006 年至 2010 年的"十一五",第一次将"五年计划"改为了"五年规划"。到"十三五",一共已有三个"五年规划"。

这些改革,适应了由计划经济向社会主义市场经济转变的需要,变得更加科学了。

五年计划(规划)的改革,很多体现在计划委员会权力和职能的变化上。

1982 年 3 月 8 日,五届全国人大常委会第 22 次会议通过了《关于国务院机构改革问题的决议》。为加强对国家日常经济活动的集中统一指挥,重组国家经济委员会,进一步加强国家计划委员会规划职能,计委不再管理日常的经济活动。

1988 年 4 月,七届全国人大一次会议决定撤销原国家计划委员会、国家经济委员会,重新组建国家计划委员会。主要职能和任务是:提出国民经济和社会发展的战略目标、长期、中期规划和年度计划,做好社会总需求与总供给的平衡;调整国民经济的重大比例关系,做好生产布局和国民收入分配;组织制定重大的经济技术政策;综合运用各种经济杠杆,宏观调控国民经济;负责国土整治开发;组织协调重点建设,推动全国技术进步,促进国民经济良性运行和社会协调发展。国家计委被定位为高层次的宏观管理机构,不再承担微观管理和行业管理职能。

1998年3月,国家计划委员会被更名为国家发展计划委员会。主要的职责放在了管理有关国民经济全局的事务上,着力制定发展战略,进行宏观经济管理;减少了对微观经济活动的干预,创造公平竞争的市场环境,减少了繁多的行政审批手续。

2003年,又继续对这一机构进行改革,将原国家经贸委的部分职能和原国务院经济体制改革办公室一同并入,并将其更名为"国家发展和改革委员会"。"计划"二字,自此完全从中国政府的部门中剔除。

2008年,国家发改委的职能再次历经调整:中央将其在工业行业管理方面的有关职能和对国家烟草专卖局的管理,划入新组建的国家工业和信息化部。与此同时,新组建的国家能源局,则由国家发改委代管。

2013年的机构改革,将国家人口和计划生育委员会的研究拟订人口发展战略、规划及人口政策职责划入国家发改委。

在改革中,由国家计委到国家发改委,其职能逐步发生了深刻的转变。发改委把主要精力转到了管宏观、谋全局、抓大事上来,加强跨部门、跨地区、跨行业、跨领域的重大战略规划、重大改革、重大工程的综合协调,统筹全面创新改革,提高经济发展质量和效益。进一步减少微观管理事务和具体审批事项,最大限度减少政府对市场资源的直接配置,最大限度减少政府对市场活动的直接干预,提高资源配置效率和公平性,激发各类市场主体活力。

其中包括,强化制定国家发展战略、统一规划体系的职能,完善国家规划制度,做好规划统筹,精简规划数量,提高规划质量,更好发挥国家发展战略、规划的导向作用。完善宏观调控体系,创新调控方式,构建发展规划、财政、金融等政策协调和工作协同机制,强化经济监测预测预警能力,建立健全重大问题研究和政策储备工作机制,增强宏观调控的前瞻性、针对性、协同性。深入推进简政放权,全面实施市场准入负面清单制度。深化投融资体制改革,最大限度减少项目审批、核准范围。深化价格改革,及时修订调减政府定价目录,健全反映市场供求的定价机制。加快推进政府监管和公共信用信息共享。

六、改革开放后五年计划(规划)的制定、内容和影响

改革开放改掉了传统的计划经济,但是并没有抛弃五年计划(规划)的方式。完全在改革开放时期制定的五年计划和规划,到"十四五"为止,一共9个。进入21世纪前的,一共4个,即从"六五"计划至"九五"计划。

从改革开放到世纪之交,正是计划经济体制向社会主义市场经济体制转轨时期。这一阶段,通过先后制定实施4个五年计划,初步建立起社会主义市场经济体制的基本框架,基本解决了人民生活的温饱问题,实现了总体小康的战略目标。"九五"时期,我国经济虽然经历了亚洲金融危机的冲击,但仍然保持平稳较快增长,到2000年GDP首次突破1万亿美元,人均GDP达到850美元,进入中等偏下收入国家行列,主要工农业产品产量位居世界前列,人民生活总体上达到了小康水平。

第六个五年计划(1981—1985 年)和十年规划纲要

"六五"计划是改革开放后制定的第一个五年计划。这一时期,全党全国工作中心转移到经济建设上来,一系列重大改革和重大政策相继推出和实施,农村实行家庭联产承包责任制、建设经济特区、实施沿海开放等,国民经济发展进入起飞阶段。

"六五"计划的编制时间较长,最初是作为《1976—1985 年发展国民经济十年规划纲要》草案的一部分,根据 1975 年《政府工作报告》的提议着手编制的。1980 年 2 月,国务院决定重新制定中长期计划,并召开长期计划座谈会,再次酝酿编制"六五"计划。之后,国家计委和有关部门就"六五"计划的编制进行了大量调查研究和测算工作,并组织有关专家进行了科学论证。1982 年全国计划会议着重讨论了"六五"计划草案,1982 年 12 月五届全国人大五次会议正式批准"六五"计划,同时作出了动员全国人民为实现这个计划而奋斗的专门决议。

尤其值得称道的是,"六五"计划第一次将"国民经济计划"改成了"国民经济和社会发展计划",意在将社会发展列入计划,促进社会与经济一同全面发展。

"六五"计划(1981—1985 年)是按照党的十二大提出的到 20 世纪末建设现代化的战略部署制定的,是继"一五"计划后的一个比较完备的五年计划,是在调整中使国民经济走上稳步发展健康轨道的五年计划。

"六五"计划的内容和要求体现了改革开放后对经济社会发展的一些新要求。如,有计划有重点地对现有企业进行技术改造,广泛开展以节能为主要目标的技术革新活动,同时集中必要的资金,加强能源、交通等重点建设,做好"七五"发展的衔接;组织全国的科技力量,进行科技攻关和科技成果的推广应用;努力发展教育、科学和文化事业,促进社会主义精神文明和物质文明的建设;通过发展生产,提高经济效益,适当集中资金,使国家财政收入由下降转为上升,使经济建设和文化建设的开支逐步有所增加,保证财政收支和信贷收支的基本平衡;大力发展经济贸易,有效利用外资,积极引进国内需要的先进技术,促进国内经济技术的发展;严格控制人口增长,妥善安排城镇劳动力的就业,在生产发展和劳动生产率提高的基础上,使城乡人民的物质和文化生活继续得到改善;加强环境保护,制止环境污染的进一步发展。

"六五"计划取得了显著的成就。国民经济全面稳定增长。农业生产能力大幅提升,乡镇企业、民营经济异军突起;工农业总产值平均每年增长 11%,国民生产总值 1985 年达到 7780 亿元,与 1980 年相比,扣除物价上涨因素,平均每年增长 10%;重要产品的产量大幅度增长;基本建设和技术改造取得重大成就,建成投产大中型项目 496 个,完成更新改造项目 20 万个;财政状况逐年好转。财政收入平均每年增加 159 亿元,年递增长 12%,实现了财政收支平衡;科技、教育、文化事业开始出现繁荣兴旺的局面;对外经济关系打破了封闭半封闭的状态,对外经济贸易和技术交流出现新局面。我国出口额在世界的位次由 1980 年的第 28 位上升到 1984 年的第 10 位;全国居民收入大幅度增长,人民生活显著改善。

"六五"期间国民经济发展也遇到一些困难和问题,特别是"六五"后期,在经济形势好转的情况下,固定资产投资规模过大,消费基金增长过猛,货币发行过多,对经济稳定增长产生了不利影响。

第七个五年计划（1986—1990 年）

1983 年，国务院着手组织"七五"计划的起草工作。1985 年上半年拟订了《中共中央关于制定国民经济和社会发展第七个五年计划的建议》。这个《建议》经党的十二届四中全会原则通过后，提交1985 年 9 月党的全国代表会议审议通过。国务院根据《建议》，对计划安排又反复研究、平衡、测算，1986 年 3 月审定完毕，将《中华人民共和国国民经济和社会发展第七个五年计划》（1986—1990 年）提交六届全国人大四次会议审议批准。在一个新的五年计划时期刚刚开始的时候，就制定出了完整的经济和社会发展计划，这在我国计划经济史上是第一次。

"七五"计划的基本原则和方针进一步体现了改革开放的要求和成果：(1)坚持把改革放在首位，使改革和建设相互适应、相互促进。(2)坚持社会总需求和总供给的基本平衡，保持国家财政、信贷、物资和外汇的各自平衡和相互间的综合平衡。(3)坚持把提高经济效益特别是提高产品质量放到十分突出的位置上来，正确处理好效益和速度、质量和数量的关系。(4)坚持适应社会需求结构的变化和国民经济现代化的要求，进一步合理调整产业结构。(5)坚持恰当地确定固定资产投资规模，合理调整投资结构，加快能源、交通、通信和原材料工业的建设。(6)坚持把建设重点转移到现有企业的技术改造和改建扩建上来，走内涵型扩大再生产的路子。(7)坚持把发展科学、教育事业放到重要的战略位置上，促进科学技术进步，加快智力开发。(8)坚持进一步对外开放，更好地把国内经济建设同扩大对外经济技术交流结合起来。(9)坚持在发展生产和提高经济效益的基础上，进一步改善城乡人民的物质文化生活。(10)坚持在推进物质文明建设的同时,大力加强社会主义精神文明的建设。(11)坚持在各项事业中发扬艰苦奋斗、勤俭建国的精神。

"七五"期间,经济上出现一些波动,随即开展治理整顿。虽然有一些困难和波折,但还是取得了显著成就。"七五"时期,国民经济保持了一定的增长速度,农林牧副渔全面增长,主要工业产品平均年产量比"六五"时期有较大幅度的增长,缓解了农产品和消费品匮乏的局面。五年内全国工农业总产值增长 38%,平均每年增长6.7%。五年国民生产总值增长 44%,平均每年增长 7.5%,进出口贸易总额五年增长 35%,并相应扩大利用外资和引进先进技术的规模。城乡居民实际消费水平,平均每年增长 5%。在这五年内,继续保持国家财政、信贷、物资、外汇的基本平衡。

第八个五年计划(1991—1995 年)和十年规划

1991—1995 年是中国第八个五年计划时期。1990 年 12 月,党的十三届七中全会审议并通过了《中共中央关于制定国民经济和社会发展十年规划和"八五"计划的建议》,提出了今后十年国民经济和社会发展的基本任务和方针政策。1991 年 3 月,七届全国人大四次会议审议通过了国务院《关于国民经济和社会发展十年规划和第八个五年计划纲要的报告》。以 1992 年邓小平南方谈话和十四大为标志,社会主义市场经济体制的改革目标最终确立。党的十四届三中全会通过《中共中央关于建立社会主义市场经济体制若干问题的决定》,改革步伐进一步加快,改革开放和现代化建设进入新的阶段。

"八五"期间,国民经济持续快速增长,年均增长速度达 11% 左右,比"七五"时期的年均增长高出近 4 个百分点,经济波动不到 5 个百分点。统计资料显示,在中国执行的前 8 个五年计划中,"八五"计划是增长最快、波动最小的一个五年计划。

"八五"计划时期,最大的成就是提前五年完成了到 2000 年实现国民生产总值比 1980 年翻两番的战略目标。1995 年中国的国民生产总值达到 57600 亿元,扣除物价因素,是 1980 年的 4.3 倍,提前完成了"翻两番"的任务。这是一个了不起的成就,在中国经济发展史上是一个重要的里程碑。

"八五"时期,中国的一些主要产品的产量稳步增长。总量居世界第一位的有煤炭、水泥、棉布、电视机、粮食、棉花、肉类。居世界第二位的是钢和化学纤维。发电量居世界第三位。

"八五"计划期间,全部建成投产的基本建设大中型项目约为845 个,建成投产的限额以上的重点技术改造项目约为 374 个,这些项目使主要产业部门的技术水平和企业的装备水平、市场竞争能力有了较大提高。

"八五"期间,新建铁路干线 5800 公里,复线 3400 公里,电气化2600 公里,公路新增 10.5 万公里,其中高速公路 1600 多公里,港口吞吐能力增加 1.38 亿吨,新建机场 12 个,铺设长途光缆干线 10 万公里,电话交换机总容量新增 5895 万门,发电装机总容量新增 7500万千瓦,新增产电力年均增长 9%。

"八五"期间,第一产业产值年均增长 4.1%,第二产业产值年均增长 17.3%,第三产业产值年均增长 9.5%,一、二、三产业的产值结构由"六五"末期的 28.4:43.1:28.5 和"七五"末期的 27.1:41.6:31.3 转变为"八五"末期的 20.3:47.7:32.0。

在经济体制改革方面,取得突破性进展。以分税制为核心的新财政体制,以增值税为主体的新税制基本建立并正常运行。政策性金融和商业性金融初步分开,汇率顺利并轨,新的宏观经济调控框架初步建立,市场在资源配置中的作用明显增强,以公有制为主体、多种经济成分共同发展的格局已经形成。

对外开放总体格局基本形成。对外开放的范围和规模进一步扩大,形成了由沿海到内地、由一般加工工业到基础工业和基础设施的总体开放格局。以上海浦东为龙头的长江地区的开发开放,成为"八五"期间对外开放区域布局的一项重要举措。中国对外开放的县市超过 1100 个,兴办了一大批经济开发区和 13 个保税区。

"八五"期间,对外贸易迅速发展。对外贸易总额累计达 10145 亿美元,比"七五"期间翻了一番,年均增长 19.5%,高于"六五"期间的 12.8% 和"七五"期间的 10.6%。年出口额已突破 1000 亿元,占世界商品贸易的比重从"七五"的 1.6% 增加到 3%。1995 年,中国进出口贸易总额居世界第 11 位;国家外汇储备已达到 736 亿美元,比"七五"末期的 111 亿美元增加 5.6 倍。

"八五"期间,城乡新建住房面积 43 亿平方米,到 1994 年末,农村人均居住面积达 20.5 平方米,城镇居民人均居住面积达 7.7 平方米。

第九个五年计划(1996—2000 年)和十五年远景目标纲要

1995 年 9 月,党的十四届五中全会通过《中共中央关于制定国民经济和社会发展"九五"计划和二〇一〇年远景目标的建议》。1996 年 3 月,八届全国人大四次会议审议通过了《中华人民共和国国民经济和社会发展"九五"计划和二〇一〇年远景目标纲要》。

"九五"计划和到 2010 年的远景目标,是中国社会主义市场经济条件下的第一个中长期计划,也是经济和社会综合发展的跨世纪宏伟蓝图。中央强调,制定这一计划和目标,要深入研究经济体制变化的新特点,按照发展社会主义市场经济和现代化建设的要求,更新计划观念,改革计划体制、计划内容和计划方法。计划要突出宏观性、战略性和政策性。计划指标总体上应该是预测性、指导性的。计划要体现"三步走"发展战略的连续性,重点放在 20 世纪的最后五年,同时研究 21 世纪头十年发展的重大问题。

鉴于原定到 2000 年国民生产总值比 1980 年翻两番的任务于 1995 年提前完成,"九五"国民经济和社会发展的主要奋斗目标确定为:全面完成现代化建设的第二步战略部署。2000 年,在我国人口将比 1980 年增长 3 亿左右的情况下,实现人均国民生产总值比 1980 年翻两番;基本消除贫困现象,人民生活达到小康水平;加快现代企业制度建设,初步建立社会主义市场经济体制。加大改革力度,理顺经济关系,推动科技进步,调整产业结构,提高经济效益,增强发展后劲,为 21 世纪初开始实施第三步战略部署奠定更好的物质技术和经济体制基础。

2010 年,国民经济和社会发展的主要奋斗目标是:实现国民生产总值比 2000 年翻一番,使人民的小康生活更加宽裕,形成比较完善的社会主义市场经济体制。进一步推进经济管理体制和运行机制的规范化、法制化,更好地优化资源配置,显著提高国民经济的技术水平和整体素质,实现经济和社会可持续发展。

实现"九五"和 2010 年的奋斗目标,关键是实行两个具有全局意义的根本性转变,一是经济体制从传统的计划经济体制向社会主义市场经济体制转变;二是经济增长方式从粗放型向集约型转变,促进国民经济持续、快速、健康发展和社会全面进步。

经过五年的努力,"九五"计划的目标成功实现。国民经济持续快速健康发展。综合国力进一步增强。人均国民生产总值比1980年翻两番的任务超额完成。主要工农业产品产量位居世界前列。商品短缺状况基本结束。经济体制改革全面推进,社会主义市场经济体制初步建立。对外开放水平不断提高,全方位对外开放格局基本形成。人民生活总体上达到小康水平。我国政府恢复对香港、澳门行使主权。随着"九五"计划的完成,我们实现了现代化建设第二步战略目标,为实现"十五"规划、开始迈向第三步战略目标奠定了良好基础。这是中华民族发展史上一个新的里程碑。

从计划执行情况看,尽管在这一阶段也出现几次不同程度的经济过热和"九五"计划后半段的通缩,但总体来说,经济发展的稳定性与改革开放以前相比大大增强,没有再出现计划经济时期那种国民经济重大比例关系严重失调的问题,经济波动的频度和幅度明显降低。产业结构调整优化取得重要进展,根本扭转了过去消费品长期供给不足的状况,到1991年完全取消了票证,消费需求升级和产品更新换代加快;基础产业发展成效显著,新的支柱产业不断形成壮大,工业体系和国民经济体系更加完整。到"九五"期末,我国基本告别"短缺经济",胜利实现了"三步走"现代化战略前两步的目标,其中,前十年切实解决了温饱问题,后十年胜利实现了总体小康。国家综合经济实力显著增强,在全球经济中的地位日益提升。

七、进入 21 世纪的五年计划(规划)

当人类社会跨入 21 世纪的时候,我国进入了全面建设小康社会、加快推进社会主义现代化的新的发展阶段。党的十六大指出:21世纪头 20 年,对我国来说,是一个必须紧紧抓住并且可以大有作为的重要战略机遇期。根据党的十五大提出的到 2010 年、建党 100 年和新中国成立 100 年的发展目标,我们要在本世纪头 20 年,集中力量,全面建设惠及十几亿人口的更高水平的小康社会,使经济更加发展、民主更加健全、科教更加进步、文化更加繁荣、社会更加和谐、人民生活更加殷实。这是实现现代化建设第三步战略目标必经的承上启下的发展阶段,也是完善社会主义市场经济体制和扩大对外开放的关键阶段。经过这个阶段的建设,再继续奋斗几十年,到本世纪中叶基本实现现代化,把我国建成富强民主文明的社会主义国家。

21 世纪前 20 年的 4 个五年计划(规划),就是在这样的历史背景和战略思想的指导下制定的。从"十五"计划纲要至"十三五"规划,都是社会主义市场经济体制基本建立后的五年规划(计划)。随着我们党对共产党执政规律、社会主义建设规律、人类社会发展规律的认识不断深化,随着我国社会主义市场经济体制改革向纵深推进,五年规划的理念、目标、内容等不断改革创新。"十五"时期,减少了实物指标,增加了反映结构变化的预期指标,宏观性、战略性和指导性进一步增强,建立了五年规划的中期评估制度。从"十一五"规划开始,"五年计划"更名为"五年规划",明确了五年规划的定位,将规划指标分为预期性和约束性两类,增加了具有空间约束的主体功能区内容。

这一阶段,规划体制改革明显加快,规划体系不断健全,基本形成了与社会主义市场经济体制相适应的五年规划制度。"十三五"时期,中共中央、国务院印发《关于统一规划体系更好发挥国家发展规划战略导向作用的意见》并开始实施,进一步提高了规划(计划)制定的规范化水平,为加快建立制度健全、科学规范、运行有效的规划体制奠定了基础。

第十个五年计划纲要(2001—2005 年)

2000 年,党的十五届五中全会通过关于制定"十五"计划的建议。2001 年 3 月,九届全国人大四次会议审议批准了《中华人民共和国国民经济和社会发展第十个五年计划纲要》。这是跨入 21 世纪之后的第一个五年计划。

"十五"计划纲要确定了一系列重要指导方针:坚持把发展作为主题,坚持把结构调整作为主线,坚持把改革开放和科技进步作为动力,坚持把提高人民生活水平作为根本出发点,坚持把经济发展和社会发展结合起来。

"十五"计划纲要突出了战略性、宏观性、政策性,减少实物指标,增加反映结构变化的预期指标;围绕要解决的主要问题和重点发展领域,提出努力方向和相应的政策措施。强调计划的实施要充分发挥市场机制的作用,政府宏观调控要更多地运用经济杠杆、经济政策和法律手段。在计划制定方法上,力求提高社会参与度,使计划制定过程成为发扬民主、集思广益的过程,成为各有关方面达成共识的过程。

"十五"计划期间,党和国家牢牢抓住发展这个党执政兴国的第一要务,聚精会神搞建设、一心一意谋发展,不断推进改革开放,使国家经济实力、综合国力和国际地位显著提高。五年中,有效抑制经济运行中出现的不稳定不健康因素,成功战胜非典疫情和重大自然灾害的挑战,我国加入世界贸易组织并从容应对加入世界贸易组织后的新变化,国民经济持续较快发展,GDP 年均增长 9.8%,工业化、城镇化、市场化、国际化步伐加快,"十五"计划确定的主要发展目标提前实现,经济体制改革不断深化,外向型经济突飞猛进发展,对外贸易迈上新台阶,国家财政收入大幅度增加,价格总水平保持基本稳定,城乡人民生活进一步改善,汽车开始进入家庭,住房消费快速兴起,民族团结不断巩固,各项社会事业取得新进步,社会主义民主政治和精神文明建设继续加强,国家经济实力、综合国力和国际地位显著提高。这些都为"十一五"时期的发展奠定了良好基础。

第十一个五年规划(2006—2010 年)

21 世纪头 20 年是中国发展的重要战略机遇期,"十一五"时期尤为关键。国民经济和社会发展第十一个五年规划(2006—2010 年),是全面建设小康社会进程中的重要规划。

2005 年党的十六届五中全会通过关于制定国民经济和社会发展第十一个五年规划的建议,强调"十一五"是承前启后的重要时期。必须紧紧抓住机遇,应对各种挑战,认真解决长期积累的突出矛盾和问题,突破发展的瓶颈制约和体制障碍,开创社会主义经济建设、政治建设、文化建设、社会建设的新局面,取得全面建设小康社会的重要阶段性进展,为后十年顺利发展打下坚实基础。

"十一五"规划,坚持以科学发展观统领经济社会发展全局,着力转变发展观念、创新发展模式、提高发展质量,落实"五个统筹",把经济社会发展切实转入全面协调可持续发展的轨道。

"十一五"规划的主要目标是:在优化结构、提高效益和降低消耗的基础上,实现 2010 年人均国内生产总值比 2000 年翻一番;资源利用效率显著提高,单位国内生产总值能源消耗比"十五"期末降低 20%左右,生态环境恶化趋势基本遏制,耕地减少过多状况得到有效控制;形成一批拥有自主知识产权和知名品牌、国际竞争力较强的优势企业;社会主义市场经济体制比较完善,开放型经济达到新水平,国际收支基本平衡;普及和巩固九年义务教育,城镇就业岗位持续增加,社会保障体系比较健全,贫困人口继续减少;城乡居民收入水平和生活质量普遍提高,价格总水平基本稳定,居住、交通、教育、文化、卫生和环境等方面的条件有较大改善;民主法制建设和精神文明建设取得新进展。

"十一五"时期是我国发展史上极不平凡的五年。其间,接连遭受汶川、玉树地震和舟曲山洪泥石流等重大自然灾害,特别是受到国际金融危机的严重冲击。国内外环境的复杂性和重大风险挑战的严峻性历史罕见。经正确应对,五年来,改革开放和现代化建设取得新的更大成就,"十一五"规划确定的主要目标和任务胜利完成。经济保持平稳较快发展,跨上了一个新台阶。GDP 保持年均 11.2%的高速增长,2010 年国内生产总值达到 39.8 万亿元,跃居世界第二位,进入中等偏上收入国家行列,国家财政收入达到 8.3 万亿元。载人航天、探月工程、超级计算机等尖端科技领域实现重大跨越。经济发展方式转变和经济结构调整取得重要进展。农业特别是粮食生产连年获得好收成,节能减排和环境保护扎实推进,区域发展协调性增强,社会主义市场经济体制进一步完善。"走出去"步伐加快,开放型经济水平不断提高。在发展经济的同时,更加重视发展社会事业和改善民生,彻底取消农业税,结束了几千年来农民种田交税的历史。全面实行真正免费的义务教育,建立覆盖城乡居民的社会保障制度。隆重庆祝新中国成立 60 周年和改革开放 30 周年,成功举办了北京奥运会、上海世博会。

第十二个五年规划纲要(2011—2015 年)

2010 年 10 月,党的十七届五中全会通过《中共中央关于制定国民经济和社会发展第十二个五年规划的建议》。2011 年 3 月的十一届全国人大四次会议审议批准了《中华人民共和国国民经济和社会发展第十二个五年规划纲要》。

"十二五"时期是全面建成小康社会的关键时期,是深化改革开放、加快转变经济发展方式的攻坚时期。"十二五"规划纲要的指导思想要求,深入贯彻落实科学发展观,适应国内外形势新变化,顺应各族人民过上更好生活新期待,以科学发展为主题,以加快转变经济发展方式为主线,深化改革开放,保障和改善民生,巩固和扩大应对国际金融危机冲击成果,促进经济长期平稳较快发展和社会和谐稳定,为全面建成小康社会打下具有决定性意义的基础。

"十二五"时期经济社会发展的主要目标,包括经济发展、结构调整、居民收入、社会建设和改革开放五个方面。这些目标有两个突出特点:一是长短结合,把"十二五"规划的各项目标任务与应对国际金融危机冲击的重大阶段性目标紧密衔接,与 2020 年全面建成小康社会的奋斗目标紧密衔接。二是针对经济社会发展中的突出问题,更加明确了调整经济结构和保障改善民生方面的目标,使科学发展的主题和加快转变经济发展方式的主线更加突出,并有了具体的考核标准和抓手。主要目标充分体现了战略性、前瞻性、指导性的要求,各项具体指标中只有少数约束性指标。

"十二五"规划的基本要求是:坚持把经济结构战略性调整作为加快转变经济发展方式的主攻方向,坚持把科技进步和创新作为加快转变经济发展方式的重要支撑,坚持把保障和改善民生作为加快转变经济发展方式的根本出发点和落脚点,坚持把建设资源节约型、环境友好型社会作为加快转变经济发展方式的重要着力点,坚持把改革开放作为加快转变经济发展方式的强大动力。

"十二五"时期,面对错综复杂的国际环境和艰巨繁重的国内改革发展稳定任务,全国各族人民顽强拼搏、开拓创新。特别是党的十八大胜利召开,中国特色社会主义进入新时代,以习近平同志为核心的党中央统筹推进"五位一体"总体布局,协调推进"四个全面"战略布局。经济社会发展取得显著成就,胜利完成"十二五"规划确定的主要目标和任务。其间,积极应对国际金融危机持续影响等一系列重大风险挑战,适应经济发展新常态,不断创新和完善宏观调控。经济保持持续较快发展,经济总量稳居世界第二位,对世界经济增长贡献率超过25%,人均国内生产总值增至49351元(折合7924美元)。经济结构调整取得重大进展。常住人口城镇化率达到56.1%,高技术产业、战略性新兴产业加快发展,一批重大科技成果达到世界先进水平。公共服务体系基本建立、覆盖面持续扩大。生态文明建设取得新进展,主体功能区制度逐步健全,节能环保水平明显提升。全面深化改革有力推进。国际地位显著提高。成为全球第一货物贸易大国和主要对外投资大国,人民币纳入国际货币基金组织特别提款权货币篮子。我国经济实力、科技实力、国防实力、国际影响力又上了一个大台阶。

第十三个五年规划(2016—2020 年)

到 2021 年全面建成小康社会,是"两个一百年"奋斗目标的第一个百年奋斗目标。"十三五"时期是全面建成小康社会决胜阶段,"十三五"规划是紧紧围绕实现这个奋斗目标来制定的。

2015 年 10 月,党的十八届五中全会通过《中共中央关于制定国民经济和社会发展第十三个五年规划的建议》。2016 年的十三届全国人大四次会议审议通过了《中华人民共和国国民经济和社会发展第十三个五年规划纲要》。

习近平总书记指出,制定和实施好"十三五"规划建议,阐明党和国家战略意图,明确发展的指导思想、基本原则、目标要求、基本理念、重大举措,描绘好未来 5 年国家发展蓝图,事关全面建成小康社会、全面深化改革、全面依法治国、全面从严治党战略布局的协调推进,事关我国经济社会持续健康发展,事关社会主义现代化建设大局。

"十三五"规划的指导思想要求,坚持全面建成小康社会、全面深化改革、全面依法治国、全面从严治党的战略布局,坚持发展是第一要务,牢固树立和贯彻落实创新、协调、绿色、开放、共享的发展理念,以提高发展质量和效益为中心,以供给侧结构性改革为主线,扩大有效供给,满足有效需求,加快形成引领经济发展新常态的体制机制和发展方式,保持战略定力,坚持稳中求进,统筹推进经济建设、政治建设、文化建设、社会建设、生态文明建设和党的建设,确保如期全面建成小康社会,为实现第二个百年奋斗目标、实现中华民族伟大复兴的中国梦奠定更加坚实的基础。

提出新发展理念,这是"十三五"规划一个非常重要的特点。"十三五"规划明确强调,实现发展目标,破解发展难题,厚植发展优势,必须牢固树立和贯彻落实创新、协调、绿色、开放、共享的新发展理念。

"十三五"规划是决胜全面小康的规划。所以规划提出,今后五年,要在已经确定的全面建成小康社会目标要求的基础上,努力实现以下新的目标要求:经济保持中高速增长。在提高发展平衡性、包容性、可持续性的基础上,到 2020 年国内生产总值和城乡居民人均收入比 2010 年翻一番;人民生活水平和质量普遍提高。我国现行标准下农村贫困人口实现脱贫,贫困县全部摘帽,解决区域性整体贫困;国民素质和社会文明程度显著提高;生态环境质量总体改善;各方面制度更加成熟更加定型。国家治理体系和治理能力现代化取得重大进展,各领域基础性制度体系基本形成。

为确保"十三五"规划建议的目标任务落到实处,除"十三五"规划纲要外,还制定了一系列专项规划。各地各部门坚决贯彻党中央决策部署,落实中央确定的发展理念、主要目标、重点任务、重大举措。各地区从实际出发,制定了本地区的"十三五"规划。各级各类规划都增加了明确反映创新、协调、绿色、开放、共享发展理念的指标,增加了政府履行职责的约束性指标。

"十三五"时期,面对错综复杂的国际环境和艰巨繁重的国内改革发展稳定任务,特别是突如其来的新冠肺炎疫情对我国经济发展带来前所未有的冲击,在以习近平同志为核心的党中央坚强领导下,我国经济保持了中高速增长,人均 GDP 突破 1 万美元,达到中等偏上收入国家水平,对全球经济增长贡献率超过 30%。经济结构不断优化,消费、投资、净出口三大需求和三次产业发展逐步趋于协调,现代化基础设施建设快速推进,制造业加快由中低端向中高端升级,战略性新兴产业日益壮大,数字经济等新经济蓬勃发展,科技进步对经济增长的贡献率稳定提升。人民生活不断改善,城乡居民收入增速超过经济增速,中等收入群体持续扩大。三大攻坚战成效显著,脱贫攻坚战取得历史性成绩,金融风险有效防范,生态环境总体改善;覆盖城乡全体居民的社会保障体系日益完善,基本公共服务均等化加快推进。生态环境出现了总体改善的局面,经济社会发展取得全方位、开创性的历史成就。

党的十九届五中全会高度评价决胜全面建成小康社会取得的决定性成就,明确宣布:"十三五"规划目标任务即将完成,全面建成小康社会胜利在望,中华民族伟大复兴向前迈出了新的一大步,社会主义中国以更加雄伟的身姿屹立于世界东方。

21 世纪的所有五年计划和规划,都圆满完成了预定任务。通过这些计划和规划的实施,"三步走"的战略一步步得以实现,中国的综合国力一步步增强,人民的生活水平一步步提高,为开启全面建设社会主义现代化国家新征程奠定了坚实基础。

专家评价,从规划实施效果看,这一阶段是我国产业水平、创新能力、城乡面貌、人民生活和综合国力取得跨越式进步的 20 年。GDP 从 2000 年的 10 万亿元提高到 2019 年的接近 100 万亿元,连续跨越了几个大台阶,占世界经济的比重由 3.65% 提高到 16% 以上,从相当于美国 GDP 的 12.6% 提高到 67%;三次产业结构从 2000 年的 14.7∶45.5∶39.8 调整到 2019 年的 7.1∶39.0∶53.9,常住人口城镇化率从 36.2% 提高到 60.6%,工业化城镇化水平大幅提升;社会消费品零售总额从 3.91 万亿元增加到 40.8 万亿元,成为全球第二大消费市场。进出口总额从 3.93 万亿元增加到 31.56 万亿元,成为全球 120 多个国家和地区的最大贸易伙伴;研发投入占 GDP 比重从 0.89% 提高到 2.23%,达到经合组织国家的平均水平;单位 GDP 能耗明显下降,森林覆盖率从 16.55% 提高到 22.96%,美丽中国建设迈出重要步伐;人均可支配收入从 0.4 万元增加到 3.1 万元,私人汽车拥有量从 625.3 万辆增加到 2.25 亿辆,城镇人均住房建筑面积从 10.25 平方米增加到接近 40 平方米,绝对贫困问题历史性得到解决,我国迎来了从站起来、富起来到强起来的伟大飞跃。

第三章 中国规划的层次和体系

中国规划经历了一个不断丰富发展的过程。现在,已经不仅仅是单个的五年计划(规划),而是已经成为了一个庞大、严密的规划体系。五年计划(规划)是这个体系的主体;与它相伴的,还有更长时段的远景目标或远景目标纲要;还有为实施某个特定任务和战略而制定的专项规划;在国家层面的五年计划(规划)之下,所有地方都要制定自己的五年计划(规划);每年,从中央领导机构到各个部门、各级地方党委政府、具体的各个单位,都要制定一年的工作要点;在具体部署筹备一些比较重要的工作任务时,还都要制定单项的工作方案。虽然这些计划的性质和内容不尽相同,但把治国理政和经济社会发展的大事小事都规划部署得井井有条。

一、中国规划体系的演进和改革

中华人民共和国成立后,借鉴苏联经验,从1953年开始编制中长期计划。1953年至1957年实施了第一个五年计划即"一五"计划。"一五"计划编制程序比较规范、实施效果比较好。

　　"一五"计划的编制和执行是与高度集中的计划经济体制紧密结合在一起的。1958年,中共中央、国务院发布《关于改进计划管理体制的规定》,根据"统一计划、分级管理、加强协作、共同负责"的原则和"重点建设、枝叶扶持"的要求,对计划管理体制作出明确规定,强调:"国家计划必须统一,各地方、各部门的经济、文化的建设都应当纳入全国统一计划之内。全国的年度计划和远景计划的编制、地区经济的合理布局和全国计划的综合平衡,由中央计划机关负责进行。"①"在国家的统一计划的前提下,实行分级管理的计划制度,以充分发挥地方的积极性。"②"实行在中央集中领导下,以地区综合平衡为基础的、专业部门和地区相结合的计划管理制度"。③

　　1962年第二个五年计划完成后,由于进行国民经济调整,五年计划断档几年,第三个五年计划实际从1966年开始至1970年结束。此后,五年计划大体上就一直衔接进行。改革开放前一共编制了5个五年计划,由于受"左"倾错误的影响,除了"一五"计划外,其他4个五年计划均未经全国人大正式审定,编制不很规范,执行的效果也不很理想。

　　改革开放后,计划编制走上正常化发展的道路,国家对发展计划编制更加重视。随着改革开放特别是从计划经济向社会主义市场经济的转变,计划关注的重点也从经济转向经济和社会并重。从"六

---

　　①　中共中央文献研究室编:《建国以来重要文献选编》第11册,中央文献出版社1995年版,第505页。

　　②　中共中央文献研究室编:《建国以来重要文献选编》第11册,中央文献出版社1995年版,第506页。

　　③　中共中央文献研究室编:《建国以来重要文献选编》第11册,中央文献出版社1995年版,第508页。

五"计划开始,经济计划变成经济社会发展计划。计划体系不断扩展,既从战略上规定"干什么",也通过其他一些规划明确"怎么干"。各类专项规划体系加快建立,计划和规划的编制也更加规范。

1999 年,国务院办公厅就转发国家计委《关于"十五"规划编制方法和程序的若干意见》,明确了"十五"计划的构成,界定了各类规划的性质作用,对规划编制方法和程序作出规范。

从"十一五"开始,"五年计划"改称"五年规划"。同时,把经济社会发展的主要指标分成预期性指标和约束性指标。其中,预期性指标是政府引导社会预期的发展目标,主要依靠市场主体的自主行为来实现;约束性指标是政府在基本公共服务和生态环保等涉及公共利益领域对相关部门提出的工作要求,要通过合理配置公共资源和有效运用行政力量,确保有关指标的实现。

为推动发展规划编制的系统化、规范化、制度化,2005 年国务院印发《关于加强国民经济和社会发展规划编制工作的若干意见》(国发〔2005〕33 号),明确发展规划由"三级三类"构成。"三级"即国家、省和市县;"三类"即总体规划、专项规划和区域规划。

其中,总体规划是战略性、纲领性、综合性规划,是编制本级和下级专项规划、区域规划以及制定有关政策和年度计划的依据;专项规划是总体规划在特定领域的细化,是政府指导该领域发展以及审批、核准重大项目、安排政府投资和财政支出预算、制定特定领域相关政策的依据;区域规划是总体规划在特定区域的细化和落实,是编制区域内省(区、市)级总体规划、专项规划的依据。

同时,《关于加强国民经济和社会发展规划编制工作的若干意见》对发展规划的编制、衔接、审批管理和规划评估调整均做了原则性规定。特别是"十一五"开始实施五年规划的中期评估和调整制度,不仅加强了规划实施的监测,有助于及时解决规划实施中的问题,增加了规划调整的灵活性,提高了规划的执行力,而且为编制下一个五年规划奠定了基础。

随着规划类型的增多,为确保规划形成整体合力,2018 年 11月,中共中央、国务院颁布《关于统一规划体系更好发挥国家发展规划战略导向作用的意见》(中发〔2018〕44 号)要求"建立以国家发展规划为统领,以空间规划为基础,以专项规划、区域规划为支撑,由国家、省、市县各级规划共同组成,定位准确、边界清晰、功能互补、统一衔接的国家规划体系"。意见还对各类规划功能定位、统筹规划管理、规范规划编制、强化政策协同和健全实施机制等提出了明确的要求。

两个文件相比较,2005 年的国发 33 号文件适应当时的需要,主要强调规划的编制及其规范性。2018 年中发 44 号文在此基础上,进一步建立了编制、目标、协调、实施、评估、调整监督、考核全链条、全方位、全过程的管理流程,更加强调横向体系和全部过程的衔接。同时,按照全面依法治国的要求,强调推进立、改、废、释的工作,完善法律法规,为规划的制定和实施提供强有力的法治保障。规划的纵向体系依然由国家、省、市县三级构成,但在横向体系方面,发展规划与专项规划、区域规划、空间规划相互并列,定位和功能发生了一些变化。

在制定和完善发展规划的同时,国土空间规划也得到发展,逐步形成体系。

2019 年 5 月,中共中央、国务院颁布《关于建立国土空间规划体系并监督实施的若干意见》(中发〔2019〕18号)。这一文件更加强调上下级规划的协调,进一步强化规划"落地"。不论是规划技术、审批体系、管理手段,还是规划管理平台建设,均突出"融合"理念。同时,坚持权责一致的原则,构建"谁编制,谁实施""谁审批,谁监督"的编制和审批体系。

从"一五"计划开始,国家已经编制了14个五年计划或规划,从"十一五"开始,计划改成了规划。目前第14个五年规划已经开始实施。改革开放以来,特别是建立社会主义市场经济后,中国规划的内容已经发生根本性变化。中国的发展规划,特别是每五年形成的规划建议、五年规划和远景目标纲要,已经和社会主义市场经济融为一体了,已经是市场经济的规划,而不是计划经济的计划了。

中央财经委员会办公室原副主任杨伟民概括,中国规划已经实现了"六个转变":

第一,向清晰界定政府和市场作用的规划转变。现在的五年规划纲要,已经明确了哪些是引导市场主体行为的,靠市场配置资源实现的,哪些是政府依据其职责必须完成的。生产什么、生产多少,完全是企业的事,规划中的产业发展内容,是根据发展阶段和趋势,给市场主体指明一个方向,至于企业是否按照规划确定的方向发展,完全是企业自己的事,政府的任务是创造相应的制度环境和政策环境,希望向这样的方向发展。同时,公共服务、保护环境等政府应该履责的规划内容,是政府向人民的庄严承诺,必须确保完成。

第二,向科学区分目标性质的规划转变。从"十一五"规划开始,中国五年规划的指标已经改为预期性和约束性两类。预期性指标是国家期望的发展目标,主要依靠市场主体的自主行为实现。约束性指标是政府履行职责的,是中央政府在涉及公共利益领域对地方政府和中央政府有关部门提出的要求。预期性指标主要集中在经济发展领域,约束性指标主要集中在公共服务和资源环境领域。任何国家的政府都要履行公共服务和环境保护的职责。当年"十一五"规划确定能耗降低 20%、主要污染物减少 10% 的约束性指标,很多方面不理解,实现起来也很不容易,但若没有当年的不容易,就不会有今天全社会的环境意识,也不会有今天环境质量的改善。

第三,向融入全球经济体系的规划转变。现在的规划是在中国对外开放大门越开越大环境下编制的,是内外需协调、进出口平衡、引进来和走出去并重、引资和引技引智并举,积极参与全球经济治理和公共产品供给的规划,规划内容是向所有经济体开放的,是欢迎各国企业来参与的。在"十三五"规划中,既规划了中国自身扩大对外开放的战略、任务和政策,也规划了积极承担国际责任和义务、参与应对全球气候变化、落实自身减排承诺、扩大对外援助、主动参与联合国 2030 年可持续发展议程等内容。

第四,向更加重视人的发展和可持续发展的规划转变。现在的规划,已不再是单纯的经济发展规划,而是经济发展、人的发展、可持续发展"三结合"的规划,而且人的发展和可持续发展的分量越来越重。从指标来看,"十一五"规划纲要主要指标有 22 个,其中经济发展的 5 个,人的发展的 10 个,可持续发展的 7 个;"十二五"规划纲要主要指标有 24 个,经济发展的 4 个,人的发展的 12 个,可持续发展的 8 个;"十三五"规划纲要主要指标有 25 个,经济发展的 6 个,人的发展的 8 个,可持续发展的 10 个。从任务来看,"十一五"规划纲要到"十三五"规划纲要,涉及人的发展和可持续发展的内容越来越多。

第五，向深化改革和制度建设的规划转变。从"七五"计划开始，就专门设置了经济体制改革的目标和任务的一章，此后，从"八五"计划至"十三五"规划，都专门规划了经济体制改革问题。所以，现在的规划，既是发展的规划，也是改革的规划。

第六，向编制方法程序规范化制度化的规划转变。早在1999年，国务院办公厅就转发了国家计委《关于"十五"规划编制方法和程序的若干意见》，明确了"十五"计划的构成，界定了各类规划的性质作用，对规划编制方法和程序作出规范。2005年，国务院发布了《关于加强国民经济和社会发展规划编制工作的若干意见》（国发〔2005〕33号），将国民经济和社会发展规划分为总体规划、专项规划和区域规划三类，进一步对编制程序和方法作了规定。虽然现在规划法尚未出台，但五年规划纲要的编制方法和程序，已经基本形成了不成文的制度。

杨伟民概括的这6点，很专业，我很赞同，所以在这里全文照录。

另外，我还要补充一点，早在20世纪90年代，我就专门深入研究了国家和省级的发展战略，作了全面的分析比较，提出了完善规划编制工作的建议，报送了内参。2006年2月，我又专门发表了一篇文章，题目是《提高规划制定的科学化水平》。现将这篇文章中的两段内容摘录如下：

"提高制定规划的科学化水平，必须建立健全规划体系，完善规划编制的协调衔接机制。多年来，我们在制定规划方面积累了大量经验，也不断发现了一些不足和问题。总结经验，适应新形势的要求,国务院明确要求建立三级三类的规划管理体系,即,按行政层级分别制定国家级规划、省(区、市)级规划、市县级规划,按对象和功能类别分别制定总体规划、专项规划、区域规划。总体规划是国民经济和社会发展的战略性、纲领性、综合性规划,专项规划是以各个特定领域为对象的规划,区域规划是以跨行政区的特定区域为对象的规划。这样的规划体系,既涵盖所有的层次和领域,又符合方方面面的实际,是我们规划制定工作的重大创新和发展。按照这样的要求,我们一定要明确各级各类规划的定位,严格各项规划的范围和领域,特别是要完善规划编制的协调衔接机制,使各类规划协调一致,形成合力。专项规划和区域规划要服从本级和上级总体规划,下级政府规划要服从上级政府规划,专项规划之间不得相互矛盾。省级规划在送本级政府审定前,应先与国家总体规划衔接,并送相关的相邻省(区、市)衔接。这样的规划体系和衔接协调机制,将有助于减少产业雷同、项目重叠、不讲效益、破坏生态、片面追求GDP等现象,更好地落实科学发展观的要求。"

"提高制定规划的科学化水平,必须完善规划制定的程序和方法,建立和坚持社会参与、专家研究、科学论证等各项制度。规划不仅涉及国民经济和社会发展的全局,而且关系到所有老百姓的利益,所以,应该充分发扬民主,广泛听取各方面的意见,协调好利益关系,处理好各种复杂的矛盾,使我们的规划真正体现和代表最广大人民的根本利益。规划编制的专业性、科学性很强,所以必须组织专家进行充分的研究论证,允许提出不同的意见,对各个重大项目进行反复推敲,尽最大努力消除决策失误的可能性。而且,还要加强规划的审批管理,总体规划草案由各级人民政府报同级人民代表大会审议批准,关系国民经济和社会发展全局的国家级专项规划,以及跨省区市的规划,由国务院审批。在制定'十一五'规划的过程中,已经充分体现了这种科学执政、民主执政、依法执政的精神。党中央通过五中全会,制定了《中共中央关于制定国民经济和社会发展第十一个五年规划的建议》。国务院有关部门在具体编制规划的过程中,组织了详尽深入的科学论证,广泛征集和听取了社会各方面的意见。春节假期刚过,温家宝总理连续主持召开四次座谈会,征求对即将提请十届全国人大四次会议审议的政府工作报告和'十一五'规划纲要的意见。两会期间,广大代表和委员,将要充分行使自己的权力,对规划纲要进行更加全面深入的审议。相信经过这样一系列环节和程序,我们的规划将一定能制定得更加科学,充分发挥对于未来各项事业的指导作用。"

《中华人民共和国国民经济和社会发展第十四个五年规划和2035年远景目标纲要》总结历史经验,对健全统一规划体系提出了明确的要求。确定要加快建立健全以国家发展规划为统领,以空间规划为基础,以专项规划、区域规划为支撑,由国家、省、市县级规划共同组成,定位准确、边界清晰、功能互补、统一衔接的国家规划体系。

首先要求强化国家发展规划的统领作用。更好发挥国家发展规划战略导向作用,强化空间规划、专项规划、区域规划对本规划实施的支撑。按照本规划确定的国土空间开发保护要求和重点任务,制定实施国家级空间规划,为重大战略任务落地提供空间保障。聚焦本规划确定的战略重点和主要任务,在科技创新、数字经济、绿色生态、民生保障等领域,制定实施一批国家级重点专项规划,明确细化落实发展任务的时间表和路线图。根据本规划确定的区域发展战略任务,制定实施一批国家级区域规划实施方案。加强地方规划对本规划提出的发展战略、主要目标、重点任务、重大工程项目的贯彻落实。

其次要求加强规划衔接协调。健全目录清单、编制备案、衔接协调等规划管理制度,制定"十四五"国家级专项规划等目录清单,依托国家规划综合信息平台推进规划备案,将各类规划纳入统一管理。建立健全规划衔接协调机制,报请党中央、国务院批准的规划及省级发展规划报批前须与本规划进行衔接,确保国家级空间规划、专项规划、区域规划等各级各类规划与本规划在主要目标、发展方向、总体布局、重大政策、重大工程、风险防控等方面协调一致。

二、中国规划的主体——五年计划(规划)

对革命、建设、改革开放的历史进程进行谋划,制定计划或规划,有多种方式,也不限于五年计划(规划)。但是,在整个中国的规划体系中,最主要的还是五年计划(规划)。

国民经济与社会发展五年计划(规划)是中国最为重要的宏观经济和社会管理工具,是中国国民经济和社会发展的一个中长期计划(规划),主要是为国民经济和社会发展远景规定目标和方向,对国家重大建设项目、生产力布局、国民经济重要比例关系和社会事业等作出规划。五年计划(规划)是规定和部署五年期间经济社会发展最主要任务的计划(规划)。

国家的发展,首先是经济和社会的发展。推动经济和社会发展,是中国共产党治国理政的最主要任务。经济和社会建设,构成一个国家和社会最主要的活动。五年计划(规划)的实施,从基础上全局上影响和决定着整个社会和国家的发展方向、发展进程,决定着整个社会和国家的生产方式、经济建设和社会生活,也决定着全体人民的物质生活和精神文化生活。

第一,每一个五年计划(规划),都首先从整体上和全局上对计划(规划)期内经济社会发展的基本任务作出规划和规定,从而引导和决定着整个国家和社会生活的发展和进步。

比如,第六个五年计划(1981—1985)是改革开放后制定的第一个五年计划。1982年党的十二大确定了我国经济建设的战略目标、战略重点和战略步骤,要求在不断提高经济效益的前提下,从1981年到20世纪末的20年内力争实现我国工农业年总产值翻两番;要求从1983年到1987年的五年间争取实现国家财政经济状况的根本好转,也就是说要求全国各行业、各企业普遍显著提高经济效益,在保证经济文化建设费用逐步增加和人民生活逐步改善的条件下,实现财政收支平衡。

按照这样的部署,第六个五年计划的基本任务,就是继续贯彻执行调整、改革、整顿、提高的方针,进一步解决过去遗留下来的阻碍经济发展的各种问题,取得实现财政经济状况根本好转的决定性胜利,并且为第七个五年计划期间的国民经济和社会发展奠定更好的基础,创造更好的条件。

国民经济和社会发展第十个五年计划纲要是进入 21 世纪后的第一个五年计划。世纪之交,我国胜利实现了现代化建设的前两步战略目标,经济和社会全面发展,人民生活总体上达到了小康水平。从新世纪开始,我国将进入全面建设小康社会,加快推进社会主义现代化的新的发展阶段。因此,"十五"期间国民经济和社会发展的主要目标是:国民经济保持较快发展速度,经济结构战略性调整取得明显成效,经济增长质量和效益显著提高,为到 2010 年国内生产总值比 2000 年翻一番奠定坚实基础;国有企业建立现代企业制度取得重大进展,社会保障制度比较健全,完善社会主义市场经济体制迈出实质性步伐,在更大范围内和更深程度上参与国际经济合作与竞争;就业渠道拓宽,城乡居民收入持续增加,物质文化生活有较大改善,生态建设和环境保护得到加强;科技、教育加快发展,国民素质进一步提高,精神文明建设和民主法制建设取得明显进展。

第二,所有的五年计划,都会在总结以往经济社会发展经验教训的基础上,深化对经济和社会发展规律的认识,提出未来一段时间经济社会发展的指导方针和基本原则,从而规定着此后经济社会发展的战略方向。

第七个五年计划时期,是我国经济发展战略和经济体制进一步由旧模式向新模式转换的关键时期。"七五"计划的重要任务之一,是进一步为经济体制改革创造良好的经济环境和社会环境,努力保持社会总需求和总供给的基本平衡,使改革更加顺利地展开,力争在五年或者更长一些的时间内,基本上奠定有中国特色的新型社会主义经济体制的基础。所以,"七五"计划确定的重要原则和方针是:

坚持把改革放在首位,使改革和建设互相适应,互相促进。坚持社会总需求和总供给的基本平衡,保持国家财政、信贷、物资和外汇的各自平衡和相互间的综合平衡。坚持把提高经济效益特别是提高产品质量放到十分突出的位置上来,正确处理好效益和速度、质量和数量的关系。坚持适应社会需求结构的变化和国民经济现代化的要求,进一步合理调整产业结构。坚持恰当地确定固定资产投资规模,合理调整投资结构,加快能源、交通、通信和原材料工业的建设。坚持把建设重点转到现有企业的技术改造和改建扩建上来,走内涵型为主的扩大再生产的路子。坚持把发展科学、教育事业放在重要的战略地位上,促进科学技术进步,加快智力开发。坚持进一步对外开放,更好地把国内经济建设同扩大对外经济技术交流结合起来。坚持在发展生产和提高经济效益的基础上,进一步改善城乡人民的物质文化生活。坚持在推进物质文明建设的同时,大力加强社会主义精神文明的建设。坚持在各项事业中发扬艰苦奋斗、勤俭建国的精神。

2015 年 10 月 29 日十八届五中全会审议通过的《中共中央关于制定国民经济和社会发展第十三个五年规划的建议》提出,如期实现全面建成小康社会奋斗目标,推动经济社会持续健康发展,必须遵循以下原则。

——坚持人民主体地位。人民是推动发展的根本力量,实现好、维护好、发展好最广大人民根本利益是发展的根本目的。必须坚持以人民为中心的发展思想,把增进人民福祉、促进人的全面发展作为发展的出发点和落脚点,发展人民民主,维护社会公平正义,保障人民平等参与、平等发展权利,充分调动人民积极性、主动性、创造性。

——坚持科学发展。发展是硬道理,发展必须是科学发展。我国仍处于并将长期处于社会主义初级阶段,基本国情和社会主要矛盾没有变,这是谋划发展的基本依据。必须坚持以经济建设为中心,从实际出发,把握发展新特征,加大结构性改革力度,加快转变经济发展方式,实现更高质量、更有效率、更加公平、更可持续的发展。

——坚持深化改革。改革是发展的强大动力。必须按照完善和发展中国特色社会主义制度、推进国家治理体系和治理能力现代化的总目标,健全使市场在资源配置中起决定性作用和更好发挥政府作用的制度体系,以经济体制改革为重点,加快完善各方面体制机制,破除一切不利于科学发展的体制机制障碍,为发展提供持续动力。

——坚持依法治国。法治是发展的可靠保障。必须坚定不移走中国特色社会主义法治道路,加快建设中国特色社会主义法治体系,建设社会主义法治国家,推进科学立法、严格执法、公正司法、全民守法,加快建设法治经济和法治社会,把经济社会发展纳入法治轨道。

——坚持统筹国内国际两个大局。全方位对外开放是发展的必然要求。必须坚持打开国门搞建设,既立足国内,充分运用我国资源、市场、制度等优势,又重视国内国际经济联动效应,积极应对外部环境变化,更好利用两个市场、两种资源,推动互利共赢、共同发展。

——坚持党的领导。党的领导是中国特色社会主义制度的最大优势,是实现经济社会持续健康发展的根本政治保证。必须贯彻全面从严治党要求,不断增强党的创造力、凝聚力、战斗力,不断提高党的执政能力和执政水平,确保我国发展航船沿着正确航道破浪前进。

这些原则,都是长期实践的产物,而且大多是改革开放的产物,是党和国家深化对经济和社会发展规律认识的结果。每一个五年计划(规划)都会对这种发展规律有新的认识,因而在五年计划(规划)中作出相应的规定和要求,从而使每一个五年计划(规划)都在此前的基础上又有新的提高、新的进步。

第三,从计划(规划)的内涵外延来说,五年计划(规划)包含的内容极其丰富,几乎囊括了经济和社会发展的全部领域全部方面。

第一个五年计划设置了 11 章,分别规定了:第一个五年计划的任务;第一个五年计划的投资分配和生产指标;工业;农业;运输和邮电;商业;提高劳动生产率和降低成本的计划指标;培养建设干部,加强科学研究工作;提高人民的物质生活和文化生活的水平;地方计划问题;厉行节约,反对浪费。每个方面的内容都非常具体和细致。比如,规定五年内派遣留学生 10100 人,其中到苏联 9400 人,到各人民民主国家及其他国家的 700 人。各年派遣数为:1953 年 700 人,1954年 1500 人,1955 年 2400 人,1956 年 2600 人,1957 年 2900 人。对工业、交通运输等各个部门的规划更为细致。这与当时确定的建设高度集中的计划经济体制的任务完全一致,既反映了计划内容的详尽、具体,也反映了管得太多太死的弊病。

改革开放以后,五年计划实行了很多改革。不再是包罗万象的指令性计划,而是指导性、战略性、预测性的规划,改变了曾经统得太死的毛病,但也几乎囊括了经济和社会发展的全部领域、全部方面。如"十三五"规划纲要,一共有 20 篇、80 章。第一篇从总体上分析了发展环境,规定了指导思想、主要目标、发展理念和发展主线。随后的内容包括实施创新驱动发展战略,构建发展新体制,推进农业现代化,优化现代产业体系,拓展网络经济空间,构筑现代基础设施网络,推进新型城镇化,推动区域协调发展,加快改善生态环境,构建全方位开放新格局,深化内地和港澳、大陆和台湾地区合作发展,全力实施脱贫攻坚,提升全民教育和健康水平,提高民生保障水平,加强社会主义精神文明建设,加强和创新社会治理,加强社会主义民主法治建设,统筹经济建设和国防建设等,几乎经济和社会生活的所有方面都包含在内。虽然现在的规划已经完全不同于计划经济时期那样高度集中、管得过严过死,但就其内容范围来说,确实是极为广泛的,对社会生活的影响是极为深入和全面的。

三、与五年计划(规划)相伴的远景目标

五年计划(规划)不是孤立的,而是为了实现长远的战略目标,尤其是通过"三步走"战略而建成社会主义现代化国家。所以,每一个五年计划(规划)都与更长远的目标相联系。因此,为了将五年计划(规划)与实现现代化的战略目标和战略步骤更加紧密地衔接起来,在某些特定时段,在制定五年计划(规划)的同时,还制定了一些较长时段的远景目标或远景规划纲要。

1955 年,李富春在一届全国人大二次会议上《关于发展国民经济的第一个五年计划的报告》中指出:"我国第一个五年计划的基本任务,是根据国家在过渡时期的总任务提出的。"[①]"完成我国第一个

---

① 中共中央文献研究室编:《建国以来重要文献选编》第 6 册,中央文献出版社 1995 年版,第 288 页。

五年计划所规定的工业建设和其他建设的任务,对推进我国社会主义工业化并从而改变我国经济落后的面貌,无疑将起极其重大的作用。"①"我国在胜利地实现了第一个五年计划以后,当然还不可能解决国民经济发展的一切方面的任务。第一个五年计划期间开始建设的许多重要的建设工程,有的要在第二个五年计划期间才能建成。"②

在第一个五年计划中,明确地将第一个五年计划与此后的五年计划联系了起来,强调"完成这个过渡时期的总任务,需要经过一个相当长的时间,除了恢复时期的三年以外,大概还需要十五年左右的时间,即大概需要三个五年计划"③。

所以,1955 年夏,国务院在北戴河召开会议,讨论编制 15 年(1953—1967 年)远景计划和第二个五年计划的轮廓问题。1955 年9 月 24 日,国家计委召开专门会议,李富春提出,根据国家在过渡时期的总路线和总任务编出 15 年远景计划草案,再根据 15 年远景计划编制出第二个五年计划轮廓草案。这是首次在更长远的远景目标范围内研究和制定五年计划。1956 年,周恩来在《关于发展国民经济的第二个五年计划的建议的报告》中指出:"编制我国发展国民经济的第二个五年计划,应该以第一个五年计划可能达到的成就作为出发点,联系到大约在第三个五年计划期末我国要完成过渡时期的

---

① 中共中央文献研究室编:《建国以来重要文献选编》第 6 册,中央文献出版社 1995 年版,第 296 页。

② 中共中央文献研究室编:《建国以来重要文献选编》第 6 册,中央文献出版社 1995 年版,第 304 页。

③ 中共中央文献研究室编:《建国以来重要文献选编》第 6 册,中央文献出版社 1995 年版,第 410 页。

总任务这个基本要求,实事求是地估计到第二个五年计划期间国内外的各种条件,进行全面的规划。"①

当然,遗憾的是,由于"左"的错误的发展,"二五"计划最终未能形成正式文件颁布。"二五"计划在最后两年实际上已经中断实施,而代之以对国民经济实行"调整、巩固、充实、提高"的方针。

1974 年 1 月 12 日,国家计委向国务院提出关于拟定长远计划的报告。该报告拟定的是 1976—1985 年十年远景规划,其重点放在 1976—1980 年第五个五年计划上。1975 年,国务院讨论和规划"五五"和"六五"时期的经济发展。同年,召开了多次计划工作的务虚会,研究和确定经济工作的路线、方针、政策,并草拟了《1976—1985 年发展国民经济的十年规划纲要》。当年,中共中央制定了《1976—1985 年发展国民经济十年规划纲要(草案)》,同时安排了"五五"计划。到粉碎"四人帮"后的 1978 年 3 月,又修订了十年发展纲要。

1981—1985 年的"六五"计划的编制时间较长,最初是作为《1976—1985 年发展国民经济十年规划纲要》草案的一部分,根据 1975 年《政府工作报告》的提议着手编制的。所以在制定"六五"计划的同时,制定了十年规划纲要。1980 年 2 月,国务院决定重新制定中长期计划,并召开长期计划座谈会,再次酝酿编制"六五"计划。1982 年全国计划会议着重讨论了"六五"计划草案,1982 年 12 月全国人大五届五次会议正式批准"六五"计划

1991—1995 年是中国第八个五年计划时期。制定这个计划必

---

① 中共中央文献研究室编:《建国以来重要文献选编》第 9 册,中央文献出版社 1995 年版,第 182 页。

须考虑的一个重要的时间节点是 20 世纪末,即历史性的世纪之交。届时,我们要实现第二步的战略目标。此前,在 20 世纪 90 年代的 10 年间,必须把国民经济和社会发展提高到一个新的水平,这是我国现代化建设更重要的一个发展阶段。因此,党和国家在制定"八五"计划的同时,提出了今后 10 年国民经济和社会发展的基本任务和方针政策,1991 年 3 月,七届全国人大四次会议审议通过了国务院《关于国民经济和社会发展十年规划和第八个五年计划纲要的报告》。

《国民经济和社会发展十年规划和第八个五年计划纲要》是把制定"八五"计划和十年规划结合起来考虑的。时任总理李鹏就此作了说明。他指出,经济和社会发展的许多问题是有连续性的,一些重大建设项目、科技攻关课题以及人才培养等,也往往不是在一个五年计划期间就能够完成的。从今后十年经济发展的总趋势和奋斗目标来确定五年计划,可以把眼光放得更远一些。由于社会经济发展中不确定因素较多,《纲要》对十年规划不可能定得过细,只能规定主要目标、基本任务、重大方针政策和若干重要指标。"八五"计划因为现在就要执行,规定的指标多一些,项目具体一些,但重点也放在经济和社会发展的方向、任务、政策以及改革开放的总体部署上,比较详细和具体的计划将在年度计划中制定。

所以,《国民经济和社会发展十年规划和第八个五年计划纲要》规定了实现第二步战略目标的基本要求:在大力提高经济效益和优化经济结构的基础上,国民生产总值按不变价格计算,到本世纪末比一九八〇年翻两番;全国人民生活从温饱达到小康水平;发展教育事业,推动科技进步,改善经济管理,调整经济结构,加强重点建设,为下世纪初叶我国经济和社会的持续发展奠定物质技术基础;初步建立适应以公有制为基础的社会主义有计划商品经济发展的、计划经济与市场调节相结合的经济体制和运行机制；社会主义精神文明建设达到新的水平，社会主义民主和法制进一步健全。

1996 年 3 月，八届全国人大四次会议审议通过了《国民经济和社会发展"九五"计划和二〇一〇年远景目标纲要》。"九五"计划和到 2010 年的远景目标，是社会主义市场经济条件下的第一个中长期计划，也是经济和社会综合发展的跨世纪宏伟蓝图。计划突出了宏观性、战略性和政策性，体现了"三步走"发展战略的连续性。《纲要》重点放在 20 世纪的最后五年，但同时着眼和研究了 21 世纪头十年发展的重大问题，提出了轮廓性的远景目标。《纲要》规定，2010年国民经济和社会发展的主要奋斗目标是：实现国民生产总值比 2000 年翻一番，人口控制在 14 亿以内，人民的小康生活更加宽裕，形成比较完善的社会主义市场经济体制。在经济建设和体制改革上，提出了分阶段的目标和任务，规划了跨世纪的重大工程。对未来 15 年的目标作出这样的构画，就是要使 20 世纪末和 21 世纪初的发展很好地衔接起来，保持"三步走"发展战略的连续性。

所有这些远景目标或纲要，主要都是与现代化建设的中长期战略目标相衔接，把每一个五年规划的内容与每一步的战略目标连接和统一起来。

四、地方各个层级的五年计划（规划）

早在制定"一五"计划时，党和国家就考虑了地方的计划问题。"一五"计划明确指出：统一的国家计划是由中央各部门的计划和各级地方的计划相结合组成的。地方计划包括农业、地方工业、手工业、地方运输、商业、地方文化教育、城市建设的计划。

"一五"计划要求:各地方在编制和执行地方计划的时候,必须服从国家以重工业建设为中心的主要任务,根据统一的国家计划,从国家整体利益的观点出发,使地方的利益同国家的利益互相结合起来,克服地方主义和本位主义的倾向,依靠广大群众的积极性和创造性,动员和利用本地方的一切内部资源,组织本地方各个经济部门和各种经济成分的活动,来完成和超额完成国家计划所给予本地方的任务,从而保证国家重点建设的需要,并促进本地方经济文化的发展。

"一五"计划强调:中国经济在各地方的发展是很不平衡的。地方计划必须针对着这些差别所形成的本地方的经济特点,按照各种经济成分发展生产的可能性,分别地规定当地经济发展的具体任务和实现这些任务的具体办法。各少数民族地区关于经济建设和文化建设的地方计划,必须照顾各少数民族的需要。

地方计划必须在全国平衡的基础上照顾地方平衡,力求避免发生比例失调的现象,而在一旦发生这种比例失调现象的时候,能够采取适当的措施加以克服。

根据上述方针,"一五"计划对地方的农业、工业、运输业、商业、文化教育、城市建设的计划应该注意的问题提出了具体的要求。

所以,中国规划从一开始,虽然是国家规划,是从国家层面制定发展的目标、要求、部署、安排。但所有这些,都需要各地层层落实。而且,中国地域辽阔,资源、条件有很大差别,发展很不平衡,因此,在国家的统一规划下,还必须从各地的实际出发,规划和部署本区域的发展任务、发展项目和发展措施,切实推进本地区的发展。所以,在国家五年计划(规划)的统领下,再制定本地区的五年计划(规划),是必不可少的重要措施。

地方的计划(规划),按照行政区划的层级,首先是省自治区直辖市层面的计划(规划),副省级城市的计划(规划),然后是地市级城市的计划(规划),直到县级行政区域的计划(规划)。

省级行政区的五年计划(规划),规模都比较大,内容非常丰富。既服从于全国的发展战略和五年计划(规划),同时又立足于本省域,制定出本省域发展的任务、方针、原则和要求,配置本省域的资源,设置重要的建设项目。

如20世纪90年代,在国家制定跨世纪的发展战略和《国民经济和社会发展"九五"计划和二〇一〇年远景目标纲要》的基础上,全国各个省、自治区、直辖市也都制定了自己的"九五"计划和十五年规划。我当年曾经搜集各个省、自治区、直辖市的"九五"计划和十五年规划,进行比较分析,得出了若干结论:

第一,奋斗目标明确,内涵稍有扩展,发展速度普遍高于全国调控目标。这些目标,都参照《国民经济和社会发展十年规划和第八个五年计划纲要》,分别规定了经济发展、人民生活、体制改革三方面的任务,指标和要求都很明确。内容上,有的省份作了较大幅度的扩展,把奋斗目标分解为七八个方面的专项目标。其他省份也根据自己的情况,作了不同程度的扩充。其内容,一是扩充了经济指标。有的省提出财政收入、农民人均纯收入等也要翻番,企业资金利税率、全员劳动生产率等要达到一定水平。二是扩充了经济类型的目标模式。如上海提出,到2010年,为把上海建成国际经济、金融、贸易中心之一奠定基础,初步确立上海国际经济中心城市的地位。安徽提出要大力推进工业化、城镇化和农业现代化,为实现农业大省向农业强省、资源大省向加工业大省、人口大省向经济大省的跨越奠定良好的物质技术基础。三是扩充了对外开放的目标。有的提出要大力发展开放型经济,加快经济国际化进程,建立内外双向流动、与世界经济对接的开放型经济体系。四是扩充了社会发展的目标。有的提出在经济发展的同时要把精神文明建设和民主法制建设提高到一个新的水平。有的省,如河南提出"一高一低"的战略目标,即经济发展速度略高于全国平均水平,人口自然增长率略低于全国平均水平。

根据"三步走"的战略,每个省、区、市都提出了翻番的目标,但翻番的内容不一。就到本世纪末的目标而言,大致有五种类型。最高的一种是人均国民生产总值翻三番,如江苏、广东、福建。第二种是国民生产总值翻三番,人均相应提前,如浙江、安徽、湖北、河南、广西。第三种是提前实现人均国民生产总值翻两番,如天津、辽宁提出1998年实现人均翻两番。第四种是如期到本世纪末实现人均国民生产总值翻两番,总值翻番则不等,如宁夏、陕西、吉林等。还有个别的只提总值翻两番,未提人均,估计实现人均翻两番有一定困难。

第二,基本思路大体一致,战略构想各有特色,具体措施不很扎实。各省、自治区、直辖市的发展战略,都认真贯彻了十四届五中全会和八届人大四次会议的精神,基本思路大体一致。

在此基础上，各省、自治区、直辖市也从自己的实际出发，确定了自己的战略重点和战略主攻方向，或者提出了在某一方面的具体战略要求，从而使省级发展战略表现出一定的特色。如江苏提出实施科技兴省、经济国际化和区域共同发展"三大战略"，着重提高江苏经济的整体素质。坚持外贸、外经、外资"三外齐抓，三外齐上，三外联动"的方针，实行外经贸、生产、科技、金融一体化的大经贸战略，逐步实现本省经济与世界经济的全面接轨。实行沿江、沿海、沿东陇海线整体推进，构建全省生产力布局框架，使全省经济在更高层次上合理分工、协调发展。辽宁根据自己老工业基地的特点，提出结构优化、外向牵动、科技兴省三大战略，特别强调三大战略是一个整体，其中结构优化是核心，外向牵动是重要条件，科技兴省是关键，外向牵动和科教兴省要围绕结构优化来进行。这些各具特色的战略，或者是抓住了影响本地经济社会发展的薄弱点，或者是抓住了牵动本地发展全局的关键点，突出了具有战略意义的主攻目标、主攻方向，把五中全会的基本战略思想与本地实际较好地结合了起来。

比较而言，最缺少特色的可能要算改革的问题了。一般都没有对本地区改革的形势和症结作透彻的分析，也没有针对本地区的实际提出多少有特色、有力度的改革措施。各省、自治区、直辖市都规定了发展速度和发展目标，但几乎没有哪一个在文件或有关报告中具体分析一下投入与产出的关系，分析一下实现自己的目标将需要多少资金、需要多少资源、需要保持多高的效益，达到战略目标的基本手段，多还是依赖于上项目、上工程。

第三，区域战略丰富多彩，省际及大区域合作和协调尚需加强。在各省、自治区、直辖市的发展战略中，最饶有兴味、最富有特色的，恐怕要数区域生产力的布局和协调发展了。绝大多数省级战略，都针对本地各区域的优势和缺陷，提出了扬长避短、优势互补、合理配置生产力、努力实现各区域协调发展的战略措施。

如湖北省提出，要实施长江经济带开放开发战略，按照沿主要交通线展开、梯度开发的原则和"一点四面"的总体构想，重点建设以武汉为中心，以黄石、宜昌、襄樊为三角，以江汉平原为中部腹地的"金三角"地区，增强对周边地区的辐射功能，带动全省经济的发展。要将武汉市建成"四城"（钢铁城、商业城、科技城、汽车城）雄踞，"三区"（东湖新技术开发区、武汉经济技术开发区、阳逻经济技术开发区）崛起，"两通"（交通、流通）完善的特大城市。要紧紧围绕三峡工程等国家重点建设，配套发展区域经济。

浙江省提出，要采取"中心集聚、轴线拓展、内外接轨、分类推进"的方针，逐步建立以中心城市和沿海港口为依托，以交通运输大通道为主轴线的集约开发格局，并相应形成沪杭甬和杭宁高速公路沿线、温台沿海、浙赣和金温铁路沿线"三区三带"区域经济布局。

各省（区、市）的区域发展战略都体现了一些基本的指导思想，一是从实际出发，根据不同区域的具体特点，实行分类指导；二是扬长避短，合理确定产业发展重点，注意发挥区域优势；三是突出重点，选择有利地段，进行重点建设，以此作为经济增长的支撑点;四是注意区域之间的联系和协作,以点带面,形成不同类型的经济带,进而带动全局;五是注意缩小不同区域之间的经济差距。

有些省(区、市)的区域战略,注意根据本地的区位特点,把对外开放与区域战略结合起来。部分省(区、市)还十分注意处理本地与国内其他区域的经济关系,并将其作为发展战略的重要内容。遗憾的是,从总体上看,多数省份对这种跨省区的、更大范围的经济技术合作尤其是战略上的衔接,注意得不很够。

总结制定五年计划(规划)的经验,适应新形势的要求,国家后来明确要求建立三级三类的规划管理体系,即,按行政层级分别制定国家级规划、省(区、市)级规划、市县级规划。这些规划如何衔接和协调是一个需要非常重视的问题。区域规划要服从本级和上级总体规划,下级政府规划要服从上级政府规划,专项规划之间不得相互矛盾。在实际操作中,省级规划草案都是由各级人民政府报同级人民代表大会审议批准。但如何与国家级和相关身份的规划相衔接,过去注意得不够。所以,我曾经不断呼吁,省级规划在送本级政府审定前,应先与国家总体规划衔接,并送相关的相邻省(区、市)衔接。这样的规划体系和衔接协调机制,将有助于减少产业雷同、项目重叠、不讲效益、破坏生态、片面追求 GDP 等现象。

这种状况,后来有了明显的改善。如 2011 年制定的《国民经济和社会发展十二五规划纲要》明确要求:"地方规划要切实贯彻国家战略意图,结合地方实际,突出地方特色。要做好地方规划与本规划提出的发展战略、主要目标和重点任务的协调,特别要加强约束性指标的衔接。"

五、国土空间规划

"一五"计划、"二五"计划期间,国家实施苏联援助的 215 个项目和东欧国家援助的上百个项目,布局的着眼点之一,就是整个国土生产力配置的空间结构。其中也开始在国内十几个城市开展城市规划试点,重点在空间上落实"一五"计划中重大生产力布局。20 世纪六七十年代的三线建设,则是又一轮大规模的空间布局。

改革开放后,城市发展速度加快。不同区域的发展如何既显示特色,又规范有序也成为紧迫问题。因此,城市规划和土地利用规划逐步发展。1984 年颁布的《城市规划条例》,首次提出直辖市和市的总体规划应把行政区域作为整体,合理布置城镇体系。1987 年,原国家土地管理局开始尝试编制《全国土地利用总体规划纲要(1987—2000 年)》。1989 年,全国人大常委会通过的《中华人民共和国城市规划法》正式将城镇体系规划纳入城市规划的编制,作为不可缺少的重要环节。2008 年《中华人民共和国城乡规划法》颁布实施,进一步拓展了城乡规划的职能和作用,加强了城乡空间管控的能力。

2005 年,国务院印发的《关于加强国民经济和社会发展规划编制工作的若干意见》(国发〔2005〕33 号)规定,区域规划是总体规划在特定区域的细化和落实,是编制区域内省(区、市)级总体规划、专项规划的依据。此后,区域规划迅速发展,重要性凸显。国务院出台了一系列区域性的指导意见和区域规划,设立了 12 个国家综合配套改革试验区和 19 个国家级新区。国家先后出台《全国主体功能区规划》和《全国国土规划纲要》,引导国土空间科学开发利用,强化国土空间的管控。从 2008 年开始,地方政府积极探索经济社会发展规划、城乡规划、土地利用规划等"多规合一",编制地方空间规划。

2013 年,中央召开城镇化工作会议。习近平总书记首次提出探索经济社会发展、城乡、土地利用规划的"三规合一"或"多规合一",形成"一个县(市)一本规划一张蓝图"。之后,国家大力推动"多规合一"。

2014 年,国家发改委、原国土资源部、原环境保护部、住房和城乡建设部四部委联合印发《关于开展市县"多规合一"试点工作的通知》(发改规划〔2014〕1971 号),提出在全国 28 个市县开展"多规合一"试点。2015 年《生态文明体制改革总体方案》首次明确提出:"构建以空间治理和空间结构优化为主要内容,全国统一、相互衔接、分级管理的空间规划体系,着力解决空间性规划重叠冲突、部门职责交叉重复、地方规划朝令夕改等问题",并指出"空间规划分为国家、省、市县(设区的市空间规划范围为市辖区)三级"。2016 年,福建、贵州、广西、云南、海南、宁夏等省区以省级空间规划试点为契机,积极开展市县"多规合一"试点,探索"多规合一"的具体思路。2016 年 5 月 1 日,厦门正式颁布实施《厦门经济特区多规合一管理若干规定》,成为我国首部对"多规合一"管理进行立法的地方性法规。

2018 年 3 月,国务院机构改革,要求新组建的自然资源部整合原国土资源部国土规划和土地利用规划、国家发展和改革委员会主体功能区规划以及住房和城乡建设部的城乡规划管理职责,负责建立国土空间规划体系并监督实施,国土空间规划的职能被赋予新组建的自然资源部门,发展规划和空间规划实际上进入并行轨道。

2018年11月,中共中央、国务院颁布《关于统一规划体系更好发挥国家发展规划战略导向作用的意见》(中发〔2018〕44号),提出空间规划要为发展规划提供空间保障,发展规划要"明确空间战略格局、空间结构优化方向以及重大生产力布局安排,为国家空间规划留出接口"。

在总结前期试点经验的基础上,2019年5月,中共中央、国务院颁布《关于建立国土空间规划体系并监督实施的若干意见》(中发〔2019〕18号)强调国土空间规划体系由国家、省、市、县、乡镇以及总体规划、详细规划和相关专项规划三类共同构成,交通、能源、水利、农业、信息、市政等基础设施,以及生态环境保护、文物保护、林业草原等专项规划,纳入国土空间规划体系,搭建起了国土空间规划体系的四梁八柱。

六、各有特色的专项规划

除了五年计划(规划)之外,国家和地方还会不断制定一些与之配套单行的专项规划。国务院有关部门负责编制一批国家级专项规划特别是重点专项规划,细化落实本规划提出的主要目标任务。

如,近年来党和国家制定了《国家创新驱动发展战略纲要》《国家人口发展规划(2016—2030年)》《"十三五"国家食品安全规划》《"十三五"国家药品安全规划》《"健康中国2030"规划纲要》《京津冀协同发展规划纲要》《长江经济带发展规划纲要》等许多专项规划。这些专项规划,有的是区域性的规划,有的是某一个领域和专门事项的规划。

2011 年制定的《国民经济和社会发展第十二个五年规划纲要》要求:"国务院有关部门要组织编制一批国家级专项规划特别是重点专项规划,细化落实本规划提出的主要任务。国家级重点专项规划,要围绕经济社会发展关键领域和薄弱环节,着力解决突出问题,形成落实本规划的重要支撑和抓手。"

从区域性规划来说,如 2012 年,为了支持帮助原革命根据地区域的发展,国务院制定了《关于支持赣南等原中央苏区振兴发展的若干意见》(国发〔2012〕21 号)。2014 年,国家发展改革委制定了《赣闽粤原中央苏区振兴发展规划》,并向国务院呈报了《关于报送赣闽粤原中央苏区振兴发展规划(送审稿)的请示》(发改地区〔2014〕35 号)。随后,国务院以国函〔2014〕32 号文,对赣闽粤原中央苏区振兴发展规划作出批复。

批复原则同意《赣闽粤原中央苏区振兴发展规划》(以下简称《规划》),要求认真组织实施。《规划》实施要以邓小平理论、"三个代表"重要思想、科学发展观为指导,深入贯彻党中央、国务院各项决策部署,全面落实《国务院关于支持赣南等原中央苏区振兴发展的若干意见》(国发〔2012〕21 号)精神,进一步解放思想、深化改革、扩大开放,着力承接沿海地区产业转移,推动产业结构优化升级;着力加快基础设施建设,增强发展的支撑能力;着力加快新型城镇化进程,促进城乡一体化发展;着力推进生态文明建设,提高生态保障能力;着力保障和改善民生,切实提高公共服务能力,努力走出一条欠发达地区实现跨越式发展的新路子,使原中央苏区广大人民早日过上富裕幸福的生活,确保与全国同步实现全面建成小康社会的奋斗目标。

批复要求江西、福建、广东省人民政府切实加强对《规划》实施的组织领导,完善工作机制,落实工作责任,制定实施意见和具体工作方案,推进重点领域改革和体制机制创新,确保《规划》确定的目标任务如期实现。重要政策和重大建设项目要按规定程序报批。

国务院有关部门要按照职能分工,落实工作任务,加强协调指导和信息沟通,在政策实施、项目建设、资金投入、体制创新等方面给予积极支持,帮助解决《规划》实施中遇到的困难和问题,为赣闽粤原中央苏区振兴发展营造良好政策环境。

发展改革委要加强对《规划》实施情况的跟踪分析和督促检查,适时组织开展《规划》实施情况评估,重大问题及时向国务院报告。

批复强调,加快赣闽粤原中央苏区振兴发展,对于探索革命老区扶贫攻坚新路子、推动实现跨越式发展、全国同步实现全面建成小康社会的奋斗目标,具有十分重要的意义。各有关方面要进一步统一思想认识,大力弘扬苏区精神,坚定信心、密切协作,加大支持力度、奋力攻坚克难,狠抓《规划》落实,不断开创赣闽粤原中央苏区振兴发展的新局面。

建设粤港澳大湾区,是习近平总书记亲自谋划、亲自部署、亲自推动的国家战略,是新时代推动形成全面开放新格局的新举措,也是推动"一国两制"事业发展的新实践。

粤港澳大湾区包括香港特别行政区、澳门特别行政区和广东省广州市、深圳市、珠海市、佛山市、惠州市、东莞市、中山市、江门市、肇庆市,总面积 5.6 万平方公里,2017 年末总人口约 7000 万人,是我国开放程度最高、经济活力最强的区域之一,在国家发展大局中具有重要战略地位。

党的十八大之后,以习近平同志为核心的党中央作出推进粤港澳大湾区建设的重大决策。2016 年 3 月,"十三五"规划纲要明确提出"支持港澳在泛珠三角区域合作中发挥重要作用,推动粤港澳大湾区和跨省区重大合作平台建设";同月,国务院印发《关于深化泛珠三角区域合作的指导意见》,明确要求广州、深圳携手港澳,共同打造粤港澳大湾区,建设世界级城市群。2017 年 7 月 1 日,《深化粤港澳合作推进大湾区建设框架协议》在香港签署。2017 年 10 月 18 日,党的十九大报告指出:"要支持香港、澳门融入国家发展大局,以粤港澳大湾区建设、粤港澳合作、泛珠三角区域合作等为重点,全面推进内地同香港、澳门互利合作,制定完善便利香港、澳门居民在内地发展的政策措施。"

2018 年 5 月 10 日和 5 月 31 日,中央政治局常委会会议和中央政治局会议,先后对《粤港澳大湾区发展规划纲要》进行审议。2019 年 2 月 18 日,中共中央、国务院印发了《粤港澳大湾区发展规划纲要》。该规划是指导粤港澳大湾区当前和今后一个时期合作发展的纲领性文件。规划近期至 2022 年,远期展望到 2035 年。

规划的目的是,为全面贯彻党的十九大精神,全面准确贯彻"一国两制"方针,充分发挥粤港澳综合优势,深化内地与港澳合作,进一步提升粤港澳大湾区在国家经济发展和对外开放中的支撑引领作用,支持香港、澳门融入国家发展大局,增进香港、澳门同胞福祉,保持香港、澳门长期繁荣稳定,让港澳同胞同祖国人民共担民族复兴的历史责任、共享祖国繁荣富强的伟大荣光。

规划对于粤港澳大湾区的战略定位,是要将粤港澳大湾区打造成为充满活力的世界级城市群、具有全球影响力的国际科技创新中心、"一带一路"建设的重要支撑、内地与港澳深度合作示范区、宜居宜业宜游的优质生活圈。

规划确定的发展目标是,到2022年,粤港澳大湾区综合实力显著增强,粤港澳合作更加深入广泛,区域内生发展动力进一步提升,发展活力充沛、创新能力突出、产业结构优化、要素流动顺畅、生态环境优美的国际一流湾区和世界级城市群框架基本形成。

到2035年,大湾区形成以创新为主要支撑的经济体系和发展模式,经济实力、科技实力大幅跃升,国际竞争力、影响力进一步增强;大湾区内市场高水平互联互通基本实现,各类资源要素高效便捷流动;区域发展协调性显著增强,对周边地区的引领带动能力进一步提升;人民生活更加富裕;社会文明程度达到新高度,文化软实力显著增强,中华文化影响更加广泛深入,多元文化进一步交流融合;资源节约集约利用水平显著提高,生态环境得到有效保护,宜居宜业宜游的国际一流湾区全面建成。

粤港澳大湾区建设的主要内容是:建设国际科技创新中心;加快基础设施互联互通;构建具有国际竞争力的现代产业体系;推进生态文明建设;建设宜居宜业宜游的优质生活圈;紧密合作共同参与"一带一路"建设;共建粤港澳合作发展平台。

为了加强对规划实施的统筹指导,设立粤港澳大湾区建设领导小组,研究解决大湾区建设中政策实施、项目安排、体制机制创新、平台建设等方面的重大问题。对广东省政府和香港、澳门特别行政区政府,要求加强沟通协商,稳步落实《深化粤港澳合作推进大湾区建设框架协议》与本规划确定的目标和任务。鼓励大湾区城市间开展多种形式的合作交流,共同推进大湾区建设。

除了区域规划外,编制国家级专项规划特别是重点专项规划,对于落实国家发展战略和五年规划具有十分重要的意义。

健康是促进人的全面发展的必然要求,是经济社会发展的基础条件。实现国民健康长寿,是国家富强、民族振兴的重要标志,也是全国各族人民的共同愿望。小康不小康,基础在健康。

2016年8月,全国卫生与健康大会举行。习近平总书记强调,要把人民健康放在优先发展的战略地位,加快推进健康中国建设,努力全方位、全周期保障人民健康。10月,中共中央、国务院印发《"健康中国2030"规划纲要》。全面制定了健康中国战略。该规划纲要是推进健康中国建设的宏伟蓝图和行动纲领。

规划确定,健康中国战略的目标是:到2020年,建立覆盖城乡居民的中国特色基本医疗卫生制度,健康素养水平持续提高,健康服务体系完善高效,人人享有基本医疗卫生服务和基本体育健身服务,基本形成内涵丰富、结构合理的健康产业体系,主要健康指标居于中高收入国家前列。

到2030年,促进全民健康的制度体系更加完善,健康领域发展更加协调,健康生活方式得到普及,健康服务质量和健康保障水平不断提高,健康产业繁荣发展,基本实现健康公平,主要健康指标进入高收入国家行列。

到2050年,建成与社会主义现代化国家相适应的健康国家。

规划确定,健康中国建设的主要指标是:

健康水平指标：

人均预期寿命（岁）：2015 年：76.34，2020 年：77.3，2030 年：79.0；

婴儿死亡率（‰）：2015 年：8.1，2020 年：7.5，2030 年：5.0；

5 岁以下儿童死亡率（‰）：2015 年：10.7，2020 年：9.5，2030 年：6.0；

孕产妇死亡率（1/10 万）：2015 年：20.1，2020 年：18.0，2030 年：12.0；

城乡居民达到《国民体质测定标准》合格以上的人数比例（%）：2015 年：89.6（2014 年），2020 年：90.6，2030 年：92.2。

健康生活指标：

居民健康素养水平（%）：2015 年：10，2020 年：20，2030 年：30；

经常参加体育锻炼人数（亿人）：2015 年：3.6（2014 年），2020 年：4.35，2030 年：5.3。

健康服务与保障指标：

重大慢性病过早死亡率（%）：2015 年：19.1（2013 年），2020 年：比 2015 年降低 10%，2030 年：比 2015 年降低 30%；

每千常住人口执业（助理）医师数（人）：2015 年：2.2，2020 年：2.5，2030 年：3.0；

个人卫生支出占卫生总费用的比重（%）：2015 年：29.3，2020 年：28 左右，2030 年：25 左右。

健康环境指标：

地级及以上城市空气质量优良天数比率（%）：2015 年：76.7，2020 年：>80，2030 年：持续改善。

地表水质量达到或好于Ⅲ类水体比例(%):2015年:66,2020年:>70,2030年:持续改善。

健康产业指标:

健康服务业总规模(万亿元):2015年:-,2020年:>8,2030年:16。

规划提出了如何建设健康中国的一系列措施和要求,包括:加强健康教育,塑造自主自律的健康行为,提高全民身体素质,强化覆盖全民的公共卫生服务,提供优质高效的医疗服务,充分发挥中医药独特优势,加强重点人群健康服务,健全医疗保障体系,完善药品供应保障体系,深入开展爱国卫生运动,加强影响健康的环境问题治理,保障食品药品安全,完善公共安全体系,优化多元办医格局,发展健康服务新业态,积极发展健身休闲运动产业,促进医药产业发展,深化体制机制改革,加强健康人力资源建设,推动健康科技创新,建设健康信息化服务体系,加强健康法治建设,加强国际交流合作,加强组织领导,营造良好社会氛围,做好实施监测。

为了确保规划贯彻落实,规划要求,各地区各部门要将健康中国建设纳入重要议事日程,健全领导体制和工作机制,将健康中国建设列入经济社会发展规划,将主要健康指标纳入各级党委和政府考核指标,完善考核机制和问责制度,做好相关任务的实施落实工作。注重发挥工会、共青团、妇联、残联等群团组织以及其他社会组织的作用,充分发挥民主党派、工商联和无党派人士作用,最大限度凝聚全社会共识和力量。

与此同时,要求制定实施五年规划等政策文件,对本规划纲要各项政策和措施进行细化完善,明确各个阶段所要实施的重大工程、重大项目和重大政策。建立常态化、经常化的督查考核机制,强化激励和问责。建立健全监测评价机制,制定规划纲要任务部门分工方案和监测评估方案,并对实施进度和效果进行年度监测和评估,适时对目标任务进行必要调整。对各地在实施规划纲要中好的做法和有效经验,要及时总结,积极推广。

七、预排日程的年度工作要点

计划和规划,都要一步步落实。怎么落实? 从时间维度来说,每年都要落实,每年都要完成一定的任务,每年都要把五年计划(规划)的实施向前推进应有的一步。

所以,还在"一五"计划实施过程中,就提出了五年计划与年度计划的关系问题。1956 年党的八大通过的《中国共产党第八次全国代表大会关于发展国民经济的第二个五年计划(一九五八——一九六二)的建议》就指出:"根据第一个五年计划的执行情况来看,长期计划中有许多因素是一时难以预料的","因此在长期计划中应该把指标定得比较稳妥可靠;但在年度计划中,就应该根据可能条件,积极地发挥潜在力量,以保证长期计划的完成和超额完成。"①

经过长期的实践,五年计划(规划)与年度计划和工作的衔接越来越精细、科学。如 1991 年制定的《国民经济和社会发展十年规划和第八个五年计划纲要》规定:"根据本纲要的要求,各地方、各行业

---

① 中共中央文献研究室编:《建国以来重要文献选编》第 9 册,中央文献出版社 1994 年版,第 379 页。

要结合自己的实际进一步具体化。更为详细和具体的安排将在年度计划中制定。"《国民经济和社会发展第十二个五年规划纲要》要求："加强年度计划与本规划的衔接,对主要指标应当设置年度目标,充分体现本规划提出的发展目标和重点任务。年度计划报告要分析本规划的实施进展情况,特别是约束性指标的完成情况。"

在具体部署和安排年度工作时,中国党政机关和大量部门和单位都有一个已成惯例的工作方式——制定年度工作要点,即每年在年末前,列出下一年度主要工作的清单,之后即按照清单一个一个落实和推进,以确保下一年度的主要工作一项项落实到位。这并不是五年计划(规划)的一个组成部分,但在一定程度上也与五年计划(规划)有关,所以,也可以说是中国规划体系中一个特殊的方式和安排。

长期以来,从中央到地方,各级党委和政府,各个部门和单位,几乎都形成了一个固定的制度和惯例,即对全年的工作进行一次系统的总结。中央要总结,地方要总结,部门要总结,部队要总结,企业要总结,学校要总结,所有的单位都要总结。领导干部要总结,普通公务员也要总结。教师要总结,科研人员也要总结。通过总结一年的工作,肯定成绩,找出不足,总结经验教训,开展批评与自我批评。按照公务员法,还要对有关部门和个人评定是否称职,抑或是否优秀。

按照中央规定,党政机构、领导干部,以及所有党组织,还要召开民主生活会。各人对照检查,进行党性分析,指出问题和不足,明确整改方向。中央领导机关带头召开民主生活会。

如多年来,中央政治局都要召开这样的民主生活会。2020年12月24日至25日,中共中央政治局召开民主生活会,主题是认真学习习近平新时代中国特色社会主义思想,加强政治建设,提高政治能力,坚守人民情怀,夺取全面建成小康社会、实现第一个百年奋斗目标的伟大胜利,开启全面建设社会主义现代化国家新征程。

中央政治局的同志联系中央政治局工作,联系个人思想和工作实际,联系带头严格执行中央政治局关于加强和维护党中央集中统一领导的若干规定,联系带头贯彻落实习近平总书记重要指示批示和党中央决策部署的实际,联系带头严格执行中央八项规定及其实施细则和解决形式主义突出问题、为基层减负的实际,进行自我检查、党性分析,开展批评和自我批评。

会前,有关方面作了准备。中央政治局的同志同有关负责同志谈心谈话,围绕主题进行查摆,撰写了发言材料。会议审议了《关于2020年中央政治局贯彻执行中央八项规定情况的报告》和《关于持续解决形式主义问题深化拓展基层减负工作情况的报告》。随后,中央政治局的同志逐个发言,按照要求进行对照检查。

习近平总书记对中央政治局各位同志的对照检查发言作了点评,肯定成绩,提出要求,对会议进行了总结,并就中央政治局贯彻落实《规定》《实施细则》提出了要求。

总结不是"终结",而是为了更好地推动和开展今后的工作。所以,所有的机关、单位等,在总结的基础上,必须认真研究下一年度的工作,进而制定出下一年度的工作要点。

最高层面的中共中央政治局常委会,每年都要制定下一年度的工作要点。其他所有的中央机构,也都要制定下一年度的工作要点。

党中央的工作要点,都是从国际国内大局出发,从治国理政的需要出发,着眼党和国家发展、安全的根本性、全局性、长远性问题,进行战略性、系统性、前瞻性的研究谋划，研究和确定下一年度需要开展的重要工作。

这些工作要点确定了，全党全国所有领导机关，都要按照中央的工作安排，做好自己应该做的工作，一丝不苟地落实所有中央部署的属于自己的任务。与此同时，各个机构和部门，还都要按照自己的职能，研究和确定下一年度需要干哪些事情、做哪些工作、解决哪些问题，按照轻重缓急，确定自己的工作要点。有的还要请示中央批准。

按照由上到下的路径，按照中央的工作部署，逐级向下，每一级党委政府、机关部门、企事业单位等，都需制定自己的工作要点。

这些要点并不对外公布，是内部掌握的，有的还严格保密。但它把每年要干的主要工作、召开的主要会议、采取的主要措施都做了明确的规定和安排。虽然不是法律，但都要严格执行和完成。

有了这些工作要点，就使从上到下每个机构的工作都早作部署、早作准备，有序推进，稳步实施。

这种制定每年工作要点的方式，外部并不都很清楚，学界也无研究，但它是中国共产党治国理政的一个具体方式，也是中国特色社会主义制度独特优势的一个体现。

国家政权机关也都陆续制定每年的工作要点。如 2009 年 12 月 14 日十一届全国人大常委会第三十五次委员长会议原则通过、2010 年 3 月 18 日根据十一届全国人大三次会议精神修改，制定了全国人大常委会 2010 年监督工作计划。其中，还列出了全国人大常委会 2010 年听取审议监督方面的报告时间安排表。

4月（4项）

国务院关于转移农村劳动力,保障农民工权益工作情况的报告

国务院关于文化产业发展工作情况的报告

国务院关于加强道路交通安全管理工作情况的报告

《中华人民共和国台湾同胞投资保护法》执法检查报告

6月(4项)

国务院关于2009年中央决算的报告

国务院关于2009年度中央预算执行和其他财政收支的审计工作报告

《中华人民共和国妇女权益保障法》执法检查报告

《中华人民共和国科学技术进步法》执法检查报告

8月(4项)

国务院关于今年以来国民经济和社会发展计划执行情况的报告

国务院关于今年以来预算执行情况的报告

国务院关于国家粮食安全工作情况的报告

《中华人民共和国清洁生产促进法》执法检查报告

10月(4项)

最高人民法院关于民事审判工作的报告

最高人民检察院关于研究处理全国人大常委会组成人员对渎职侵权检察工作报告审议意见,切实改进工作情况的报告

《中华人民共和国农业技术推广法》执法检查报告

部分重大公共投资项目实施情况的专题调研报告

12月(4项)

国务院关于加快少数民族和民族地区经济社会发展工作情况的报告

国务院关于深化医药卫生体制改革工作情况的报告

国务院关于加快发展服务业情况的报告

《中华人民共和国节约能源法》执法检查报告

2010 年常委会计划听取审议 20 个监督方面的报告，包括专项工作报告 9 个、执法检查报告 6 个、计划预算监督报告 4 个、专题调研报告 1 个。

这些工作要点，并不都是五年计划（规划）的内容，也并非是为了执行五年计划（规划）的需要。尤其是党中央的工作要点，其内容远远超出五年计划（规划）的范围，是从世界局势、中国发展不断确定的工作任务。所以，这种工作要点并不能归结为五年计划（规划）之中或五年计划（规划）之下的一种工作方式。

但是，这种工作要点也不是与五年计划（规划）毫无关系。五年计划（规划）中的很多任务，都要一年一年逐步落实和完成。其中有些比较重要的任务、事项也会在工作要点中列入或体现出来。通过完成工作要点规定的任务，五年计划（规划）的有关工作也就能一步步向前推进了。

八、具体缜密的工作方案

五年计划（规划）和其他所有的规划，都是由一件件实实在在的任务、项目、工程、工作组成的，也是要通过一件件实实在在的任务、项目、工程、工作落到实处的。如何做好这样的每一件工作,对于实施和推进五年计划(规划)、确保五年计划(规划)的顺利完成,就具有基础性的意义。

怎样做好具体的每一项工作?党和国家先后提出了一系列重要的要求,明确了一系列重要的原则。

毛泽东在延安时期就要求全党:"实事求是,不尚空谈。"①

邓小平说:世界上的事情都是干出来的,不干,半点马克思主义都没有。

江泽民强调,"中央三令五申,所有领导干部都要求真务实,少说空话,不做表面文章,不搞花架子,不搞形式主义。"②"实干兴邦,空谈误国。""各级领导干部必须时时处处坚持重实际、说实话、务实事、求实效,必须大力发扬脚踏实地、埋头苦干的工作作风。"③

胡锦涛多次专门论述发扬求真务实精神的问题,强调要在全党大力弘扬求真务实精神,大兴求真务实之风。

党的十八大以来,习近平总书记要求"弘扬党的优良传统和作风","下决心改进文风会风,着力整治庸懒散奢等不良风气,坚决克服形式主义、官僚主义,以优良党风凝聚党心民心、带动政风民风"。全党深入开展了以为民务实清廉为主要内容的党的群众路线教育实践活动。习近平总书记提出三严三实的要求,"各级领导干部都要

---

① 《毛泽东年谱(1893—1949)(修订本)》中卷,中央文献出版社2013年版,第423页。
② 《江泽民论有中国特色社会主义》(专题摘编),中央文献出版社2002年版,第651页。
③ 《江泽民论有中国特色社会主义》(专题摘编),中央文献出版社2002年版,第654页。

严以修身、严以用权、严以律己，谋事要实、创业要实、做人要实。"

这里说的谋事要实，就是要从实际出发谋划事业和工作，使点子、政策、方案符合实际情况、符合客观规律、符合科学精神，不好高骛远，不脱离实际；创业要实，就是要脚踏实地、真抓实干，敢于担当责任，勇于直面矛盾，善于解决问题，努力创造经得起实践、人民、历史检验的实绩；做人要实，就是要对党、对组织、对人民、对同志忠诚老实，做老实人、说老实话、干老实事，襟怀坦白，公道正派。

求真务实，真抓实干，不能"用会议落实会议，用文件落实文件，用口号落实口号"，把会议当成目的和工作的主要内容，会议一开完，工作任务似乎就算完成了。而是应该把工作的重点放到具体的部署、执行、检查、落实上。会议尽量少开，开完要有后续行动。对完成任务的情况进行检查，不是检查会议开了没有，而是检查具体的事情做了没有。

务实、实干、扎实、落实，既要有要求，也要有办法。在革命建设改革中，党和国家创造了一系列实实在在做好工作的办法。进入 21 世纪以来，特别是党的十六届四中全会之后，创造了一个新的办法，即由中办、国办专门下发文件，将党的十六届四中全会《决定》中的部署分解为 57 个事项，一一落实到中央有关部门，总共涉及 74 个部门。此后，中央部署工作，都采取了分解具体事项，一件件加以落实的办法。比如，2008 年中纪委 5 号文件，把反腐倡廉的工作分为七类，42+1 个方面，约 66 项（含方面），具体部署并落实到有关部门和单位。

按照这个惯例和制度，无论是党代会、中央全会，还是党和国家重要战略、中央文件提出的工作，一般都会迅速梳理，分解成一系列具体事项,分门别类,按照职能,指定有关部门和单位加以落实。哪件事情由哪个部门单位负责,都作出明确界定。如果涉及多个部门,有关部门都要参与,其中指定一个部门牵头负责。所有事项,都要根据实际情况,采取不同的措施。有的要研究制定政策,有的要起草发布文件,有的要召开专题会议,有的要监督检查。各项工作安排还有一定的期限。期中要检查督促。结束要检查。重要情况要及时报告。

对于单个的重要事项。在谋划过程中,一般都要制订一个专门的工作方案。把有关事项做什么、怎么做、程序、内容、步骤、时间、地点、人员等,计划得清清楚楚。有关部门和人员就严格按照这样的方案去执行和操作,一步接着一步去办理和落实,及至最后完成。

这样的工作方案我起草过很多。为了说明问题,我在这里选择一份不存在保密问题,而且时间已经过去整整20年的一份工作方案抄录如下。这份方案多少也与五年计划的工作有关,所以,以此管中窥豹,说明中国规划是如何严谨务实地开展工作的。

关于联合召开"西部大开发理论研讨会"的方案

为了迅速和全面贯彻以江泽民同志为核心的党中央关于加快西部大开发的战略决策,抓住历史性机遇,加快西部地区经济和社会发展,推动我国的整个现代化进程,陕西省迎接西部大开发研究小组和中央党校理论研究室最初发起动议,拟联合召开一次"西部大开发理论研讨会"。后经由陕西省常务副省长贾治邦同志提议,中央党校常务副校长郑必坚同志同意,为提高层次、扩大影响,拟将这次会议提升为由中共陕西省委、陕西省政府和中共中央党校联合举办。会议地点定为北京。会议的规模、内容及准备工作等也作相应调整。

11月29日上午,在贾治邦常务副省长主持下,中央党校和陕西省政府有关人员具体研究了"西部大开发理论研讨会"的各项准备工作,并拟定实施方案如下:

一、会议主题和目的

会议以研究如何实施西部大开发战略为主题,从理论和实践的结合上,深入研究和探讨西部大开发的思路、政策和措施,向中央和国家领导及有关部门提出有关西部大开发的建议,扩大对于西部大开发战略的宣传和影响,以便更好地贯彻落实中央关于西部大开发的战略决策。

二、研讨的主要内容

会议以江泽民同志关于西部大开发的重要讲话为指导,对西部大开发的思路、战略、政策和措施进行较深层次的探讨,并结合研究在西部大开发中有关陕西省的一些重大问题。

研讨的主要问题是:1. 西部大开发的战略意义;2. 西部大开发的总体思路与战略规划;3. 西部大开发的体制环境与政策、措施;4. 陕西在西部大开发中的战略地位和作用。

三、会议时间、议程和地点

会议时间:暂定为2000年1月8日,会期1天。

会议由陕西省和中央党校共同组织。上午会议由陕西省常务副省长贾治邦主持,中央党校常务副校长郑必坚、陕西省委书记李建国讲话;下午会议由中央党校一位副校长主持,中央国家机关有关部门负责同志和专家学者发言。

会议地点：暂定为北京京西宾馆。

四、参会人员及规模

双方领导和有关专家参加。由中央党校负责邀请中央和国家机关有关部门领导、著名专家学者和新闻单位的同志出席。会议规模为80人左右。（拟请参会人员名单另附）。

五、会议成果

1. 会议新闻稿。由中央党校负责组织撰写，在首都各大新闻媒体报道；2. 会议综述。由中央党校和陕西省共同组织撰写，在重要报刊上发表；3. 会议纪要。由中央党校和陕西省共同组织撰写，以内参形式报送中央；4. 与会的优秀论文和发言稿推荐给中央党校和首都重要报刊选用。

六、会议各项组织和准备工作

会议原由陕西省迎接西部大开发研究小组和中央党校理论研究室联合准备。现因由中共陕西省委、陕西省政府和中共中央党校联合主办，因此，原先的准备工作也相应适当调整，加大力度。

1. 成立会议筹备小组。由中央党校校委委员、科研部主任李忠杰同志牵头，中央党校办公厅、理论研究室负责同志和陕西省政府副秘书长、驻京办事处负责同志参加。

2. 领导讲话稿准备。陕西省领导讲话稿由陕西方面准备；中央党校郑必坚同志讲话稿先由陕西方面提供基础材料，然后由中央党校办公厅李秀潭同志负责撰写。

3. 会议论文。陕西方面已经组织进行了大量的调查研究，准备了一系列论文。中央党校理论研究室另行组织中央党校专家增写适量论文。并按先前议定,汇集论文,组织出版《理论前沿》专刊,在会议召开前印制完毕。

4. 会议其他准备工作由筹备小组随时研究并着手进行。中央党校方面的具体事项,如邀请与会人员、落实新闻单位、起草新闻稿、撰写会议综述等,继续由理论研究室负责。会议纪要由李秀潭同志负责。其他涉及到需由办公厅和科研部办理的事务由两家分头负责。

5. 会议地点由有关同志会同陕西省政府驻京办事处共同联系落实。

七、会议经费预算

会议初步预算经费 10 万元,由陕西省政府提供。

八、进一步的调研工作

以本次会议为基础,双方将继续展开西部大开发战略的研究工作。拟由中央党校科研部和陕西省政府政策研究室共同组织专家组,进行更为深入的调查研究,汇总前期调研和会议成果,写出一份综合性、有份量的对策性报告,提交中央及有关部门,争取使有关建议吸收进国家十五计划和到 2015 年的规划。

陕西省迎接西部大开发研究小组

中 央 党 校 科 研 部

中 央 党 校 理 论 研 究 室

一九九九年十一月二十九日

第四章　中国规划的恢宏气势

中国规划是中国推进社会主义现代化建设的基本方式,也是中国共产党治国理政的重要方式。这些规划,从不同的层次和范围,构画了一幅幅中国经济社会发展的蓝图。尤其是迄今为止已经完成的13个五年计划(规划),连同正在实施的《中华人民共和国国民经济和社会发展第十四个五年规划和2035年远景目标纲要》,都不是局部的、微观的、技术性的、无关痛痒的规划,而是全局性、宏观性、战略性、具有极其重大分量的规划。"中国规划"具有七个重要的特点,无论从规模、内容、重要性、时间维度还是空间维度来说,都堪称气势恢宏。

一、历史跨度,世所罕见

中国规划立足现实、着眼长远,规划5年、10年,构画更长远景,涵盖的时间之长,在世界上实属罕见,充分反映了中国共产党的长远目光和宏大气魄,也充分反映了中国制度和中国政治的稳定性。

新中国成立后,党和国家逐步提出用100年或者更长的时间,把我国建设成为社会主义现代化国家。后来,改为到 20 世纪末分两步实现现代化。无论 100 年还是 50 年,时间跨度都是令人惊叹的。只是由于"左"的错误造成消极影响,这个目标没有实现。

改革开放后,党和国家确认中国现在处于并将长期处于社会主义初级阶段。中国规划立足的时间就是中国社会主义初级阶段。1987 年,在党的十三大召开前夕,邓小平指出:"我们党的十三大要阐述中国社会主义是处在一个什么阶段,就是处在初级阶段,是初级阶段的社会主义。社会主义本身是共产主义的初级阶段,而我们中国又处在社会主义的初级阶段,就是不发达的阶段。一切都要从这个实际出发,根据这个实际来制订规划。"[①]

以往我们党也提出过一些发展阶段或发展战略问题,但思想上和实践上总是太急、太快,把发展阶段估计得太短,急急忙忙地要超越这些阶段,实现那些难以达到的不现实的目标,结果欲速而不达。总结这些教训,邓小平在设想未来发展战略时,总是考虑得比较客观、实在。他先后提出 10 年、30 年乃至 100 年等不同的时间段应该干什么,总的着眼于用 100 年时间使中国进入中等发达国家的行列。根据邓小平的构想,党的十三大确认:"我国从五十年代生产资料私有制的社会主义改造基本完成,到社会主义现代化的基本实现,至少需要上百年时间,都属于社会主义初级阶段。"[②]

社会主义初级阶段是逐步缩小同世界先进水平的差距,在社会主义基础上实现中华民族伟大复兴的历史阶段。实现这样的历史跨

---

① 《邓小平文选》第 3 卷,人民出版社 1993 年版,第 252 页。

② 中共中央文献研究室编:《十三大以来重要文献选编》(上),人民出版社 1991 年版,第 12 页。

越,至少需要一百年时间。至于巩固和发展社会主义制度,那还需要更长得多的时间,在南方谈话中,邓小平特别强调:"我们搞社会主义才几十年,还处在初级阶段。巩固和发展社会主义制度,还需要一个很长的历史阶段,需要我们几代人、十几代人,甚至几十代人坚持不懈地努力奋斗,决不能掉以轻心。"①

在社会主义初级阶段基本国情的基础上,中国人民的奋斗目标是实现社会主义现代化。早在中华人民共和国成立前后,中国共产党就先后提出过实现现代化的目标和任务,也取得了相当成就。但由于"左"的错误的发展,特别是"文化大革命"的发生,现代化的进程一度被打断,时间也后延了。改革开放后,实现现代化的任务被重新提上日程。1982年的十二大作为中国共产党进入新时期之后召开的第一次党代会,制定了开创社会主义现代化建设新局面的奋斗纲领。1987年的十三大制定的社会主义初级阶段的基本路线,明确规定了实现现代化的目标,这条基本路线也被称之为现代化建设的路线。党的十八大之后,中国特色社会主义进入新时代。2017年的十九大,进一步将到新中国成立100年时的现代化目标确定为建设"富强民主文明和谐美丽的社会主义现代化强国"。

这样的基本国情、战略目标和战略步骤,成为几十年来中国共产党对现代化建设实施科学领导的基本规划和依据。改革开放以来的所有中国计划和规划,都是基于这样一种基本国情和战略部署制定的。从1949年中华人民共和国成立,到21世纪中叶新中国成立100周年,其时间跨度长达100年。党的十三大制定的"三步走"战略,

----

① 《邓小平文选》第3卷,人民出版社1993年版,第379—380页。

从 20 世纪 80 年代初算起,到 21 世纪中叶,则长达 70 年。十九大提出的两步走战略安排,也长达 30 年。在如此长的时间基础上,还要进一步实现中华民族伟大复兴的任务和目标,时间则更为长远。

所以,所有的中国规划,从"三步走"的发展战略,到每一个五年计划(规划),以及其他所有规划,都是着眼于实现现代化的目标而制定的,也是一步步向现代化的目标迈进的。所有的发展战略和发展规划,都有明确的长远目标。时间范围有的长达 100 年、70 年、50 年、20 年、10 年;有的着重 5 年,然后再进一步落实到每个 1 年,但也朝向 10 年、20 年、50 年、70 年、100 年。认准一个方向,瞄准一个目标,一步一个脚印向前迈,一代接着一代干。通过一个又一个的 5 年、10 年持续推进,不断推动现代化战略一张蓝图绘到底。迄今所有的五年计划(规划)都没有脱离这个目标和轨道,所有的五年计划(规划)都是在为中国现代化的大厦添砖加瓦。

对一个国家的发展作如此长远的构想和规划,其跨度巨大,气度之大,世界少有。充分显示了中国党和人民的宏大抱负和战略眼光。试想,当今世界上除了中国,还有哪几个政治家有如此宏大的眼光和气魄,能够考虑如此长远的发展目标和发展战略?还有哪几个政党和国家能够比较平稳地把如此之长的目标和任务变为现实?

这些规划确定和规范的是国家整体以及各方面长远发展的战略问题,包括发展的目标、任务、步骤、措施、方式、原则、要求等。通过制定规划,科学地配置资源,部署任务,落实措施,凝聚共识,引导社会各界坚定信心向着现代化的目标前进。国家的各种战略,都会以适当方式通过这些规划固定下来,形成法律,制定文件、经人大批准后执行,因而,会非常深入地渗透到所有各方面的工作中去,对国家的发展和安全起着非常重要和明显的导向、规范作用。其他一切工作都要体现这些战略、执行这些战略,一般不能违反这些战略的要求。因此这些战略发挥的作用是很大很广泛的。

所以,这些规划具有非常明显的长远性、战略性、稳定性,对国家发展和安全起着明显的导向和规范作用。由于中国的政治制度是相对稳定的,中国共产党一直处于执政地位,这些战略的稳定性也比较强。虽然随着领导集体的更替,对某些战略也会加以调整、变动,但总体上它们还是具有相当程度的连续性。

全面建成小康社会,是中国现代化进程中的一个重要的阶段性目标,是 21 世纪前 50 年中国发展的一个重要台阶,也是把前 20 年与后 30 年连接起来的一个重要环节,是实现现代化建设第三步战略目标必经的承上启下的发展阶段[1]。改革开放以来,党团结和带领全国人民,一心一意奔小康,把"三步走"的战略一步步变为现实。2002 年,十六大提出:"要在本世纪头二十年,集中力量,全面建设惠及十几亿人口的更高水平的小康社会"[2]。2007 年,十七大要求:"为夺取全面建设小康社会新胜利而奋斗"[3]。2012 年,十八大将"建设"改成"建成",进一步提出了到 2020 年"全面建成小康社会"的任务。到十九大,又进一步提出了"决胜全面建成小康社会"的目标和任务。

---

[1]　中共中央文献研究室编:《十六大以来重要文献选编》(上),中央文献出版社 2005 年版,第 14—15 页。

[2]　中共中央文献研究室编:《十六大以来重要文献选编》(上),中央文献出版社 2005 年版,第 14 页。

[3]　中共中央文献研究室编:《十七大以来重要文献选编》(上),中央文献出版社 2009 年版,第 1 页。

几十年来,中国的整个发展进程,都是按照大"三步走"和小"三步走"战略,一步一个脚印、一步一个台阶地向前推进的。按照"三步走"的战略,党和国家先后制定了"八五"至"十三五"6个五年计划(规划),把"三步走"的目标、任务一步步落到实处,持续推进小康社会和全面小康社会建设,保证了第一个百年战略目标的如期实现。

以不同时期的不同规划为例,每个规划都立足现实,又有比较长时期的考虑。

如,1954年6月,中国科学院为适应国家计委制定全国经济建设长远计划的需要,组织科学家讨论众多学科的长远计划。苏联总顾问柯夫达建议编制中国科学事业十五年计划。得到国家领导人认可。

随后,经过努力,党和国家制定了《一九五六——一九六七年科学技术发展远景规划纲要(修正草案)》,其基本的出发点,就是我国社会主义建设的第一个五年计划即将完成,第二和第三个五年计划又将更大规模地展开。在这个期间内,将全部地或部分地完成国民经济各部门的技术改造,实现社会主义工业化的目标。完成这样一个伟大的建设任务,一个强大的科学技术力量是绝对不可缺少的。

到1962年,《十二年科技发展规划》提前完成。中国科技事业快速发展,在7年时间内完成了十几年的工作量,科技水平从十分落后的状况,大体上达到了国际上20世纪40年代的水平。

1996—2010年,是我国改革开放和社会主义现代化建设事业承前启后、继往开来的重要时期。我国将以崭新的姿态跨入21世纪,建立起比较完善的社会主义市场经济体制,全面实现第二步战略目标,并向第三步战略目标迈出重大步伐,为下个世纪中叶基本实现现代化奠定坚实基础。党和国家科学分析世纪之交的形势和任务,先后制定了《中共中央关于制定国民经济和社会发展"九五"计划和二〇一〇年远景目标的建议》和《中华人民共和国国民经济和社会发展"九五"计划和二〇一〇年远景目标纲要》,作为组织和动员全国人民跨世纪推进改革开放和现代化建设的行动纲领。《纲要》重点放在"九五"计划,同时着眼于下世纪前十年的发展,提出轮廓性的远景目标。在经济建设和体制改革上,提出了分阶段的目标和任务,规划了跨世纪的重大工程,使本世纪末和下世纪初的发展很好地衔接起来,保持"三步走"发展战略的连续性。

《中国制造2025》行动纲领同样也是着眼于现代化的长远目标制定的,目的是要立足国情,立足现实,力争通过"三步走"实现制造强国的战略目标。

第一步:力争用10年时间,迈入制造强国行列。

到2020年,基本实现工业化,制造业大国地位进一步巩固,制造业信息化水平大幅提升。掌握一批重点领域关键核心技术,优势领域竞争力进一步增强,产品质量有较大提高。制造业数字化、网络化、智能化取得明显进展。重点行业单位工业增加值能耗、物耗及污染物排放明显下降。

到2025年,制造业整体素质大幅提升,创新能力显著增强,全员劳动生产率明显提高,"两化"(工业化和信息化)融合迈上新台阶。重点行业单位工业增加值能耗、物耗及污染物排放达到世界先进水平。形成一批具有较强国际竞争力的跨国公司和产业集群,在全球产业分工和价值链中的地位明显提升。

第二步:到2035年,我国制造业整体达到世界制造强国阵营中等水平。创新能力大幅提升,重点领域发展取得重大突破,整体竞争力明显增强,优势行业形成全球创新引领能力,全面实现工业化。

第三步:新中国成立 100 年时,制造业大国地位更加巩固,综合实力进入世界制造强国前列。制造业主要领域具有创新引领能力和明显竞争优势,建成全球领先的技术体系和产业体系。

面向未来,我们仍然需要有这样的战略规划和领导艺术,把长远与现实、把目标与步骤、把规划与实干紧密结合起来,进一步实现中国现代化建设的奋斗目标。

二、规模宏大,体系完整

中国规划经过长期的实践和探索,不断丰富和发展,已经成为一个庞大的规划体系。按照 2005 年国务院印发的《关于加强国民经济和社会发展规划编制工作的若干意见》(国发〔2005〕33 号),发展规划由"三级三类"构成。"三级"即国家、省和市县;"三类"即总体规划、专项规划和区域规划。2018 年 11 月,中共中央、国务院颁布的《关于统一规划体系更好发挥国家发展规划战略导向作用的意见》(中发〔2018〕44 号),进一步要求"建立以国家发展规划为统领,以空间规划为基础,以专项规划、区域规划为支撑,由国家、省、市县各级规划共同组成,定位准确、边界清晰、功能互补、统一衔接的国家规划体系"。

这就是我们现在通常所称的比较标准的规范体系。但除此之外,还有其他一些规划。如国家安全战略规划、国防和军事战略规划等。所以,除了五年计划(规划)之外,党和国家还与之配套制定相关的其他一系列规划,国家和地方还会不断制定一些单行的规划,因此,中国规划不仅仅是五年规划,而且还是一整套成系列的规划,是一种庞大的规划体系。健全以国家发展规划为战略导向的宏观经济和社会规划体系,用中长期规划和其他规划引领推动经济社会发展,是中国共产党治国理政的重要方式,是中国特色社会主义制度的独特优势。

计划经济时期,在计划管理上就曾经考虑实行多种计划类型。新中国成立头七年的计划管理,曾划分了直接计划、间接计划和估算性计划等类型。1953年8月,中央在关于编制计划的指示中指出:"对于不同的经济成份有不同的计划。国营经济,实行直接计划,其它经济成份,实行间接计划。""对中央各部所属的国营经济,要求作比较完整的全面的计划;对地方国营经济,只要求计划几项主要指标"。1955年又进一步提出:"对于直接计划、间接计划和估算性计划,应加以区别,不能一律看待"。这实际上已有划分指令性计划和指导性计划的思想。据统计,上海1956年按间接计划完成的工业产值占工业总产值的70%左右,这个比例还是相当大的。

改革开放以来,国家和地方及有关部门制定的规划越来越多。除了五年计划(规划)的整个系列外,党和国家还与之配套制定了其他各种专项规划,如近年来的《国家创新驱动发展战略纲要》《国家人口发展规划(2016—2030年)》《"十三五"国家食品安全规划》《"十三五"国家药品安全规划》《"健康中国2030"规划纲要》《京津冀协同发展规划纲要》《长江经济带发展规划纲要》等。国家级重点专项规划主要围绕经济社会发展关键领域和薄弱环节,着力解决突出问题,形成落实五年规划的重要支撑和抓手。

如,为了促进残疾人事业的发展,更好保障残疾人的权益,国家制定了残疾人事业规划,主要是从中国以及各个地区实际状况出发,根据国际国内及区域残疾人事业发展态势,对残疾人事业发展的基础、目标、原则、主要任务、重大项目、保障措施等做出一年以上的科学计划。近年实施的残疾人事业"十三五"规划(2016—2020年),确定了"十三五"时期中国残疾人事业发展的方向和主要着力点,要求给予残疾人群体更多的社会保障和发展机会,为他们提供更加完备的公共服务,使残疾人群体能够与健全人共同步入全面小康、共享经济社会发展成果。

在国家规划的基础上,各个地方也要相应地制定本地区的规划。各类规划的水平也在不断提高。地方规划要求切实贯彻国家战略意图,结合地方实际,突出地方特色。做好地方规划与国家规划提出的发展战略、主要目标和重点任务的协调,特别要加强约束性指标的衔接。按照现在的规定,省级规划在送本级政府审定前,应先与国家总体规划衔接。总体规划草案由各级人民政府报同级人民代表大会审议批准,关系国民经济和社会发展全局的国家级专项规划,以及跨省区市的规划,应由国务院审批。要求我们制定的新的各类发展规划,都成为具有更高水平的,科学、合理、规范,实事求是而又鼓舞人心的规划。

除了五年规划外,还有年度计划或规划。年度计划凡是与五年规划有关的,都要与五年规划衔接,按照五年规划的要求对主要指标设置年度目标,充分体现五年规划提出的发展目标和重点任务。年度计划报告要分析规划的实施进展情况,特别是约束性指标的完成情况。

对所有这些规划,均要求加强规划协调管理,形成各类规划定位清晰、功能互补、统一衔接的规划体系,完善科学化、民主化、规范化的编制程序,健全责任明确、分类实施、有效监督的实施机制。

比如,"十三五"规划纲要规定,要加强统筹管理和衔接协调,形成以国民经济和社会发展总体规划为统领,专项规划、区域规划、地方规划、年度计划等为支撑的发展规划体系。国务院有关部门要组织编制一批国家级专项规划特别是重点专项规划,细化落实本规划提出的主要目标任务。地方规划要做好发展战略、主要目标、重点任务、重大工程项目与国家规划的衔接,切实贯彻落实国家规划的统一部署。

在地方规划的制定和实施中,现在还进一步要求多规合一,即将经济社会发展规划、城乡规划、土地利用规划、生态环境保护规划进行"多规合一",形成一个市县、一本规划、一张蓝图。

除了经济社会发展的规划外,全国人大的立法工作也开始实行规划制度,日益走向规范法治化。1988 年 4 月,万里委员长在七届全国人大常委会第一次会议上的讲话中就提出,要制定出一个五年立法规划。1988 年 7 月 1 日,七届全国人大常委会二次会议通过的工作要点明确提出,立法工作要制定规划,抓住重点,有计划、有步骤地进行。在这次会议上,全国人大法律委员会提出了《关于五年立法规划的初步设想》。这是全国人大常委会立法规划工作的初步尝试。1991 年 11 月,《全国人大常委会立法规划(1991 年 10 月—1993 年 3 月)》出台,成为报经中央同意的第一个立法规划。

从空间维度或计划(规划)的内涵外延来说,中国规划特别是五年计划(规划),包含的内容极其丰富。

如 1956 年党的八大正式通过的《关于发展国民经济的第二个五年计划的建议的报告》,明确规定第二个五年计划的基本任务是:(1)继续进行以重工业为中心的工业建设,推进国民经济的技术改造,建立我国社会主义工业化的巩固基础;(2)继续完成社会主义改造,巩固和扩大集体所有制和全民所有制;(3)在发展基本建设和继续完成社会主义改造的基础上,进一步发展工业、农业和手工业的生产,相应发展运输业和商业;(4)努力培养建设人才,加强科学研究工作,以适应社会主义经济文化发展的需要;(5)在工农业生产发展的基础上,增强国防力量,提高人民的物质生活和文化生活的水平。可惜的是,"二五"计划的很多目标没有能够实现。

改革开放以后,对规划体系实行了重大改革。国家规划主要是指导性、战略性、预测性的,改变了曾经统得太死的毛病。但就其内容来说,仍然是非常广泛的,对整个国家的经济和社会生活都有着重大的影响。

十九届五中全会的规划《建议》,要求健全规划制定和落实机制。按照本次全会精神,制定国家和地方"十四五"规划纲要和专项规划,形成定位准确、边界清晰、功能互补、统一衔接的国家规划体系。健全政策协调和工作协同机制,完善规划实施监测评估机制,确保党中央关于"十四五"发展的决策部署落到实处。

所以,在制定和实施"十四五"规划的同时,还要推进国家级专项规划和重大区域战略实施方案编制。更好发挥国家发展规划的统领作用,强化专项规划、区域规划的支撑功能和空间规划的基础功能。在科技创新、基础设施、绿色转型、民生保障等领域编制一批国家级专项规划,细化各专项任务实施的时间表和路线图;编制推进京津冀协同发展、长江经济带发展、长三角一体化发展、粤港澳大湾区建设、黄河流域生态保护和高质量发展等国家重大区域战略"十四五"实施方案,尽快取得新的突破性进展和标志性成果;空间规划要为国家发展规划确定的重大战略任务落地实施提供空间保障。加强各类规划的统筹衔接,确保与《纲要》同步部署、同步研究、同步编制。

还要增强国家发展规划对年度计划、公共预算、金融信贷、国土开发、公共服务、产业发展等的引导功能和统筹功能,提升规划实施的推进、协调和执行能力,加强评估考核,维护规划的严肃性和权威性,确保一张蓝图干到底。健全规划实施的政策协同机制,强化财政政策的保障作用和金融政策的支撑作用,着力健全就业、产业、投资、消费、环保、区域等政策紧密配合机制,实现宏观经济治理目标和手段有机结合。

三、计划市场,有机结合

五年计划,长期与计划经济联系在一起。制定五年计划不是中国的原创,而是从苏联学来的。1953—1957 年的第一个五年计划,就是在苏联的帮助指导下制定的。所以,说起五年计划,很多外国人往往把中国等同于苏联,以为五年计划就必然是计划经济。甚至直到现在,很多外国还不承认中国的市场经济地位。很多外国人,简单地从五年计划的存在,认为中国还在实行计划经济。

确实,长期以来,无论是马克思列宁主义的基本理论,还是世界各国的通常观念;无论是资本主义国家,还是社会主义国家,都认为市场经济是资本主义的专利，社会主义与市场经济是不相容的。新中国成立后，参照苏联的计划经济模式，逐步建立起集中统一的计划经济体制。

从十一届三中全会开始的经济体制改革，实际上就是不断引进、发挥、强化和扩大市场机制作用的过程。家庭联产承包责任制的推行，乡镇企业的异军突起，农村富余劳动力的转移，加速了农村经济市场化的进程，形成了在一定范围内运转的市场机制。此后开始的城市经济体制改革，促进了商品、劳动力、资金、技术、信息等要素在城乡市场的广泛流动，初步显示出市场的作用和活力。特别是以市场调节为主的特区经济蓬勃发展，对外开放从沿海向内地扩展，有力地推动了中国经济与国际市场的接轨。

在 1992 年的南方谈话中，邓小平对社会主义可不可以搞市场经济这个长期争论不已的问题，作了一个清楚、透彻的总回答。他明确指出，计划和市场都是经济手段。计划多一点还是市场多一点，不是社会主义与资本主义的本质区别。

1992 年 10 月召开的十四大，明确指出，我国经济体制改革确定什么样的目标模式，是关系整个社会主义现代化建设全局的一个重大问题。这个问题的核心，是正确认识和处理计划与市场的关系。大会明确提出，我国经济体制改革的目标是建立社会主义市场经济体制。社会主义市场经济体制是同社会主义基本制度结合在一起的。建立社会主义市场经济体制，就是要使市场在国家宏观调控下对资源配置起基础性作用。要围绕社会主义市场经济体制的建立，加快经济改革步伐。

1993 年 11 月，十四届三中全会审议通过《中共中央关于建立社会主义市场经济体制若干问题的决定》,指出在建立社会主义市场经济体制的进程中,要始终坚持以是否有利于发展社会主义社会的生产力,是否有利于增强社会主义国家的综合国力,是否有利于提高人民的生活水平,作为决定各项改革措施取舍和检验其得失的根本标准。解放思想,实事求是。要转变计划经济的传统观念,提倡积极探索,敢于试验。既继承优良传统,又勇于突破陈规,从中国国情出发,借鉴世界各国包括资本主义发达国家一切反映社会化生产和市场经济一般规律的经验。要警惕右,主要是防止"左"。

《决定》要求加快计划体制改革,进一步转变计划管理职能。国家计划要以市场为基础,总体上应当是指导性的计划。计划工作的任务,是合理确定国民经济和社会发展的战略、宏观调控目标和产业政策,搞好经济预测,规划重大经济结构、生产力布局、国土整治和重点建设。计划工作要突出宏观性、战略性、政策性,把重点放到中长期计划上,综合协调宏观经济政策和经济杠杆的运用。建立新的国民经济核算体系,完善宏观经济监测预警系统。

江泽民在党的十四届三中全会上的讲话,特别强调要正确处理加强宏观调控和发挥市场作用的关系。国家宏观调控和市场机制的作用,都是社会主义市场经济体制的本质要求,二者是统一的,是相辅相成、相互促进的。要改革传统的计划经济体制,必须强调充分发挥市场在资源配置方面的基础性作用,不如此便没有社会主义市场经济。但是,同时也要看到市场存在自发性、盲目性、滞后性的消极一面,这种弱点和不足必须靠国家对市场活动的宏观指导和调控来加以弥补和克服。

2003年10月,党的十六届三中全会通过《中共中央关于完善社会主义市场经济体制若干问题的决定》。《决定》充分肯定,十一届三中全会开始改革开放、十四大确定社会主义市场经济体制改革目标以及十四届三中全会作出相关决定以来,我国经济体制改革在理论和实践上取得重大进展。社会主义市场经济体制初步建立,公有制为主体、多种所有制经济共同发展的基本经济制度已经确立,全方位、宽领域、多层次的对外开放格局基本形成。改革的不断深化,极大地促进了社会生产力、综合国力和人民生活水平的提高,使我国经受住了国际经济金融动荡和国内严重自然灾害、重大疫情等严峻考验。

随着改革开放的深入,市场的地位越来越高,作用越来越大。在政策取向上,用市场配置资源的方式被赋予了更重的地位。将市场改为"决定性作用",实际上就是回答了在资源配置中究竟是市场起决定性作用还是政府起决定性作用这个问题。做出这一定位,有利于在全党全社会树立关于政府和市场关系的正确观念,有利于转变经济发展方式,有利于转变政府职能,有利于抑制消极腐败现象。

党和国家日益重视市场的作用,积极稳妥推进市场化改革,逐步加大用市场方式配置资源的力度,减少政府对资源的直接配置,推动资源配置依据市场规则、市场价格、市场竞争实现效益最大化和效率最优化。但对计划方式,一直没有放弃,坚持两种方式并用,并逐步加大市场方式的分量。同时注意更好发挥政府作用,保持宏观经济稳定,加强和优化公共服务,保障公平竞争,加强市场监管,维护市场秩序,推动可持续发展,促进共同富裕,弥补市场失灵。

党的十九大进一步把"市场在资源配置中起决定性作用,更好发挥政府作用"作为新时代坚持和发展中国特色社会主义治国方略的重要内容。

习近平总书记说:"理论和实践都证明,市场配置资源是最有效率的形式。市场决定资源配置是市场经济的一般规律,市场经济本质上就是市场决定资源配置的经济。健全社会主义市场经济体制必须遵循这条规律,着力解决市场体系不完善、政府干预过多和监管不到位问题。"

"当然,我国实行的是社会主义市场经济体制,我们仍然要坚持发挥我国社会主义制度的优越性、发挥党和政府的积极作用。市场在资源配置中起决定性作用,并不是起全部作用。"

进入新时代,如何创新政府配置资源方式,成为一个需要重视和解决的问题。习近平总书记 2016 年 8 月 30 日在主持召开中央全面深化改革领导小组第二十七次会议时指出,创新政府配置资源方式,要发挥市场在资源配置中的决定性作用和更好发挥政府作用,大幅度减少政府对资源的直接配置,更多引入市场机制和市场化手段,提高资源配置效率和效益。对由全民所有的自然资源,要建立明晰的产权制度,健全管理体制,完善资源有偿使用制度。对金融类和非金融类经营性国有资产,要建立健全以管资本为主的国有资产管理体制,优化国有资本布局。对用于实施公共管理和提供公共服务目的的非经营性国有资产,要坚持公平配置原则,引入竞争机制,提高基本公共服务可及性和公平性。

在建立社会主义市场经济的过程中,党和国家对五年计划这种方式不断地加以改进,使之更加符合中国的实际。1980—1985 年的"六五"计划,第一次将"国民经济计划"改成了"国民经济和社会发展计划"。随后逐步将计划区分为指令性计划和指导性计划,并将五年计划改成了指导性计划,所定指标总体上是预测性、指导性的;计划制定更加及时,改变了长期以来边制定边执行的被动状况;下放和减少中央特别是计划委员会的权力,计委主要侧重于规划制定、宏观调控,而不是干预日常经济运行的事务,最后改名为发展和改革委员会;2006—2010 年的"十一五"规划,进一步将"五年计划"改为了"五年规划";在某些时期,除了制定五年规划外,还制定了更长时期的远景目标或远景规划。

五年计划不再是"计划",而是"规划",延续了 50 多年的国民经济和社会发展"计划"首次被"规划"所取代。这一字之差,标志着中国在宏观经济运行方面,开始了由政府主导向市场主导的重大转变,政府工作重点由制定指令性计划,转向提供战略性、前瞻性的指导性规划,由直接参与经济发展,转向提供公共物品、调控宏观经济。

"十一五"规划纲要首次在五年规划中提出"约束性"指标,主要集中在"人口资源环境"和"公共服务人民生活"两大类;"十二五"规划在"改善民生行动计划"、实施主体功能区战略等内容上也提出严格的约束性指标。约束性指标主要通过依法加强管理和提供服务来实现,"具有法律效力,要纳入各地区、各部门经济社会发展综合评价和绩效考核"。其他指标大都为预测性和引导性。从指令性到引导性预测性、约束性,反映了五年计划实现的重大转变,体现了中国坚持走社会主义市场经济道路的决心。

面对国内外发展的新形势新任务新挑战,特别是面对"三期叠加"时期的经济下行压力,党中央、国务院保持战略定力,坚持稳中求进工作总基调,坚持宏观政策要稳、微观政策要活、社会政策要托底的总体思路,不断创新宏观调控思路和方式,保持宏观政策连续性和稳定性,先后创新实施区间调控、定向调控、相机调控,适时适度预调微调,有效稳定了市场信心和社会预期,有力促进了经济稳定运行和结构优化升级。

十九届五中全会《建议》所确定的"十四五"时期经济社会发展主要目标之一,就是"社会主义市场经济体制更加完善,高标准市场体系基本建成,市场主体更加充满活力,产权制度改革和要素市场化配置改革取得重大进展,公平竞争制度更加健全,更高水平开放型经济新体制基本形成"。

在其他各个领域,都坚持了社会主义市场经济的方向。在"坚持创新驱动发展,全面塑造发展新优势"中,明确提出:"制定科技强国行动纲要,健全社会主义市场经济条件下新型举国体制,打好关键核心技术攻坚战,提高创新链整体效能。"在科技领域,说到举国体制,一般马上就会想到国家出钱,布置任务,群策群力,进行科技攻关。似乎跟计划经济时代差不多。但是,规划《建议》明确提出了"社会主义市场经济条件下新型举国体制"这一重要概念。还是举国体制,但不是行政命令来指挥、部署一切计划和项目的举国体制,而是在社会主义市场经济条件下的举国体制。国家要部署科技强国行动,要集中力量攻克高举核心技术,但不是简单地像有些人理解的国家那种砸钱、烧钱,而是要按照市场经济的规律,通过经济手段来引导、鼓励企业创新攻关。

规划《建议》要求,坚持和完善社会主义基本经济制度,充分发挥市场在资源配置中的决定性作用,更好发挥政府作用,推动有效市场和有为政府更好结合。为此,要激发各类市场主体活力,完善宏观经济治理,建立现代财税金融体制,建设高标准市场体系,加快转变政府职能。

四、渐次推进,前后相继

中国规划在时间维度上也不是孤立的、单个的,而是如同高速公路上的里程碑,一个连着一个,一个接着一个地向前延伸。所有的规划,都是向着社会主义现代化的目标前进,向着两个一百年的目标前进,向着中华民族伟大复兴的目标前进。所有的五年规划,都前后相继,一个与一个连接在一起,相互衔接,渐次推进,在前一个的基础上再走出新的一步。每一步都有所发展,有所进步。所有的五年计划(规划),都是在更大的战略框架和战略步骤内制定和实施,一步一步实施和推进着更为宏大的战略进程。

1954 年 9 月 15 日,毛泽东在一届全国人大一次会议上致开幕词说:准备在几个五年计划之内,将中国“建设成为一个工业化的具有高度现代文化程度的伟大的国家”①。但因仅仅几个五年计划不可能实现这种目标,1964 年,又把实现现代化的时间定在了 20 世纪末。党和国家规划的战略步骤,遂确定为分两步走:“第一步,建立一个独立的比较完整的工业体系和国民经济体系;第二步,全面实现农业、工业、国防和科学技术的现代化,使我国经济走在世界的前

---

① 中共中央文献研究室编:《建国以来重要文献选编》第 5 册,中央文献出版社 1993 年版,第 461 页。

列。"①此后到 20 世纪 80 年代以前,党和国家都一直沿用这样的提法,把它作为实现现代化的基本步骤。

1987 年 4 月,邓小平从实际的国情出发,提出了新的"三步走"构想。据此,党的十三大正式确定了中国现代化建设"三步走"的发展战略。按照"三步走"战略,国家在改革发展的路上不断前进,首先在 1987 年提前 3 年实现了第一步翻一番的目标。1995 年,又提前 5 年实现了翻两番的目标。到 20 世纪末,整体上进入了小康社会。

随着 21 世纪即将到来,为了把第三步即 21 世纪前 50 年的任务目标再细化,1997 年的十五大提出了新的小"三步走"战略,即到 2010 年实现国民生产总值比 2000 年翻一番,使人民的小康生活更加宽裕,形成比较完善的社会主义市场经济体制;到 2020 年,使国民经济更加发展,各项制度更加完善;到 21 世纪中叶新中国成立 100 年时,基本实现现代化,建成富强民主文明的社会主义国家。

经过将近 20 年的努力,新世纪前两步的目标又即将实现。所以,2017 年的十九大,进一步规划了从 2020 年分成两个阶段到本世纪中叶总共 30 年的战略目标和战略步骤。

中国的所有五年计划(规划),都是按照这样的战略步骤设计、制定和实施的。每一个计划(规划)都有特定的任务,每一个计划(规划)都要在前一个的基础上迈出新的步伐,每一个计划(规划)都要为下一个计划(规划)奠定基础。一个接着一个、一步接着一步,踏踏实实地奔向既定的目标。五年计划(规划),如同一把标尺,丈

---

① 中共中央文献研究室编:《建国以来重要文献选编》第 19 册,中央文献出版社 1998 年版,第 483 页。

量着中国发展进步的足迹。

比如,六五计划(1980—1985 年)是"文化大革命"结束之后制定的第一个五年计划,也是按照党的十二大提出的到 20 世纪末经济建设的战略部署制定的,所以,它是继续贯彻执行调整、改革、整顿、提高的方针,使国民经济走上稳步发展的健康轨道的五年计划;是进一步推进我国现代化建设,使人民生活继续得到改善的五年计划;是从我国实际情况出发,走社会主义现代化经济建设新路子的五年计划。

第六个五年计划的基本任务,是继续贯彻执行调整、改革、整顿、提高的方针,进一步解决过去遗留下来的阻碍经济发展的各种问题,取得实现财政经济状况根本好转的决定性胜利,并且为第七个五年计划期间的国民经济和社会发展奠定更好的基础,创造更好的条件。这样的定位表现出明显的过渡性、衔接性。是把前后两个历史时期连接起来的计划。

如此定位使"六五"计划取得了实实在在的成就,其中包括财政状况逐年好转,财政收入平均每年增加 159 亿元,年递增 12%,实现了财政收支平衡。

1991—1995 年是中国第八个五年计划时期。1990 年 12 月的十三届七中全会审议通过了《中共中央关于制定国民经济和社会发展十年规划和"八五"计划的建议》,提出了今后十年我国国民经济和社会发展的基本任务和方针政策。1991 年 3 月的七届全国人大四次会议审议通过了国务院《关于国民经济和社会发展十年规划和第八个五年计划纲要的报告》。以 1992 年邓小平同志南方谈话和党的十四大为标志,"八五"时期中国改革开放和现代化建设进入新的阶段。

"八五"计划在连续三年治理整顿的基础上,按照南方谈话的精神和十四大的决策,实现了国民经济持续快速增长。最大成就是提前5年完成了到2000年实现国民生产总值比1980年翻两番的战略目标。1995年中国的国民生产总值达到57600亿元,扣除物价因素,是1980年的4.3倍,提前完成了"翻两番"的任务。这在中国经济发展史上是一个重要的里程碑。

在整个"八五"计划期间,中国经济年均增长速度达11%左右,比"七五"时期的年均增长高出近4个百分点,经济波动不到5个百分点。统计资料显示,在中国执行的8个五年计划中,"八五"计划是中国历次五年计划中增长最快、波动最小的一个五年计划。

经济体制改革取得突破性进展。以分税制为核心的新财政体制,以增值税为主体的新税制已经基本建立并正常运行。政策性金融和商业性金融初步分开,汇率顺利并轨,新的宏观经济调控框架初步建立,市场在资源配置中的作用明显增强,以公有制为主体、多种经济成分共同发展的格局已经形成。

对外开放总体格局基本形成。对外开放的范围和规模进一步扩大,形成了由沿海到内地、由一般加工工业到基础工业和基础设施的总体开放格局。以上海浦东为龙头的长江地区的开发开放,成为"八五"期间对外开放区域布局的一项重要举措。中国对外开放的县市超过1100个,兴办了一大批经济开发区和13个保税区。

"十三五"时期是全面建成小康社会决胜阶段。从党的十八届五中全会通过"十三五"规划建议到全国人大会议批准"十三五"规划纲要,全国各族人民齐心协力瞄准着一个目标——确保如期全面建成小康社会。本世纪头 20 年全面建成小康社会的奋斗历程,到了需要一鼓作气向终点线冲刺的关键时刻。新的五年规划紧紧围绕着实现这个奋斗目标来制定和实施。习近平总书记明确指出,描绘好未来 5 年国家发展蓝图,事关全面建成小康社会、全面深化改革、全面依法治国、全面从严治党战略布局的协调推进,事关我国经济社会持续健康发展,事关社会主义现代化建设大局。

中国的五年计划(规划)不是各自为政、互不关联的,而是相互照应、相互连接的,虽然有时会有调整甚至重大的调整,但从来不是一个否定另一个,而是一个接着一个发展深化,保持着高度的连续性,基本上是一张蓝图画到底。

从五年计划(规划)本身来说,所设计规划的目标任务、所制定实施的政策措施、所需要建造的工程项目,大多是需要跨年度的。而两个五年计划(规划)之间,也是紧密联系的。有些任务和项目要在本规划期内完成,有些则要跨越五年的规划期。这样的安排就成为对政局稳定性、战略稳定性、政策稳定性、人事稳定性的重大考验。

也就是说,任何一届中央和政府(包括地方党委和政府)都要完整地思考和落实至少 5 年之年的任务,不可能一年一个主意,一年一个变化。始终要把每个一年当作整体中的 1/5 来推进,以确保规划任务的完成,不能朝令夕改、虎头蛇尾。

而且,按目前的时间配置,每个五年计划(规划)都是在一届党中央、一届政府(包括地方党委和政府)的届中制定的,与法定任期和换届时间并不同步。因此,每一个五年计划(规划)实际上都要由两届党中央和政府(包括地方党委和政府)来接力完成。因此,不仅两个五年计划(规划)之间需要保持连续性,两届党中央和政府(包括地方党委和政府)之间也要保持连续性。每届党中央和政府(包括地方党委和政府)都要有全局眼光和全局责任,不仅确保完成上届党中央和政府(包括地方党委和政府)制定的规划,而且还要认真制定好下一个五年计划(规划),为下一届党中央和政府(包括地方党委和政府)打下良好的基础。

五、谋划战略,操作务实

如同军事、国防方面的战略一样,一个国家确立什么样的发展路径,制定什么样的发展战略,对国家的发展进步有着极为重要的作用。所以,中国党和政府非常重视战略问题。

邓小平作为典型的政治家和战略家,特别善于从全局、战略的高度来思考和确定治国理政的大思路、大布局。他多次强调:"我们处理任何问题,都要从大局着眼。"[1]"不管对现在还是对未来,我讲的东西都不是从小角度讲的,而是从大局讲的。"[2]据简略统计,在三卷本的《邓小平文选》中,一共123次使用"战略"一词,62次使用"大局"一词,31次使用"全局"一词。

江泽民、胡锦涛担任党和国家领导人期间,也极为重视战略问题,并且提出了很多非常重要的发展战略。

党的十八大以来,以习近平同志为核心的党中央同样非常重视

---

[1] 中共中央文献研究室编:《邓小平思想年谱》,中央文献出版社1998年版,第92页。

[2] 《邓小平年谱(一九七五——一九九七)》下卷,中央文献出版社2004年版,第1362页。

战略问题。尤为重要的是,提出了"四个全面"的战略布局。同时还提出了其他很多战略思想、战略举措、战略工程。

改革开放以来,中国先后制定了不同层面、不同范围、科学严谨、汇为一体的众多战略。在当今中国,战略意识已经非常深入。几乎每一个层面的党委、政府、领导干部,都很注重国家的和本地区的发展战略问题。中国的发展进步,都是建立在正确的国家发展战略基础上的。

五年计划,规划的不是具体的个别的工作,而是具有战略性的事业、工作和工程。战略性是五年规划的基本特点。

比如南水北调工程。由于中国幅员辽阔,南北地区气候差异很大,特别是水资源的分布极不平衡。北部地区水资源非常贫乏,甚至人均水资源的占有量比以色列还少。随着世界气象条件的变化,中国北方地区的缺水现象越来越严重,这不仅对北方地区的经济建设带来很大的困难,而且对广大人民群众的日常生活也带来严重的影响。如何解决北方地区的水资源问题,维持南北大自然的生态平衡,就不能不成为中国国家治理的战略问题。于是,南水北调,就成了从根本上解决这一重大问题的途径之一。

早在 1952 年,毛泽东视察黄河时就提出:"南方水多,北方水少,如有可能,借一点来是可以的。"①这成为南水北调宏伟构想的发端。

到了十一届三中全会之后,南水北调正式提上了议事日程。1979 年,五届全国人大一次会议通过的《政府工作报告》正式提出:

---

① 《毛泽东年谱(一九四九——一九七六)》第一卷,中央文献出版社 2013 年版,第 621 页。

"兴建把长江水引到黄河以北的南水北调工程。"1991年4月,七届全国人大四次会议将"南水北调"列入"八五"计划和十年规划。1995年12月,南水北调工程开始全面论证。2000年6月,南水北调工程规划有序展开。2002年12月23日,国务院正式批复《南水北调总体规划》。2002年12月27日,南水北调工程正式开工。

南水北调工程总体规划东线、中线和西线三条调水线路。通过这三条线路与长江、黄河、淮河和海河四大江河联系,构成以"四横三纵"为主体的总体布局,把长江流域水资源从上游、中游、下游,抽调部分送至华北与淮海平原和西北地区水资源短缺地区,以利于实现中国水资源南北调配、东西互济的合理配置格局。

"南水北调工程"是中华人民共和国的战略性工程,工程建设对于中华民族长远发展和安全具有深远的战略性意义。所以,在多个五年计划(规划)中,都有南水北调工程的部署和安排。如"七五"计划规定:"开始建设南水北调东线第一期工程,为逐步缓和京、津、冀地区工农业用水紧张局面创造条件。"《国民经济和社会发展十年规划和第八个五年计划纲要》规定:"开工建设南水北调工程"。《国民经济和社会发展"九五"计划和二〇一〇年远景目标纲要》规定:"着手建设跨流域的南水北调工程,缓解北方部分地区严重缺水的矛盾"。《国民经济和社会发展第十个五年计划纲要》规定:"加紧南水北调工程的前期工作,'十五'期间尽早开工建设。"《国民经济和社会发展第十一个五年规划纲要》规定:"完成南水北调东线和中线一期工程,合理规划建设其他水资源调配工程。"《国民经济和社会发展第十三个五年规划纲要》规定:"加大南水北调水源地及沿线生态走廊、三峡库区等区域生态保护力度"。

　　2015年国务院印发的《中国制造2025》，是我国实施制造强国战略第一个十年的行动纲领。制定和实施这一战略和规划，是着眼全局和长远作出的战略决策。

　　《中国制造2025》从战略上分析发展形势和环境，认为全球制造业格局正面临重大调整。新一代信息技术与制造业深度融合，正在引发影响深远的产业变革，形成新的生产方式、产业形态、商业模式和经济增长点。各国都在加大科技创新力度，推动三维（3D）打印、移动互联网、云计算、大数据、生物工程、新能源、新材料等领域取得新突破。基于信息物理系统的智能装备、智能工厂等智能制造正在引领制造方式变革；网络众包、协同设计、大规模个性化定制、精准供应链管理、全生命周期管理、电子商务等正在重塑产业价值链体系；可穿戴智能产品、智能家电、智能汽车等智能终端产品不断拓展制造业新领域。我国制造业转型升级、创新发展迎来重大机遇。

　　全球产业竞争格局也正在发生重大调整，我国在新一轮发展中面临巨大挑战。国际金融危机发生后，发达国家纷纷实施"再工业化"战略，重塑制造业竞争新优势，加速推进新一轮全球贸易投资新格局。一些发展中国家也在加快谋划和布局，积极参与全球产业再分工，承接产业及资本转移，拓展国际市场空间。我国制造业面临发达国家和其他发展中国家"双向挤压"的严峻挑战，必须放眼全球，加紧战略部署，着眼建设制造强国，固本培元，化挑战为机遇，抢占制造业新一轮竞争制高点。

　　正是在这样的形势下，党和国家确定了《中国制造2025》的战略规划。这一规划是战略的，也是务实的。所有的项目、任务都是在充分论证的基础上确定的，都有直接的针对性，必须落到实处，也能落到实处。

如,部署到 2020 年,重点形成 15 家左右制造业创新中心(工业技术研究基地),力争到 2025 年形成 40 家左右制造业创新中心(工业技术研究基地)。

到 2020 年,40% 的核心基础零部件、关键基础材料实现自主保障,受制于人的局面逐步缓解,航天装备、通信装备、发电与输变电设备、工程机械、轨道交通装备、家用电器等产业急需的核心基础零部件(元器件)和关键基础材料的先进制造工艺得到推广应用。到2025 年,70% 的核心基础零部件、关键基础材料实现自主保障,80 种标志性先进工艺得到推广应用,部分达到国际领先水平,建成较为完善的产业技术基础服务体系,逐步形成整机牵引和基础支撑协调互动的产业创新发展格局。

到 2020 年,建成千家绿色示范工厂和百家绿色示范园区,部分重化工行业能源资源消耗出现拐点,重点行业主要污染物排放强度下降 20%。到 2025 年,制造业绿色发展和主要产品单耗达到世界先进水平,绿色制造体系基本建立。

为了实施这一规划,还建立健全了组织实施机制。成立国家制造强国建设领导小组,由国务院领导同志担任组长,成员由国务院相关部门和单位负责同志担任。领导小组主要职责是:统筹协调制造强国建设全局性工作,审议重大规划、重大政策、重大工程专项、重大问题和重要工作安排,加强战略谋划,指导部门、地方开展工作。领导小组办公室设在工业和信息化部,承担领导小组日常工作。设立制造强国建设战略咨询委员会,研究制造业发展的前瞻性、战略性重大问题,对制造业重大决策提供咨询评估。支持包括社会智库、企业智库在内的多层次、多领域、多形态的中国特色新型智库建设,为制造强国建设提供强大智力支持。建立《中国制造 2025》任务落实情况督促检查和第三方评价机制,完善统计监测、绩效评估、动态调整和监督考核机制。建立《中国制造 2025》中期评估机制,适时对目标任务进行必要调整。

《中国制造 2025》要求,各地区、各部门都要充分认识建设制造强国的重大意义,加强组织领导,健全工作机制,强化部门协同和上下联动。各地区要结合当地实际,研究制定具体实施方案,细化政策措施,确保各项任务落实到位。工业和信息化部要会同相关部门加强跟踪分析和督促指导,重大事项及时向国务院报告。

六、宏观调控,富有弹性

改革开放的实践证明,市场机制是资源配置的有效手段,但市场也有自身的弱点。市场的作用具有自发性、盲目性、滞后性,同时由于自然垄断、经济活动竞争性以及公共物品主要依靠政府提供等因素,在某些领域、某些环节存在市场失灵的现象。这些弱点和不足,必须靠国家对市场活动的宏观指导和调控来加以弥补和克服。那种以为搞市场经济就可以离开国家的宏观指导和调控,放任自流,自行其是,随心所欲,完全是一种误解。市场经济不仅不排斥宏观调控,而且必须有完备有力的宏观调控体系的支持。

所以,实行有效的宏观调控,是市场经济有序运行的要求。建立和完善社会主义市场经济体制,就是要使市场在国家宏观调控下对资源配置起决定性作用。国家宏观调控和市场机制的作用,都是社会主义市场经济的本质要求,二者是统一的,是相辅相成、相互促进的。微观经济越放开,市场化进程越快,要求宏观调控越有力,越灵活有效。

宏观调控是一项复杂的系统工程,需要综合计划、财政、金融等手段,发挥价格、税收、利率、汇率等经济杠杆的调节作用。宏观调控不可缺少,但宏观调控的方式要不断改进,水平要不断提高。

在计划经济时期,国家的宏观调控是直接的,多是采用行政命令的手段。改革开放后,逐步发展社会主义市场经济,同时发挥政府宏观调控的作用。这种调控,依然发挥一定程度直接调控的作用,但越来越多地使用市场手段,实行间接调控。

改革开放之后,我国逐步建立社会主义市场经济,但五年计划作为国家宏观调控的一个基本手段,仍然坚持了下来。不过,此计划非彼计划,现在中国规划、包括五年规划的内容和方式都按照市场经济的要求进行了重要的改革,成为国家宏观调控的基本手段和方式。

政府宏观调控不同于政府干预经济,也不同于计划经济。政府宏观调控主要是国家利用经济政策、经济法规、信息导向、规划引导和必要的行政干预,对市场经济的有效运作发挥调控作用。一方面,通过五年规划和其他计划,引导国民经济持续、快速、健康发展。另一方面,又通过发行国债,调整税收、财政支出等财政政策,调节利率、存贷款准备金率等货币政策,调动企业、经营者和劳动者的积极性,促进经济的发展。

细读20世纪80年代的两个五年计划,不难看出国家确定各项指标任务都体现出谨慎、稳妥的态度,既追求经济增长率又留有余地。在"按计划、有比例"以及"调整、改革、整顿、提高"八字方针的指导下,"六五""七五"计划的一个显著特点就是,希望从片面追求工业特别是重工业产值产量的增长,开始转向以提高经济效益为中心,注重农轻重协调发展。

"七五"计划要求在经济增长速度的问题上采取实事求是的科学态度。强调要在提高效益和质量的前提下努力争取有一个持续的较高的增长速度,但也决不能认为速度越高越好,更不能盲目追求高指标和层层加码。无论是国力的增强还是人民生活的改善,都要求有必要的经济增长速度。无视这一点是不对的。同时也要看到,脱离现实条件的可能,盲目追求过高的速度,即使一时上去了,也难以持久,最终还要掉下来。增长速度上的大起大落对经济发展的危害极大,这种危害往往需要经过相当长的时间才能消除。历史的经验反复告诉我们,只有认真地从需要和可能两个方面考虑问题,瞻前顾后,保持适当的增长率,才能促进经济的稳定发展,使人民生活的持续改善得到可靠的保证。

"七五"后期一度出现经济过热、通货膨胀严重的现象。所以,1989 年 11 月,十三届五中全会作出《中共中央关于进一步治理整顿和深化改革的决定》,提出用三年或更长一些时间来完成治理整顿任务。在治理整顿下,1990 年的国民生产总值增速回落至 5%。

1996 年 3 月,八届全国人大四次会议审查批准的《国民经济和社会发展"九五"计划和二〇一〇年远景目标纲要》是在发展社会主义市场经济条件下的第一个中长期规划。根据国内外经济和科技发展趋势,以及我国经济体制变化的新特点,按照发展社会主义市场经济和现代化建设的要求,明确提出,"要注重市场在国家宏观调控下对资源配置的基础性作用,突出国家计划的宏观性、战略性和政策性","计划指标总体上是预测性、指导性的,着重提出经济、社会发展的方向、任务以及相应的发展战略和措施,提出反映经济社会发展和结构变化的总量指标,以及若干具有全局意义的重大项目,其他一些指标和项目在今后的年度计划中安排。"

在"九五"计划结束、2000年实现人均国民生产总值比1980年翻两番的目标超额完成之时,八届全国人大代表、时任国家计委副主任的汪洋在人代会上深有感触地说,"经过五年探索,我们走出了一条社会主义市场经济条件下的宏观调控之路……坚持发挥市场配置资源的基础性作用,综合运用多种经济杠杆,辅之以必要的法律和行政手段,积累了丰富的宏观调控经验"。

从"九五"计划开始,国家五年计划(规划)越来越弱化指令性,体现引导性。

"十五"期间,宏观调控的主要预期目标分别是:

经济增长速度预期为年均7%左右,到2005年按2000年价格计算的国内生产总值达到12.5万亿元左右,人均国内生产总值达到9400元。五年城镇新增就业和转移农业劳动力各达到4000万人,城镇登记失业率控制在5%左右。价格总水平基本稳定。国际收支基本平衡。

经济结构调整的主要预期目标是:产业结构优化升级,国际竞争力增强。2005年第一、二、三产业增加值占国内生产总值的比重分别为13%、51%和36%,从业人员占全社会从业人员的比重分别为44%、23%和33%。国民经济和社会信息化水平显著提高。基础设施进一步完善。地区间发展差距扩大的趋势得到有效控制。城镇化水平有所提高。

科技、教育发展的主要预期目标是：2005年全社会研究与开发经费占国内生产总值的比例提高到1.5%以上，科技创新能力增强，技术进步加快。各级各类教育加快发展，基本普及九年义务教育的成果进一步巩固，初中毛入学率达到90%以上，高中阶段教育和高等教育毛入学率力争分别达到60%左右和15%左右。

可持续发展的主要预期目标是：人口自然增长率控制在9‰以内，2005年全国总人口控制在13.3亿人以内。生态恶化趋势得到遏制，森林覆盖率提高到18.2%，城市建成区绿化覆盖率提高到35%。城乡环境质量改善，主要污染物排放总量比2000年减少10%。资源节约和保护取得明显成效。

提高人民生活水平的主要预期目标是：居民生活质量有较大提高，基本公共服务比较完善。城镇居民人均可支配收入和农村居民人均纯收入年均增长5%左右。2005年城镇居民人均住宅建筑面积增加到22平方米，全国有线电视入户率达到40%。城市医疗卫生服务水平和农村医疗服务设施继续改善，人民健康水平进一步提高。城乡文化、体育设施增加，覆盖面扩大，文化生活更加丰富。社会风气和社会秩序好转。

加强和改善宏观调控，关键是要根据经济运行的变化，把握好调控的方向、重点、力度和节奏，改进调控方式方法。坚持主要运用经济手段、法律手段，发挥各种政策的组合效应；坚持区别对待、有保有压，不搞一刀切，不搞急刹车；坚持不断总结经验，及时调整政策，注重实际效果。

新形势下，党中央要求创新和完善宏观调控方式，加快构建科学规范、运转高效、实施有力的宏观调控体系。这是全面建成小康社会的必然要求,是促进经济社会平稳健康发展的强有力保障。

新时代创新和完善宏观调控方式,必须坚持总量调节和定向施策并举,坚持短期和中长期结合,坚持国内和国际统筹,坚持改革和发展协调。要发挥国家发展规划的战略导向作用,健全宏观调控体系,完善宏观经济政策的协调机制,注意引导市场行为和社会预期。还要运用大数据技术提高经济运行信息的及时性和准确性,为宏观调控提供支撑和保障。

中国规划除了宏观调控富有弹性外,还能适应形势和任务的需要,与时俱进,不断创新。

比如,"十三五"规划纲要将主要指标分为经济发展、创新驱动、民生福祉、资源环境四个部分。设立的一些新指标,如全员劳动生产率,表明我国经济发展更加注重质量和效益;户籍人口城镇化率,反映出我国更加注重以人为本的新型城镇化;还有科技进步贡献率、互联网普及率,反映出我国发展动力转换、信息化推进等新方向。

在主要任务上,将创新驱动放在突出位置,农业现代化单独成篇,前所未有地重视信息化发展,注重全民教育和健康水平,强调人的全面发展。民生领域突出对弱势群体的关注,基本公共服务均等化明确了标准,列出了项目清单。

呈现形式上,规划纲要图文并茂,其中有 4 张彩图,分别标示了中长期高速铁路网规划、民用运输机场规划布局、城市群空间分布和全国主体功能区,清晰地展现出一幅多彩中国新图景,格外引人注目。

"十三五"规划纲要彰显出非常务实的特点,又具有宽广的视野。规划纲要充分贯彻新发展理念。坚持创新发展、协调发展、绿色发展、开放发展、共享发展,更好地助力我国实现发展目标,破解发展难题,厚植发展优势。要求正确处理政府和市场关系,形成有利于经济发展提质增效升级的体制机制。以提高供给体系的质量和效率为目标,去产能、去库存、去杠杆、降成本、补短板,加快培育新的发展动能,改造提升传统比较优势,夯实实体经济根基。以"一带一路"建设为统领,丰富对外开放内涵,提高对外开放水平,协同推进战略互信、投资经贸合作、人文交流,努力形成深度融合的互利合作格局,开创对外开放新局面。尤其是民生上笔墨更重、措施更实。贯彻精准扶贫、精准脱贫基本方略,加大扶贫攻坚力度,坚决打赢脱贫攻坚战。全面提高教育、医疗卫生水平,着力增强人民科学文化和健康素质。通过人人参与、人人尽力、人人享有,注重机会公平,保障基本民生,不断提高人民生活水平。

七、举国体制,汇聚能量

中国共产党的领导能力,来自于人民,也来自于制度和体制。经过改革开放,我们建立了中国特色社会主义制度,这种制度和体制,进一步发挥了集中力量办大事的优势。

中国规划就是一种集中力量办大事、干实事、解难事的蓝图和方式。制定和实施规划的过程,就是集中力量办大事的过程。

1953 年元旦,党和政府通过《人民日报》社论向全国人民宣布,我国开始执行国家建设的第一个五年计划。全党和全国人民把注意力集中到实现社会主义工业化的任务上来,以极大的热情投入到大规模有计划的经济建设之中。

从 1952 年下半年起,中共中央决定将东北、华北、华东、中南、西北、西南各中央局的书记抽调回中央,以加强中央的领导,同时加强中央现有的各部、委、办的组织及其工作。为迎接大规模经济建设的到来,中共中央在 1951 年 10 月决定抽调 3000 名县处级和县处级以上的干部到国营工业部门工作。1952 年下半年,中央先后 3 次从地方抽调 5000 多名干部到中央各部门工作,80% 以上分到中央财经部门,其中司局级以上干部 712 名。据不完全统计,自 1952 年至 1954 年 3 年中,全国抽调到工业部门工作的干部共有 16 万多名,其中为苏联援助的重点厂矿选调的领导干部就有 3000 多名。

全国人民以高度的政治觉悟和生产热情投入第一个五年计划建设。工人阶级一马当先,站到工业化建设的前列。鞍钢机械总厂的技术革新能手王崇伦,努力钻研技术,先后 8 次改进工具,发明了以刨床代替插床的“万能工具胎”,大大提高了设备利用率。全国煤炭系统推广马六孩等职工创造的快速掘进法等生产经验,大大提高了劳动生产率,保证了安全生产。青年女工郝建秀的细纱工作法在纺织工业系统全面推广,各地棉纺厂不断刷新生产纪录。在各级党政部门和工会组织的倡导下,开展有组织、有计划的劳动竞赛。人们把勇于创造生产新纪录的先进人物,誉为“走在时间的前面”的人。“每一秒钟都为创造社会主义社会而劳动”,这种充满时代精神的口号,反映了五年计划的宏伟目标正在化为千百万职工的实际行动,鼓舞着中国工人阶级更加忘我地为实现社会主义工业化而奋斗。

高等学校和各类专业技术学校的大批毕业生无条件地服从国家分配,奔赴祖国各地的工厂矿山。为满足基本建设的需要,全国高等学校 1952、1953 两届理工科学生提前一年毕业,按照“集中使用,重点配备"的方针,主要配备到新建、改建和扩建的厂矿及交通、水利等部门,从事勘测、设计及设备安装等工作。

集中力量的举国体制,能办大事,但也可能办错事。改革开放之后,党和国家吸取历史的经验教训,努力防止办错事,在此前提下,继续发挥举国体制的作用。

1982 年 10 月,在全国科技奖励大会上,中共中央和国务院要求科技、经济界发挥社会主义大协作的优越性,运用集中优势兵力打歼灭战的方法,有选择、有重点地发展那些对国民经济有重大影响的、产业关联度比较大的技术,集中人力、物资、资金等各方面的力量,攻克技术难关,提高经济发展水平和产业技术水平,增强国际竞争力。

国家计委和国家科委对制定《1978—1985 年全国科学技术发展规划纲要》(以下简称《八年规划纲要》)中的项目建议进行汇总筛选,将《八年规划纲要》中的 108 个重点项目调整为最迫切和最有条件实现的 38 个项目,包括农业、食品及轻纺消费品、能源开发及节能技术、地质和原材料、机械及电子设备、交通运输、新兴技术、社会发展等 8 个方面,从中又选出对国民经济全局关系重大的 7 个"重中之重"项目,以"六五"国家科技攻关计划的形式实施。

国家科技攻关计划的出台,是我国综合性科技计划从无到有的一个重要里程碑。从此,科技攻关计划成为国家科技计划体系的主体和我国国民经济和社会发展计划的重要组成部分。

科技攻关计划的管理方式与以往不同,是在国家计委和国家科委的共同领导下,由国务院各部门分别主持项目的研究工作。先对项目作选题划分,然后采取招标、有偿合同、无偿合同等形式,明确项目及课题的主持单位、承担单位、经费分配等,与主要研究单位签订攻关专题合同。

"六五"期间,国家拨款 15 亿元,参加计划的科技人员近 10 万人,取得 3896 项重要成果,其中用于重点建设、技术改造和工农业生产的有 3165 项。此外,还建立了 122 条试验生产线、297 个中试车间和中试基地、168 个不同生态地区农作物品种区试验点,增强了我国技术开发能力,对经济和社会建设起到了积极推动作用。包括研制成功了亿次大型电子计算机、"长征三号"火箭发射等。

"七五"攻关计划拨款 32 亿元,共有 13 万科技人员参与,获得成果 1 万多项。成果中包括实现了天然气新增探明储量 1993.9 亿立方米,研制成功 30 万、60 万千瓦火电机组成套设备等。

从"六五"计划到"九五"计划期间,国家科技攻关计划先后安排了 534 个科技攻关重点项目,总经费投入 379 亿元,获得专利 2434 项,产生直接经济效益 2033.7 亿元。

实施区域协调发展总体战略,就是在全面建成小康社会和推进现代化进程中,发挥举国体制优势的一个重要的战略举措。按照这个战略,党和国家积极推进西部大开发,振兴东北地区等老工业基地,促进中部地区崛起,鼓励东部地区率先发展,充分发挥各个地区的优势和积极性,通过健全市场机制、合作机制、互助机制、扶持机制,逐步扭转区域发展差距拉大的趋势,形成东中西相互促进、优势互补、共同发展的新格局。

实施区域协调发展总体战略的一个重要内容,是支持革命老区、民族地区和边疆地区发展。大力推动赣闽粤原中央苏区、陕甘宁、大别山、左右江、川陕等重点贫困革命老区振兴发展,积极支持沂蒙、湘鄂赣、太行、海陆丰等欠发达革命老区加快发展。优先解决特困少数民族贫困问题,扶持人口较少民族的经济社会发展,推进兴边富民行动。继续实行支持西藏、新疆及新疆生产建设兵团发展的政策。

在扶贫开发、脱贫攻坚中实行东西部对口支援,是中国共产党治国理政、建设小康的一种特殊方式。沿海共有 6 个省、3 个直辖市、4 个计划单列市对口扶持西部的 10 个省区,对口扶贫工作要求落实到县一级。东部地区富裕县市充分利用自己的人才、技术、资金、市场、信息、管理等各种优势,在互惠互利的基础上,与西部贫困县共同开发当地资源,发展经济。目前,东部发达地区 267 个经济较强县市区结对帮扶西部地区 406 个贫困县,并实现对 30 个民族自治州的全覆盖,增强了扶贫的针对性有效性。

各级机关事业单位也有对口支援任务。全国 17.68 万个党政机关、企事业单位参加,帮扶覆盖全国 12.8 万个建档立卡贫困村;68 家中央企业开展“百县万村”行动,全国工商联动员 2.65 万家民营企业开展“万企帮万村”行动。

2016 年 7 月 20 日,在东部地区支援西部地区 20 周年的重要节点上,习近平总书记在银川主持召开东西部扶贫协作座谈会并发表重要讲话,强调东西部扶贫协作和对口支援,是推动区域协调发展、协同发展、共同发展的大战略,是加强区域合作、优化产业布局、拓展对内对外开放新空间的大布局,是实现先富帮后富、最终实现共同富裕目标的大举措。

小康不小康,基础在健康。2020 年,突发其来的新冠肺炎疫情,成为决胜全面建成小康社会进程中的一次大挑战,大考验。面对疫情,党和国家充分发挥集中力量办大事、办难事、办急事的独特优势。全国上下紧急行动,依托强大综合国力,开展全方位的人力组织战、物资保障战、科技突击战、资源运动战,全力支援湖北省和武汉市抗击疫情,在最短时间集中最大力量阻断疫情传播。自 1 月 24 日除夕至 3 月 8 日,全国共调集 346 支国家医疗队、4.26 万名医务人员、900 多名公共卫生人员驰援湖北。19 个省份以对口支援、以省包市的方式支援湖北省除武汉市以外 16 个地市。人民解放军派出 4000 多名医务人员支援湖北。抗疫斗争有力彰显了中国特色社会主义制度和国家治理体系的优越性。

第五章　历史交汇点上的战略谋划

　　2020 年 10 月 26 日至 29 日，党的十九届五中全会在北京召开。这是在即将实现第一个百年奋斗目标、同时开启全面建设社会主义现代化国家新征程的时刻召开的一次十分重要的会议。全会明确阐明了当今中国的新坐标："'十三五'规划目标任务即将完成，全面建成小康社会胜利在望，中华民族伟大复兴向前迈出了新的一大步，社会主义中国以更加雄伟的身姿屹立于世界东方。"①9000 万人的大党、14 亿人的大国将从这里再次出发。在中国规划的发展史上，党的十九届五中全会及其审议通过的《中共中央关于制定国民经济和社会发展第十四个五年规划和二〇三五年远景目标的建议》，是在历史新坐标上对中国未来发展的一次重大的战略谋划。

　　2021 年召开的十三届全国人大四次会议，按照法律程序，认真审议《中华人民共和国国民经济和社会发展第十四个五年规划和 2035 年远景目标纲要》（以下简称《"十四五"规划和 2035 年远景目

----

①　《中共中央关于制定国民经济和社会发展第十四个五年规划和二〇三五年远景目标的建议》，人民出版社 2020 年版，第 3 页。

标纲要》),表决通过了关于"十四五"规划和 2035 年远景目标纲要的决议。

一、"两个一百年"奋斗目标的历史交汇点

党的十九大报告明确提出:从十九大到二十大,是"两个一百年"奋斗目标的历史交汇期。我们既要全面建成小康社会、实现第一个百年奋斗目标,又要乘势而上开启全面建设社会主义现代化国家新征程,向第二个百年奋斗目标进军。

习近平总书记在关于《中共中央关于制定国民经济和社会发展第十四个五年规划和二〇三五年远景目标的建议》的说明中,同样明确使用了"历史交汇点"的概念①。

在完成 13 个五年计划和规划的基础上,我们现在来到了一个重要的历史交汇点。这个交汇点,是由党和国家建设现代化国家的战略目标和战略步骤决定的。

按照"三步走"战略和 2020 年到 2050 年"两步走"的安排,我们面前摆着"两个一百年"的奋斗目标。一个是到建党 100 周年时全面建成小康社会,一个是到新中国成立 100 周年时建成富强民主文明和谐美丽的社会主义现代化强国。

1921 年 7 月 23 日,13 名代表,另加 2 名共产国际代表,共 15 人,会聚上海法租界望志路 106 号(今兴业路 76 号),召开中国共产

---

① 《中共中央关于制定国民经济和社会发展第十四个五年规划和二〇三五年远景目标的建议》,人民出版社 2020 年版,第 46 页。

党第一次全国代表大会。由于法国巡捕的意外闯入,最后一天的会议转移到浙江嘉兴南湖举行。按最新考证,最后一天,最有可能是 8 月 3 日。

大会通过中国共产党的第一个纲领和决议,选举产生中央局,正式宣告了中国共产党的成立,从此,中国出现了以马克思列宁主义为行动指南的统一的无产阶级政党。这个事件,在当时几乎悄无声息,并不为多少人所知,但却成为中国共产党迄今将近 100 年跋涉奋进的历史起点,也成为中国社会将近 100 年发生沧桑巨变的历史起点。

从 1921 年到现在,中国共产党的百年历程大致可以划分为"3+1"个历史时期。从 1921 年到 1949 年,是新民主主义革命时期。从 1949 年新中国成立到 1978 年十一届三中全会召开,是社会主义革命和建设时期。1978 年的十一届三中全会,实现伟大的历史转折,党和国家进入改革开放和社会主义现代化建设的新时期。党的十八大以来,中国特色社会主义进入了新时代。

100 年来,特别是改革开放以来,中国共产党带领中国人民,紧紧依靠人民,把马克思主义基本原理同中国实际和时代特征结合起来,独立自主走自己的路,历经千辛万苦,付出各种代价,取得革命、建设、改革伟大胜利,开创和发展了中国特色社会主义,从根本上改变了中国人民和中华民族的前途命运。中国人民的面貌、社会主义中国的面貌、中国共产党的面貌发生了历史性的变化。中国的成就得到了世界的公认。

第一个百年奋斗目标,是全面建成小康社会。将全面建成小康社会的目标节点定在 2020 年,既是现实的需要和战略的安排,也是对中国共产党 100 年历史的总结和纪念。

全面建成小康社会之后,我们并没有到达终点。再往前行,还有更长远的目标。按照"三步走"战略,我们还有第二个一百年的目标,就是到 2049 年中华人民共和国成立 100 周年时,实现社会主义现代化,进入世界中等发达国家行列。

1949 年 9 月 21 日至 30 日,中国共产党、各民主党派、各人民团体、各地区、解放军、各少数民族、国外华侨及其他爱国民主分子的代表,在北平举行中国人民政治协商会议第一届全体会议。会议执行全国人民代表大会职权,通过起临时宪法作用的《中国人民政治协商会议共同纲领》以及《中国人民政治协商会议组织法》《中华人民共和国中央人民政府组织法》等文件。决定国都定于北平,北平改名为北京;纪年采用公元;在中华人民共和国国歌未正式制定前,以义勇军进行曲为国歌;国旗为红地五星旗。会议选举出中央人民政府委员会。10 月 1 日,中华人民共和国中央人民政府成立。下午 3 时,首都 30 万军民齐集天安门广场,举行开国大典。毛泽东宣读中央人民政府公告,宣告中央人民政府成立。

中华人民共和国的成立,是中国历史发展进程中的重大事件,开辟了中华民族发展进步的历史新纪元,中国共产党成为领导人民掌握全国政权的执政党。

改革开放以后,中国共产党进一步科学认识中国国情,确认从 1949 年中华人民共和国成立到 2049 年的 100 周年,总体上都处于社会主义初级阶段。邓小平的"三步走"战略,就是为这 100 年设计的发展战略和发展步骤。

到 2049 年或 2050 年,按照邓小平提出的"三步走"战略以及党和国家的多次界定,目标是实现现代化,建成富强民主文明和谐美丽的社会主义国家。

这样，在我们面前就有三个依次递进的目标：第一个是到中国共产党成立 100 年，即 2020 年左右，全面建成小康社会；第二个是到 2050 年左右，即在新中国成立 100 年时，建成富强民主文明和谐美丽的社会主义现代化强国；第三个是在实现"两个一百年"目标的基础上，进一步实现中华民族的伟大复兴。

习近平总书记指出："现阶段，建设中国特色社会主义的主要任务，就是到二〇二〇年中国共产党成立一百年时实现第一个百年奋斗目标、全面建成小康社会，为进而到本世纪中叶中华人民共和国成立一百年时实现第二个百年奋斗目标、建成富强民主文明和谐的社会主义现代化国家打下坚实基础。"①

他说："今天，我们比历史上任何时期都更接近中华民族伟大复兴的目标，比历史上任何时期都更有信心、有能力实现这个目标。我们完全可以说，中华民族伟大复兴的中国梦一定要实现，也一定能够实现。"②

现在，我们来到了一个重要的历史节点，也就是"两个一百年"奋斗目标的交汇点。2020 年，是决胜全面建成小康社会的关键之年，也是实现第一个百年奋斗目标的收官之年；再往前进入 2021 年，将成为"两步走"战略安排的起步之年，也就是在全面建成小康社会基础上向着基本实现社会主义现代化和全面建成社会主义现代化强

---

① 中共中央文献研究室编：《十八大以来重要文献选编》（下），中央文献出版社 2018 年版，第 350 页。

② 中共中央文献研究室编：《十八大以来重要文献选编》（下），中央文献出版社 2018 年版，第 358 页。

国两个战略目标前进的开局之年,或者说,是奔向第二个百年战略目标的出发之年。

从五年规划来说,2020 年是"十三五"规划的最后一年,也就是完成"十三五"规划的决战之年、验收之年、总结之年。2021 年,则是"十四五"规划的开局之年。"十四五"规划是开启全面建设社会主义现代化国家新征程的"启航"规划。"十四五"时期是我国全面建成小康社会、实现第一个百年奋斗目标之后,乘势而上开启全面建设社会主义现代化国家新征程、向第二个百年奋斗目标进军的第一个五年。以开始实行"十四五"规划为标志,我国进入了新时代的新发展阶段。

因此,十九届五中全会是在历史交汇点上的一次重要会议。十九届五中全会在中华民族伟大复兴的征程上,成了一个承前启后、继往开来的时间节点。一头接续即将挥就的百年史诗,一头开启第二个百年的恢宏篇章。

习近平总书记指出:在"两个一百年"历史交汇点上,党的十九届五中全会重点研究"十四五"规划问题并提出建议,将"十四五"规划与 2035 年远景目标统筹考虑,对动员和激励全党全国各族人民,战胜前进道路上各种风险挑战,为全面建设社会主义现代化国家开好局、起好步,具有十分重要的意义。①

二、十字路口的世界向何处去

这个历史的交汇点不是孤立的,它与我们所处的国际环境紧密

---

① 《中共中央关于制定国民经济和社会发展第十四个五年规划和二〇三五年远景目标的建议》,人民出版社 2020 年版,第 46 页。

联系在一起。

每一个五年计划（规划）时期都会面临特定的国际国内环境。如何科学分析这种环境，制定正确的战略和政策，都是每一个五年计划（规划）必须首先要考虑的问题，也是决定计划（规划）能否成功的前提。

中国的发展离不开世界，世界的发展也离不开中国。怎样正确判断国际形势？实行什么样的外交政策和国际战略？按什么样的原则发展与世界的经济贸易关系？不仅关系到中国的改革开放和社会主义现代化建设事业，而且关系到世界的和平与发展。

现在的世界纷纭复杂，甚至可以说，出现了一片乱哄哄的景象。很多人都问，这个世界怎么啦？总览这些乱象，我们可以发现，今天的世界正处在一个十字路口上。2018 年 11 月 17 日，习近平总书记在亚太经合组织工商领导人峰会上指出："当今世界的变局百年未有，变革会催生新的机遇，但变革过程往往充满着风险挑战，人类又一次站在了十字路口。合作还是对抗？开放还是封闭？互利共赢还是零和博弈？如何回答这些问题，关乎各国利益，关乎人类前途命运。"①

在这个十字路口，人类正面临着一个大问题——"世界向何处去"。

2018 年，在读懂中国的国际研讨会上，许多外国政要和智库人士，纷纷对中美关系和世界未来表示担忧，但问题到底集中在哪里？基本上都没有说清楚。于是，我当场拟了一个提纲，即席发言，提出了一个"世界向何处去"的问题。

---

① 《习近平谈治国理政》第三卷，外文出版社 2020 年版，第 455 页。

我说，今日世界，正处在大发展大变革大调整时期。许多前所未有的事件不断发生，世界面临的不稳定性不确定性更加突出，很多人对未来的预期越来越不确定。所有这些，都提出了一个根本的问题：世界向何处去？

我指出，在历史的发展进程中，人类社会已经多次遇到过"世界向何处去"的问题，至少距我们最近的100多年来，已经遇到过4次。19世纪末20世纪初，由于没有能正确回答这个问题，爆发了第一次世界大战。20世纪三四十年代，由于没有能正确回答这个问题，爆发了第二次世界大战。大战结束后，由于对这个问题有两种截然不同的回答，世界分裂成了两大阵营。80年代末90年代初，人类第四次遇到"世界向何处去"的问题，结果是柏林墙的倒塌，苏东剧变、冷战结束。对这一答案如何评价？至今仍然众说纷纭、莫衷一是。

到今天，世界再一次面临向何处去的问题。到底是增强理性，还是转为任性？是发展文明，还是转向蒙昧？是坚持和平，还是扩大冲突？是发展民主，还是实行霸凌？是促进共同发展，还是恢复虎狼恶斗？是坚持合作对话，还是重新扩军备战？是推进全球化，还是逆转全球化？是打造人类命运共同体，还是制造新的世界乱局？归根到底，世界是维护和平，还是发动战争？是向前进步，还是向后倒退？

一系列错综复杂的问题，正考验着人类的理性和智慧。正确回答"世界向何处去"的问题，防止人类再一次走错道路，对于解决当前和未来的一系列问题，确保人类世界继续向着和平美好的方向前进，极为重要。

中国处在世界的大背景下，也多次遇到过"中国向何处去"的问题。100多年来，鸦片战争前后遇到过，戊戌变法前后遇到过，辛亥革命前后遇到过,20世纪三四十年代遇到过,50年代中期遇到过,70年代中后期遇到过。改革开放则是最近40年来对这个问题的最好最正确的回答。但在改革开放进程中,我们还是不断遇到这个问题。20世纪80年代末90年代初,在世界大变动的漩流中,中国曾处在十字路口,但邓小平的南方谈话,正确地回答了这个问题,使中国改革开放大踏步向前推进,到现在取得了极大成功。

今天的中国,仍然面临着向何处去的问题。尤其是在历史的交汇点上,如何回答这一问题,决定着未来相当长时间的中国走向,也在相当程度上影响着国际关系的走向,从而影响着整个世界的走向。

后来,我的发言在报刊发表了。但编辑未经我同意,却将题目改成了"我们对世界的未来充满信心"。

我的原话是:我们对世界的发展进步依然充满信心,我们相信和平发展依然是世界最大多数人的追求,世界的理性、文明、良知、秩序仍然占据上风,因此,我并不认为这些问题已经到了十分尖锐、无法控制、无法解决的地步。但是,面对当前一系列让人迷茫的复杂问题,未雨绸缪,及早从根本上明确回答人类向何处去的问题,防止人类日益失去理性、防止文明成果被再次抛弃,防止基本规则被彻底破坏,防止丛林法则再次支配国际关系,防止人类再一次走错道路,是非常必要的。

显然,编辑的修改完全弄反了我的本意,本来是一个振聋发聩的问题,却变成了轻飘飘的一句空话。

两年过去了,事实证明,"世界向何处去"确实是一个根本性的问题。

国内的交汇点与世界的十字路口结合起来,这个交汇点就格外特殊了。

2002 年党的十六大提出,21 世纪头 20 年是一个必须紧紧抓住、并且可以大有作为的重要战略机遇期。现在 20 年过去了,实际也好像乱哄哄的,这个战略机遇期还存在吗? 很多人甚至兴高采烈地鼓动打第三次世界大战了。但从党的五中全会来看,我们党中央仍然保持着清醒的头脑。《建议》明确指出:"当前和今后一个时期,我国发展仍然处于重要战略机遇期,但机遇和挑战都有新的发展变化。"①

具体来说,第一个特点是机遇和挑战都前所未有。第二个特点是危中有机,危可转机。

党的十九届五中全会正是在这个特殊的历史交汇点上的一次战略谋划。党的五中全会审议通过的《中共中央关于制定国民经济和社会发展第十四个五年规划和二○三五年远景目标的建议》,对"十四五"时期经济社会发展和 2035 年目标作出了系统谋划和战略部署,为中国的长远发展擘画了一幅继续前进的新设计、新蓝图、新愿景。在某种程度上,党的十九届五中全会的《建议》,也正是对"世界向何处去"这一深层次、全局性问题的回答。

习近平总书记在对建议稿的说明中说:"建议稿起草的总体考虑是,按照党的十九大对实现第二个百年奋斗目标作出的分两个阶段推进的战略安排,综合考虑未来一个时期国内外发展趋势和我国发展条件,紧紧抓住我国社会主要矛盾,深入贯彻新发展理念,对

---

① 《中共中央关于制定国民经济和社会发展第十四个五年规划和二○三五年远景目标的建议》,人民出版社 2020 年版,第 3 页。

'十四五'时期我国发展作出系统谋划和战略部署。"①

党的十九届五中全会分析了我国发展环境面临的深刻复杂变化,认为当前和今后一个时期,我国发展仍然处于重要战略机遇期,但机遇和挑战都有新的发展变化。从国际看,世界大变局进入加速演变期,新冠肺炎疫情大流行影响广泛深远,经济全球化遭遇逆流,国际经济、科技、文化、安全、政治等格局都在深刻调整,中国发展的外部环境日趋错综复杂。从国内看,中华民族伟大复兴进入关键时期,我国社会主要矛盾发生变化,经济转向高质量发展阶段,继续发展具有多方面优势和条件,也面临不少困难和挑战。

《"十四五"规划和2035年远景目标纲要》第一篇的第一章就是"发展环境"。既肯定了决胜全面建成小康社会取得的决定性成就,又分析了我国发展环境面临的深刻复杂变化。

在此重要时刻,明确"十四五"时期经济社会发展的基本思路、主要目标以及2035年远景目标,突出新发展理念的引领作用,提出一批具有标志性的重大战略,实施富有前瞻性、全局性、基础性、针对性的重大举措,统筹谋划好重要领域的接续改革,对于动员和激励全党全国各族人民,战胜前进道路上各种风险挑战,为全面建设社会主义现代化国家开好局、起好步,具有十分重要的意义。

为此,党的十九届五中全会号召全党,要统筹全局和变局两个"局",深刻认识我国社会主要矛盾变化带来的新特征新要求,深刻认识错综复杂的国际环境带来的新矛盾新挑战,增强机遇意识和风

---

① 《中共中央关于制定国民经济和社会发展第十四个五年规划和二〇三五年远景目标的建议》,人民出版社2020年版,第49—50页。

险意识,立足社会主义初级阶段基本国情,保持战略定力,办好自己的事,认识和把握发展规律,发扬斗争精神,树立底线思维,准确识变、科学应变、主动求变,善于在危机中育先机、于变局中开新局,抓住机遇,应对挑战,趋利避害,奋勇前进。《"十四五"规划和2035年远景目标纲要》进一步强调了这一要求。

所以,我们可以说,"十四五"规划是一系列"中国规划"中具有新的代表性的规划,是一个由所处历史新坐标、新方位决定了具有重大历史性、标志性意义的规划。科学制定和顺利实施好"十四五"规划,将为气势恢宏的中国规划、中国发展、中国进步增添新的力量,展示新的光彩。

三、第一个百年目标取得决定性胜利

历史交汇点的第一个交汇方,是随着"十三五"规划的完成,全面建成小康社会的第一个百年目标即将实现。

第一个百年目标的关键词是"小康"。

"小康",是一个充满韵味的概念,念起来非常自然、亲切。追根溯源,"小康"是一个典型的中国式概念。虽然我们今天是在现代的意义上使用它,但在中国的文化传统中,却是源远流长。

据研究,"小康"一词,最早出自《诗经》。《诗·大雅·民劳》中说:"民亦劳止,汔可小康。"至西汉,经学家戴圣编纂的《礼记》一书中有《礼运》篇,描述了作为一种社会模式的"小康"状态,称:"今大道既隐,天下为家,各亲其亲,各子其子,货力为己。大人世及以为礼,城郭沟池以为固。礼义以为纪,以正君臣,以笃父子,以睦兄弟,以和夫妇,以设制度,以立田里,以贤勇知,以功为己。……是谓'小康'。"

在这里,"小康"是与"大同"相对的一种社会状态或理想。大同,是财产公有、政治民主、社会文明、保障健全、秩序稳定的理想社会状态。而小康,则要低一个层次,是财产私有、生活宽裕、上下有序、家庭和睦、讲究礼仪的社会状态。

古代的思想家们,曾经对理想中的小康社会做过许多设计,赋予它很多思想内涵。其中,当然包含有许多封建主义的糟粕。实际上,古代所说的小康社会,只不过是一种建立在落后生产力和封建私有制基础上自给自足的小农社会,但它反映了长期处于贫困状态的普通百姓对于衣食无忧生活的向往。

所以,从古到今几千年来,"小康""小康之家""小康生活"等词在民间得到了广泛的流传。其含义,并不像儒家典籍描述的那样规范,而是逐步地向人们的基本生活状态转移,越来越多地被解释为:"略有资产,足以自给之境","谓经济比较宽裕","经济较宽裕,可以不愁温饱"。有的干脆指"经济情况较为宽裕的人家"。

时代变迁,风雨沧桑。当中华民族的历史车轮进到 20 世纪 70 年代末之后,"小康"这个概念由于邓小平的倡导而被赋予了新型的时代内容。

1979 年 12 月,日本首相大平正芳访问北京。在人民大会堂与邓小平会见时,提出了一个问题:"中国根据自己独自的立场提出了宏伟的现代化规划,要把中国建设成为伟大的社会主义国家。中国将来会是什么样? 整个现代化的蓝图是如何构思的?"邓小平整整沉默了一分钟,然后发表了自己系统的见解,特别是第一次提出了

"小康之家"的概念,说明"改了个口,叫中国式的现代化,就是把标准放低一点"①。不是像发达国家那样的现代化,"而是'小康之家'"②,用来描述中国式的现代化进程。

围绕小康做文章,符合中国的国情,也符合中国的传统文化和社会心理。"大同"和"小康"两种社会模式,虽然在不同的时代有不同的内容,但它们都反映了中国老百姓们对于宽裕、殷实、稳定、安宁的社会生活的向往和追求,因此在人民群众中有着深远的影响。只要赋予其新的社会和时代内容,用来描述我们的社会和战略,对于老百姓来说,是很亲切,也是很有感召力的。

到 20 世纪末,中国从总体上进入了小康社会。但这个小康还是低水平的、不全面的、发展很不平衡的小康。因此,党的十六大明确提出,要集中力量,全面建设惠及十几亿人口的更高水平的小康社会。全面建设,就是在现有的小康社会基础上,进一步展开建设的工程,全面推进各方面的建设事业,全面提高小康社会的水平。

党的十七大报告还为我们勾画了一幅未来小康的图景:

"二○二○年到全面建设小康社会目标实现之时,我们这个历史悠久的文明古国和发展中社会主义大国,将成为工业化基本实现、综合国力显著增强、国内市场总体规模位居世界前列的国家,成为人民富裕程度普遍提高、生活质量明显改善、生态环境良好的国家,成为人民享有更加充分民主权利、具有更高文明素质和精神追求的国家,成为各方面制度更加完善、社会更加充满活力而又安定团结的国

---

① 《邓小平文选》第 2 卷,人民出版社 1994 年版,第 194 页。
② 《邓小平文选》第 2 卷,人民出版社 1994 年版,第 237 页。

家,成为对外更加开放、更加具有亲和力、为人类文明作出更大贡献的国家。"①

以党的十八大为标志,距离 2020 年的时间已经只有 8 年。党的十八大全面分析了党和国家面临的形势和任务,根据全面建设小康社会的进展情况,在原来"全面建设小康社会"的基础上,进一步提出到 2020 年"全面建成小康社会"的任务。

党的十八大规定,要在十六大、十七大确立的全面建设小康社会目标的基础上,努力实现以下新的要求:

——经济持续健康发展。转变经济发展方式取得重大进展,在发展平衡性、协调性、可持续性明显增强的基础上,实现国内生产总值和城乡居民人均收入比二〇一〇年翻一番。

——人民民主不断扩大。民主制度更加完善,民主形式更加丰富,依法治国基本方略全面落实,法治政府基本建成,司法公信力不断提高,人权得到切实尊重和保障。

——文化软实力显著增强。社会主义核心价值体系深入人心,文化产业成为国民经济支柱性产业,社会主义文化强国建设基础更加坚实。

——人民生活水平全面提高。基本公共服务均等化总体实现,全民受教育程度和创新人才培养水平明显提高,就业更加充分,收入分配差距缩小,社会保障全民覆盖。

——资源节约型、环境友好型社会建设取得重大进展。

---

① 中共中央文献研究室编:《十七大以来重要文献选编》(上),中央文献出版社 2009 年版,第 16 页。

这五个方面的要求,都与党的十六大、十七大提出的目标和要求相衔接,同时又有新的改进和提高。特别是明确提出"实现国内生产总值和城乡居民人均收入比二〇一〇年翻一番",非常鼓舞人心。

确定全面建成小康社会的目标,是对历史、对现实、对人民、对民族、对世界作出的一个巨大承诺。党执政的成效如何,这是一个重要的检验,也是向人民的一个交代。如果不能如期完好地实现,我们就无法向人民交代。习近平总书记指出:"全面建成小康社会,是我们党向人民、向历史作出的庄严承诺,是 13 亿多中国人民的共同期盼。"

所以,党的十九大报告标题的第一句,就是"决胜全面建成小康社会"。用"决胜"一词,就是表明到了最后阶段,到了最关键时刻,甚至可以说到了读秒阶段。

党的十九大之后,全党全国人民团结奋斗,打响了决胜全面建成小康社会之战。习近平总书记强调,全面建成小康社会,是我们对全国人民的庄严承诺。我们要立下愚公移山志,咬定目标、苦干实干,确保实现到 2020 年全面建成小康社会的战略目标。

党的十九届五中全会高度评价决胜全面建成小康社会取得的决定性成就,充分肯定"十三五"以来,党中央团结带领全党全国各族人民,统筹推进"五位一体"总体布局、协调推进"四个全面"战略布局,坚持稳中求进工作总基调,坚定不移贯彻新发展理念,坚持以供给侧结构性改革为主线,推动高质量发展,有力有序化解发展不平衡不允分的矛盾问题,沉着冷静应对外部挑战明显上升的复杂局面,坚决果断抗击新冠肺炎疫情的严重冲击,坚定朝着既定目标任务前进,"十三五"规划顺利实施,主要指标总体将如期实现,重大战略任务和 165 项重大工程项目全面落地见效,规划确定的各项目标任务即将胜利完成。

党的十九届五中全会从 9 个方面概括和列举了"十三五"取得的成就:

总体上,"十三五"时期,全面深化改革取得重大突破,全面依法治国取得重大进展,全面从严治党取得重大成果,国家治理体系和治理能力现代化加快推进,中国共产党领导和我国社会主义制度优势进一步彰显;

经济上,经济实力、科技实力、综合国力跃上新的大台阶,经济运行总体平稳,经济结构持续优化。2016 年至 2019 年我国国内生产总值年均增长 6.7%,2019 年人均国内生产总值超过 1 万美元,预计 2020 年我国经济能够实现正增长、总量突破 100 万亿元。中国经济总量相当于美国的比例,2019 年是 67%,2020 年将达到 70%;

社会民生上,人民生活水平显著提高,高等教育进入普及化阶段,城镇新增就业超过 6000 万人,建成世界上规模最大的社会保障体系,基本医疗保险覆盖超过 13 亿人,基本养老保险覆盖近 10 亿人,新冠肺炎疫情防控取得重大战略成果;

在其他一系列方面也是成果显著:脱贫攻坚成果举世瞩目,5575 万农村贫困人口实现脱贫;粮食年产量连续 5 年稳定在 1.3 万亿斤以上;污染防治力度加大,生态环境明显改善;对外开放持续扩大,共建"一带一路"成果丰硕;文化事业和文化产业繁荣发展;国防和军队建设水平大幅提升,军队组织形态实现重大变革;国家安全全面加强,社会保持和谐稳定。

对照"十三五"规划纲要。当年的纲要提出了四大类 25 项主要指标。目前,13 类约束性指标可以全面实现,12 项预期性指标中绝大多数可以实现。但由于受新冠肺炎疫情等影响,国内生产总值比 2010 年翻一番的目标还存在一定差距。累计估计可以完成大约 97%,所以算是基本实现。

自改革开放之初提出小康社会的战略构想以来,我们党把人民对美好生活的向往作为奋斗目标,几代人一以贯之、接续奋斗。进入新世纪后,明确提出到建党 100 周年时,全面建成惠及十几亿人口的更高水平的小康社会,这是对人民的庄严承诺。现在,"十三五"规划目标任务即将完成,全面建成小康社会胜利在望,中华民族伟大复兴向前迈出了新的一大步。这是历史性的伟大成就和伟大胜利。

习近平总书记专门对全面建成小康社会的完成情况和宣布时机作了说明,指出,考虑到目前仍是全面建成小康社会进行时,建议稿表述为"决胜全面建成小康社会取得决定性成就"。明年上半年党中央将对全面建成小康社会进行系统评估和总结,然后正式宣布我国全面建成小康社会。

《"十四五"规划和 2035 年远景目标纲要》明确宣布:"'十三五'规划目标任务胜利完成,我国经济实力、科技实力、综合国力和人民生活水平跃上新的大台阶,全面建成小康社会取得伟大历史性成就,中华民族伟大复兴向前迈出了新的一大步,社会主义中国以更加雄伟的身姿屹立于世界东方。"

四、开启第二个百年奋斗目标的新征程

在党的十九届五中全会上,习近平总书记庄严宣告:"我们即将

全面建成小康社会、完成脱贫攻坚任务、实现第一个百年奋斗目标，从明年起将开始向第二个百年奋斗目标进军。"[1]

所以，党的十九届五中全会既是对"十三五"规划实施和全面建成小康社会进行初步的总结，更是对未来的"十四五"时期的现代化建设进行总体谋划、部署和安排，同时，也是对实施更长远的战略，即开始实施分两步走实现第二个百年奋斗目标的战略规划进行研究和筹划。

规划《建议》由 15 个部分构成，分为三大板块。第一板块为总论，包括第一、第二两个部分。第二板块为分论，按照新发展理念的内涵来组织，分领域阐述"十四五"时期经济社会发展和改革开放的重点任务，安排了 12 个部分，明确了从科技创新、产业发展、国内市场、深化改革、乡村振兴、区域发展，到文化建设、绿色发展、对外开放、社会建设、安全发展、国防建设等重点领域的思路和重点工作，作出工作部署。第三板块为结尾，包括第十五部分和结束语，主要阐述加强党中央集中统一领导、推进社会主义政治建设、健全规划制定和落实机制等内容。这些内容，构成了一个完整的战略谋划。

规划《建议》，首先确定了未来的战略目标，主要包括"十四五"规划目标和 2035 年远景目标两个方面。

从"十四五"来说，《建议》深入分析了我国发展面临的国际国内形势，明确提出了"十四五"时期我国发展的指导方针、主要目标、重点任务、重大举措，集中回答了新形势下实现什么样的发展、如何实

---

① 人民日报记者杜尚泽，新华社记者张晓松、朱基钗：《高远务实的时代擘画——党的十九届五中全会侧记》，新华网，2020 年 10 月 30 日。

现发展这个重大问题。特别是提出了"十四五"时期经济社会发展的指导思想和必须遵循的原则。

《建议》提出的"十四五"中国经济社会发展的主要目标,主要包括"六个新"。《"十四五"规划和2035年远景目标纲要》重申了这"六个新",有的作了进一步扩充:

一是经济发展取得新成效。发展是解决我国一切问题的基础和关键,发展必须坚持新发展理念,在质量效益明显提升的基础上实现经济持续健康发展,增长潜力充分发挥,国内市场更加强大,经济结构更加优化,创新能力显著提升,产业基础高级化、产业链现代化水平明显提高,农业基础更加稳固,城乡区域发展协调性明显增强,现代化经济体系建设取得重大进展。

《"十四五"规划和2035年远景目标纲要》增加了"国内生产总值年均增长保持在合理区间、各年度视情提出,全员劳动生产率增长高于国内生产总值增长","全社会研发经费投入年均增长7%以上,力争投入强度高于'十三五'时期实际","常住人口城镇化率提高到65%"。

二是改革开放迈出新步伐。社会主义市场经济体制更加完善,高标准市场体系基本建成,市场主体更加充满活力,产权制度改革和要素市场化配置改革取得重大进展,公平竞争制度更加健全,更高水平开放型经济新体制基本形成。

三是社会文明程度得到新提高。社会主义核心价值观深入人心,人民思想道德素质、科学文化素质和身心健康素质明显提高,公共文化服务体系和文化产业体系更加健全,人民精神文化生活日益丰富,中华文化影响力进一步提升,中华民族凝聚力进一步增强。

四是生态文明建设实现新进步。国土空间开发保护格局得到优化,生产生活方式绿色转型成效显著,能源资源配置更加合理、利用效率大幅提高,主要污染物排放总量持续减少,生态环境持续改善,生态安全屏障更加牢固,城乡人居环境明显改善。

《"十四五"规划和 2035 年远景目标纲要》增加了"单位国内生产总值能源消耗和二氧化碳排放分别降低 13.5%、18%","森林覆盖率提高到 24.1%"。

五是民生福祉达到新水平。实现更加充分更高质量就业,居民收入增长和经济增长基本同步,分配结构明显改善,基本公共服务均等化水平明显提高,全民受教育程度不断提升,多层次社会保障体系更加健全,卫生健康体系更加完善,脱贫攻坚成果巩固拓展,乡村振兴战略全面推进。

《"十四五"规划和 2035 年远景目标纲要》增加和改写了"城镇调查失业率控制在 5.5% 以内,居民人均可支配收入增长与国内生产总值增长基本同步","劳动年龄人口平均受教育年限提高到 11.3 年","基本养老保险参保率提高到 95%","人均预期寿命提高 1 岁","全体人民共同富裕迈出坚实步伐。"

六是国家治理效能得到新提升。社会主义民主法治更加健全,社会公平正义进一步彰显,国家行政体系更加完善,政府作用更好发挥,行政效率和公信力显著提升,社会治理特别是基层治理水平明显提高,防范化解重大风险体制机制不断健全,突发公共事件应急能力显著增强,自然灾害防御水平明显提升,发展安全保障更加有力,国防和军队现代化迈出重大步伐。

"十四五"规划不是孤立的规划,而是向 2035 年目标迈进的规划,是到 2035 年 3 个五年规划中的第一个规划。到 2035 年基本实现社会主义现代化,需要 15 年的时间和 3 个五年规划。"十四五"规划是开启全面建设社会主义现代化国家新征程的"启航"规划。因此,党的十九届五中全会在提出制定"十四五"规划建议的同时,突出地提出了到 2035 年的远景目标。

《"十四五"规划和 2035 年远景目标纲要》还以图表形式列出了"十四五"时期经济社会发展主要指标,共计 20 项。

在制定五年规划的同时,制定更长时间的远景规划或远景目标,这是在特定时期的一种重要的战略安排。如前所述,1980 — 1981 年,在制定"六五"计划的同时,制定了十年规划纲要。1990 — 1991 年,在制定"八五"计划(1991 — 1995 年)的同时,制定了十年规划。1995—1996 年,在制定"九五"计划(1996—2000 年)的同时,制定了十五年远景目标纲要。这些远景目标或纲要,主要都是与"三步走"战略、新"三步走"战略的阶段性目标相衔接,把每一个五年规划的内容与每一步的战略目标连接和统一起来。

所以,党的十九届五中全会在提出制定"十四五"规划建议的同时,同时提出了到 2035 年的远景目标,并提出了一批具有标志性的重大战略和一批富有前瞻性、全局性、基础性、针对性的重大举措。

到 2035 年基本实现社会主义现代化的远景目标。其内容包括 9 个方面:

一是我国经济实力、科技实力、综合国力将大幅跃升,经济总量和城乡居民人均收入将再迈上新的大台阶,关键核心技术实现重大突破,进入创新型国家前列;

二是基本实现新型工业化、信息化、城镇化、农业现代化,建成现代化经济体系；

三是基本实现国家治理体系和治理能力现代化，人民平等参与、平等发展权利得到充分保障，基本建成法治国家、法治政府、法治社会；

四是建成文化强国、教育强国、人才强国、体育强国、健康中国，国民素质和社会文明程度达到新高度，国家文化软实力显著增强；

五是广泛形成绿色生产生活方式，碳排放达峰后稳中有降，生态环境根本好转，美丽中国建设目标基本实现；

六是形成对外开放新格局，参与国际经济合作和竞争新优势明显增强；

七是人均国内生产总值达到中等发达国家水平，中等收入群体显著扩大，基本公共服务实现均等化，城乡区域发展差距和居民生活水平差距显著缩小；

八是平安中国建设达到更高水平，基本实现国防和军队现代化；

九是人民生活更加美好，人的全面发展、全体人民共同富裕取得更为明显的实质性进展。

《"十四五"规划和2035年远景目标纲要》在第一编第三章第一节列出了2035年远景目标。

与党的十九大的界定相比，这次到2035年远景目标的内容更加展开、更加丰富。

如，党的十九大规定的目标中"我国经济实力、科技实力将大幅跃升"，现增加了"综合国力"，同时提出"经济总量和城乡居民人均收入将再迈上新的大台阶"；

在经济方面，增加了"基本实现新型工业化、信息化、城镇化、农

业现代化,建成现代化经济体系";

在"创新型国家"的目标中,增加了"关键核心技术实现重大突破";

把党的十九大提出的若干"强国"全部纳入目标,要求"建成文化强国、教育强国、人才强国、体育强国、健康中国"。

除了"社会文明程度达到新高度"外,"国民素质"也要达到新高度;在原先的"生态环境根本好转,美丽中国目标基本实现"中,增加了更加具体的目标:

"广泛形成绿色生产生活方式,碳排放达峰后稳中有降";对外开放原来没有提及,这次增加了"形成对外开放新格局,参与国际经济合作和竞争新优势明显增强";

在民生方面,明确提出"人均国内生产总值达到中等发达国家水平""人民生活更加美好";

增加了"平安中国建设达到更高水平,基本实现国防和军队现代化";将原来的"全体人民共同富裕迈出坚实步伐"改为"人的全面发展、全体人民共同富裕取得更为明显的实质性进展"。

但原先目标中有一句"现代社会治理格局基本形成,社会充满活力又和谐有序",这次没有再出现。虽然有些内容可以理解为纳入了国家治理体系和治理能力现代化中,但"社会充满活力又和谐有序"实际上是对整个社会的根本要求。改革开放的秘诀,就在于增强了社会活力。这一句话从目标中去掉,是很遗憾的。

在制定"十四五"规划的同时,对未来15年的发展任务和目标统一构画,对2035年远景目标进行展望,有助于明确前进方向,凝聚社会共识,把短期、中期、长期发展目标衔接协调统一起来,增强战略一致性,保证我们一步一个脚印地向 2035 年的目标迈进,既高瞻远瞩,又脚踏实地。

习近平总书记说:"'十四五'时期是我国在全面建成小康社会、实现第一个百年奋斗目标之后,乘势而上开启全面建设社会主义现代化国家新征程、向第二个百年奋斗目标进军的第一个五年。"①"十四五"时期,我国将进入一个新发展阶段,就是全面建设社会主义现代化国家、向第二个百年奋斗目标进军的阶段。以实施"十四五"规划为标志,全面建设小康社会的历史阶段宣告结束,全面建设社会主义现代化国家的新阶段宣告来临。这是一个实现新的更大发展的关键阶段,在我国发展进程中具有里程碑的意义。

全面建设社会主义现代化国家是一个伟大的征程,也是一个伟大的进军。

开启这个新征程,必须坚持新时代中国特色社会主义。现代化建设新征程,与坚持和发展新时代的中国特色社会主义是一致的。它既是决胜全面建成小康社会、进而全面建设社会主义现代化国家的新征程,也是承前启后、继往开来、在新的历史条件下继续夺取中国特色社会主义伟大胜利的新征程。中国特色社会主义是当代中国现代化建设的灵魂和指南,也是现代化建设不断取得成就的根本原因。继续推进现代化建设,实施未来"两步走"战略,必须坚持新时代中国特色社会主义。既不走封闭僵化的老路,也不走改旗易帜的邪路,开启这个新征程,必须准确把握我国社会主要矛盾的新变化、新特点,更高水平

---

① 《中共中央关于制定国民经济和社会发展第十四个五年规划和二〇三五年远景目标的建议》,人民出版社 2020 年版,第 45 页。

地坚持党在社会主义初级阶段的基本路线。党的十九大明确指出,中国特色社会主义进入新时代,我国社会主要矛盾已经转化为人民日益增长的美好生活需要和不平衡不充分的发展之间的矛盾。这个主要矛盾的变化是关系全局的历史性变化,对现代化建设必然提出了许多新要求。在继续推动发展的基础上,我们必须更加注重解决好发展不平衡不充分问题,大力提升发展质量和效益,更好满足人民在经济、政治、文化、社会、生态等方面日益增长的需要,更好推动人的全面发展、社会全面进步,使中国的现代化,真正成为富强民主文明和谐美丽的现代化。

开启这个新征程,必须按照党的十九大的部署和十九届五中全会的要求,高举中国特色社会主义伟大旗帜,深入贯彻党的十九大和十九届二中、三中、四中、五中全会精神,坚持以马克思列宁主义、毛泽东思想、邓小平理论、"三个代表"重要思想、科学发展观、习近平新时代中国特色社会主义思想为指导,全面贯彻党的基本理论、基本路线、基本方略,统筹推进经济建设、政治建设、文化建设、社会建设、生态文明建设的总体布局,协调推进全面建设社会主义现代化国家、全面深化改革、全面依法治国、全面从严治党的战略布局,坚定不移贯彻创新、协调、绿色、开放、共享的新发展理念,坚持稳中求进工作总基调,以推动高质量发展为主题,以深化供给侧结构性改革为主线,以改革创新为根本动力,以满足人民日益增长的美好生活需要为根本目的,统筹发展和安全,加快建设现代化经济体系,加快构建以国内大循环为主体、国内国际双循环相互促进的新发展格局,推进国家治理体系和治理能力现代化,实现经济行稳致远、社会安定和谐,为全面建设社会主义现代化国家开好局、起好步。

五、坚定高举和平发展合作共赢的旗帜

处在世界的十字路口,党的十九届五中全会审议通过的《中共中央关于制定国民经济和社会发展第十四个五年规划和二〇三五年远景目标的建议》,再次重申:"高举和平、发展、合作、共赢旗帜"①,从对外的角度,明确回答了"世界向何处去"的问题。

"高举和平、发展、合作、共赢旗帜",这是改革开放以来,一届届党中央深刻总结历史的经验教训,科学分析世界发展的战略形势,从中华民族的根本利益出发,并以对世界负责的态度所作出的战略决策和郑重宣示,是改革开放的重要成果和鲜明标志,也是保障我国现代化建设不断顺利推进的政策基础和重要条件。

40 多年来,我国改革开放和社会主义现代化取得的所有成就,都与高举和平、发展、合作、共赢的旗帜密切相关。没有在国际战略上实行的重大调整,没有独立自主的和平外交政策,不走和平发展的道路,不坚定高举和平、发展、合作、共赢的旗帜,就不可能有中国综合国力的大幅跃升,就不可能有今天中国在世界上的地位,也不可能有中国今天在世界上说话办事的那种底气。

几十年来,这面旗帜一直在高高飘扬,即使遇到各种风险和挑战,也不减其靓丽的色彩,更没有被阵阵突袭的狂风吹倒。

20 世纪 80 年代末 90 年代初,国际局势发生急剧变动,国内也发

---

① 《中共中央关于制定国民经济和社会发展第十四个五年规划和二〇三五年远景目标的建议》,人民出版社 2020 年版,第 43 页。

生政治风波。西方国家对中国实行制裁,中国所处的国际环境发生重大变化,一时间乱云翻滚,险象丛生,中国面临着极大压力和考验。在这重要的历史关头,邓小平高瞻远瞩,提出冷静观察、稳住阵脚、沉着应付、决不当头、韬光养晦、有所作为的战略策略方针。

邓小平指出:"对于国际局势,概括起来就是三句话:第一句话,冷静观察;第二句话,稳住阵脚;第三句话,沉着应付。不要急,也急不得。要冷静、冷静、再冷静,埋头实干,做好一件事,我们自己的事。"①

邓小平特别强调:"第三世界有一些国家希望中国当头。但是我们千万不要当头,这是一个根本国策。这个头我们当不起,自己力量也不够。当了绝无好处,许多主动都失掉了。中国永远站在第三世界一边,中国永远不称霸,中国也永远不当头。"②

这些重大的战略策略方针,不仅为我们从容应对严峻复杂的国际局面指明了方向,而且为改革开放进入一个新的发展阶段奠定了思想基础。

党的十八大以来,国际形势发生新的变化。十九大以后,世界形势加速变化。许多前所未有的事件不断发生,世界面临的不稳定性不确定性更加突出,很多人对未来的预期越来越深表忧虑。甚至连"第三次世界大战"都成了网上网下的热门话题,许多人摩拳擦掌,跃跃欲试,竭力鼓动展开新一轮军备竞赛,甚至急切期盼两个大国之间的战争对决。

面对复杂多变的世界形势,中国共产党始终保持着清醒的头脑。

---

① 《邓小平文选》第3卷,人民出版社1993年版,第321页。
② 《邓小平文选》第3卷,人民出版社1993年版,第363页。

2018 年 11 月 17 日,习近平总书记在提出"人类又一次站在了十字路口"时,明确指出:"合作还是对抗? 开放还是封闭? 互利共赢还是零和博弈? 如何回答这些问题,关乎各国利益,关乎人类前途命运。"①

2019 年党的十九大再次强调:"中国将高举和平、发展、合作、共赢的旗帜,恪守维护世界和平、促进共同发展的外交政策宗旨,坚定不移在和平共处五项原则基础上发展同各国的友好合作,推动建设相互尊重、公平正义、合作共赢的新型国际关系。"②党的十九大还把"统筹国内国际两个大局,始终不渝走和平发展道路、奉行互利共赢的开放战略"③,作为坚持和发展中国特色社会主义基本方略的重要内容。

党的十九届五中全会审议通过的《中共中央关于制定国民经济和社会发展第十四个五年规划和二〇三五年远景目标的建议》,在某种意义上,对"世界向何处去"这一深层次、全局性的问题作出了坚定有力的回答。

第一,《建议》确认:要"积极营造良好外部环境"④。这是改革开放以来我们党和国家的一贯思想。"发展是解决我国一切问题的基础和关键"⑤。但发展需要有较好的国际环境。没有适当的外部环境,

---

① 《习近平谈治国理政》第三卷,外文出版社 2020 年版,第 455 页。

② 中共中央党史和文献研究院编:《十九大以来重要文献选编》上,中央文献出版社 2019 年版,第 40 页。

③ 中共中央党史和文献研究院编:《十九大以来重要文献选编》上,中央文献出版社 2019 年版,第 18 页。

④ 《中共中央关于制定国民经济和社会发展第十四个五年规划和二〇三五年远景目标的建议》,人民出版社 2020 年版,第 43 页。

⑤ 《中共中央关于制定国民经济和社会发展第十四个五年规划和二〇三五年远景目标的建议》,人民出版社 2020 年版,第 8 页。

很多事就很难干好。中国对外政策的出发点,就是要为现代化建设创造和争取一个良好的外部环境。面对新的国际形势,我们首先要"保持战略定力",集中力量"办好自己的事"①,同时要深刻认识错综复杂的国际环境带来的新矛盾新挑战,更好统筹国内国际两个大局,确保改革开放和现代化建设顺利进行。

第二,《建议》确认:"当前和今后一个时期,我国发展仍然处于重要战略机遇期,但机遇和挑战都有新的发展变化。"②2002 年,党的十六大提出,21 世纪头 20 年,对我国来说,是一个必须紧紧抓住并且可以大有作为的重要战略机遇期。20 年来,我们紧紧抓住这个机遇期,深化改革、扩大开放、推动发展,取得了举世瞩目的历史性成就。现在 20 年过去了,这个战略机遇期还存在吗? 十九届五中全会的《建议》作出了明确回答。一是这个战略机遇期仍然存在,二是机遇和挑战都有新的发展变化。因此,我们必须增强机遇意识和风险意识,处理好机遇与风险的关系,积极应对外部环境变化带来的冲击和挑战。

第三,《建议》确认:"和平与发展仍然是时代主题"③。在改革开放的进程中,党和国家一再强调时代主题没有改变。时代主题没有变,原则上,党的基本路线就不能变,和平发展道路就不能变,对外开放的基本国策也不能变。十九届五中全会的《建议》指出了没有

---

① 《中共中央关于制定国民经济和社会发展第十四个五年规划和二〇三五年远景目标的建议》,人民出版社 2020 年版,第 4 页。

② 《中共中央关于制定国民经济和社会发展第十四个五年规划和二〇三五年远景目标的建议》,人民出版社 2020 年版,第 3 页。

③ 《中共中央关于制定国民经济和社会发展第十四个五年规划和二〇三五年远景目标的建议》,人民出版社 2020 年版,第 3 页。

变的表现,也指出了新的变化和特点:当今世界正经历百年未有之大变局,新一轮科技革命和产业变革深入发展,国际力量对比深刻调整,人类命运共同体理念深入人心。同时,国际环境日趋复杂,不稳定性不确定性明显增加,新冠肺炎疫情影响广泛深远,经济全球化遭遇逆流,世界进入动荡变革期,单边主义、保护主义、霸权主义对世界和平与发展构成威胁①。观察国际形势,必须正确处理两者之间的关系。

第四,《建议》确认:"高举和平、发展、合作、共赢旗帜"②。旗帜是指向,是标识,是态度,是形象。在当今世界向何处去的关键时刻,鲜明昭告继续高举和平、发展、合作、共赢旗帜,具有十分重要的意义。对内,既是统一思想,又是稳定军心,推动全党全国人民更加坚定地凝神聚力,全面推进建设社会主义现代化国家的事业。对外,既是展示形象,又是缓和矛盾,推动世界继续坚持多边主义而不是单边主义,求同存异,共克时艰,维护世界来之不易的和平局面。

第五,《建议》确认:"实行高水平对外开放,开拓合作共赢新局面"③。对外开放是中国的基本国策,无论遇到什么样的复杂情况都不能改变。对外开放的大门只能越开越大,而不能重新关闭。关闭就是倒退,关闭只能落后。所以,《建议》坚定表示:"坚持实施更大范围、更宽领域、更深层次对外开放,依托我国大市场优势,促进国际

---

① 《中共中央关于制定国民经济和社会发展第十四个五年规划和二〇三五年远景目标的建议》,人民出版社 2020 年版,第 3 页。
② 《中共中央关于制定国民经济和社会发展第十四个五年规划和二〇三五年远景目标的建议》,人民出版社 2020 年版,第 43 页。
③ 《中共中央关于制定国民经济和社会发展第十四个五年规划和二〇三五年远景目标的建议》,人民出版社 2020 年版,第 30 页。

合作,实现互利共赢。"①为此,要建设更高水平开放型经济新体制,推动共建"一带一路"高质量发展,积极参与全球经济治理体系改革。

第六,《建议》确认:"推动构建新型国际关系和人类命运共同体。"②在十八大以来的外交理论和实践中,习近平总书记提出了一个重要的概念和命题——"人类命运共同体"。构建人类命运共同体的理念,直面当今世界最重要问题,解决了人们心中最大的困惑,为世界发展和人类未来指明了正确方向。按照"推动构建人类命运共同体"的战略思想,中国积极构建全方位、多层次和立体化的全球伙伴关系网,推动构建新型国际关系,深度参与全球治理,为解决全球课题贡献了中国力量。推动构建人类命运共同体,是解决当今世界各种问题的根本道路和方法。

所以,坚持"高举和平、发展、合作、共赢旗帜"是我们党和国家以最正式、最权威的方式宣布的立场和原则、态度和意志。它是深刻总结历史的经验教训,顺应人类文明发展进步的潮流,把握国际形势发展变动的走势,坚定地维护中华民族的根本利益,同时推动世界的和平发展进步而提出的战略性主张。它是中国共产党和中华人民共和国根本性质的反映,是由中国党和国家的底色决定的必然选择,是维护和发展中国人民根本利益的必然选择,也是维护世界和平发展根本利益的必然选择。

---

① 《中共中央关于制定国民经济和社会发展第十四个五年规划和二○三五年远景目标的建议》,人民出版社 2020 年版,第 30 页。
② 《中共中央关于制定国民经济和社会发展第十四个五年规划和二○三五年远景目标的建议》,人民出版社 2020 年版,第 43 页。

"高举和平、发展、合作、共赢旗帜"不是权宜之计，更不是某种计谋和策略，想用就用，不想用就不用，需要时就用，达到目的后就不用。我们党的多次党代会，全国人大的多次会议，国务院所作的多份政府工作报告，一次又一次地强调坚定不移地高举这面旗帜，而且是长期高举，不是一时高举。因此，它在我们的治国方略中占有重要的地位。坚持高举这面旗帜，关系到中国共产党的形象，关系到中华人民共和国的形象。

和平、发展、合作、共赢的旗帜，既是中国的主张，更是世界的潮流。既是中国自己的行为准则，也是对世界的希望和要求。既是为了中国的利益，也是为了世界的利益。对中国有利，对世界同样有利。因此，中国一直和世界各国一起，推动世界不断地在和平、发展、合作、共赢的道路上前进。

当然，现实的世界并不是那么美好。以美国为代表的一些西方国家以世界警察自居，对其他很多国家实行霸凌政策，动辄以武力和武装干涉相威胁，先后发动了多次战争。国际恐怖主义势力则完全不顾人类社会的基本规则，制造了滥杀无辜的一系列事件。某些国家不能正确处理相互间的各种争端，企图用武力解决问题。所有这些，都不符合联合国宪章的基本原则和国际法准则。

对所有这些行为，世界人民都要坚决反对，必要时要以正义战争反对非正义战争。但是，这不等于我们与恶狼较量，自己也先变成狼；有人违反了国际法，我们也要违反国际法；有人破坏了和平，我们也就不要和平。恰恰相反，和平、发展、合作、共赢的旗帜，正是当今世界法律和道德的制高点，也是与一切破坏和平、发展、合作、共赢的行为进行斗争的最有力武器，我们必须始终牢牢地抓在手上。如果哪一天丢弃了和平、发展、合作、共赢的旗帜,改革开放 40 多年来我们所作的努力都将付诸东流,改革开放 40 多年来我们取得的所有成果,都可能毁于一旦。

国际形势和外部环境的复杂变化,给我国对外工作提出了新的更高要求。进入新发展阶段,对外工作要辩证认识和把握国内外大势,增强机遇意识和风险意识,善于在危机中育先机,于变局中开新局,维护和延长我国发展的重要战略机遇期,努力为我国经济社会发展营造良好外部环境和创造更多有利条件。

要高举和平发展合作共赢旗帜,坚持独立自主的和平外交政策,推进各领域各层级对外交往,推动构建新型国际关系和人类命运共同体;要从持久战角度出发,更好服务加快构建以国内大循环为主体、国内国际双循环相互促进的新发展格局;要聚焦服务经济高质量发展,深化科技创新,推进国际合作,加强政策协调,维护公平合理的国际秩序和合作共赢的发展环境;要强化底线思维,有效维护国家利益,在纷繁复杂的国际局势中把对外工作推向前进。

要全力做好新形势下的对外工作,坚持和完善独立自主的和平外交政策,推动构建人类命运共同体;积极发展全球伙伴关系,深化拓展对外工作全方位布局;推进合作共赢开放体系建设,服务国内经济建设,促进世界共同发展;坚持多边主义,积极参与全球治理体系改革和建设;坚定维护国家主权安全发展利益,为国家发展和民族复兴保驾护航;加强党的集中统一领导,健全党对外事工作领导体制机制。

第六章　中国规划的最新版本

党的十九届五中全会审议通过了《中共中央关于制定国民经济和社会发展第十四个五年规划和二〇三五年远景目标的建议》。之后,国务院负责编制正式的"十四五"规划。根据编制工作程序,"十四五"规划与五中全会《建议》的起草工作实际上是统一进行的。"十四五"规划的编制工作早就开始。《建议》的内容是从"十四五"规划的草案中提炼而成的,而"十四五"规划则是《建议》内容和要求的全面展开。五中全会的《建议》规定了第十四个五年规划和二〇三五年远景目标的指导思想、目标任务、指导原则、基本要求,设计了"十四五"规划的主要内容和整体框架。2021 年 3 月的十三届全国人大四次会议批准《"十四五"规划和 2035 年远景目标纲要》,表决通过了关于国民经济和社会发展第十四个五年规划和 2035 年远景目标纲要的决议。"十四五"规划成为中国规划的一个最新的版本。

一、"十四五"规划的总体定位

"十四五"规划是中国规划的最新版本。这个规划从历史和宏观大局的高度来说,该如何定位呢?

唐朝诗人王之涣在《登鹳雀楼》一诗中留下千古名句:"欲穷千里目,更上一层楼。"诵之朗朗上口,思之富有哲理。它告诉千百年来的中华之人,望远须要登高,登高方能望远。

纯属巧合的是,2017年初的春节,我给自己家门写了一副对联。上联是"举步迎春山海笑",下联是"登高望远天地宽"。十九大开幕时,我正好在中央人民广播电台现场直播解读习近平总书记作的报告。大会一开始,拿到报告文本。我眼睛一扫,很快就注意到报告中"登高望远"这个词。我马上联想到,十九大报告及其起草工作的基本风格,应该就是"登高望远"。所以,当节目主持人问到对报告的总体印象时,我马上脱口而出:登高望远。

十九大报告在导语部分使用"登高望远"这个词,是对全党的要求,也体现了起草报告的指导思想和风格。这篇长达3.2万多字的报告,听者感觉自会见仁见智,但用报告自己的词"登高望远"来概括,应该是最为贴切的。

习近平总书记说:"治理这样一个国家很不容易,必须登高望远,同时必须脚踏实地。"

一般来说,党代会的报告都应该是登高望远的报告。中国规划其实也历来就有"登高望远"的特点。所以,对"十四五"规划,我们也要以"登高望远"的眼光和境界来思考和认识。

第一,这是一个处于重要的历史交汇点上的中国规划。

时间,原本只是事物运动无限连续性的一种表征,本身并无任何特殊的意义。但事物本身的运动发展过程却是极其丰富的,或者是错综复杂,或者是波澜壮阔。反映到时间上,某些特殊的节点也就具有了某种特殊的标志性意义。

2020 年,如同其他任何年份一样,本来只是一个度量时间的标志。但由于如前所述,党和国家高瞻远瞩,制定了分步走把我国建成社会主义现代化强国的战略目标和战略步骤,设定了到建党 100 周年时全面建成小康社会和到新中国成立 100 周年时建成社会主义现代化强国这样"两个一百年"的奋斗目标,所以,也就使 2020 年这个年份及其随后的 2021 年具有了特殊的含义。2020 年与 2021 年之交,正是这"两个一百年"奋斗目标的交汇点。

在这个交汇点上,我们将完成全面建成小康社会的任务,取得决胜全面建成小康社会的胜利,同时,将进一步开始向下一个百年奋斗目标前进,迈开全面建设社会主义现代化国家的新征程。

所以,习近平总书记说:"'十四五'时期是我国在全面建成小康社会、实现第一个百年奋斗目标之后,乘势而上开启全面建设社会主义现代化国家新征程、向第二个百年奋斗目标进军的第一个五年。"①同理,"十四五"规划也就是我国在全面建成小康社会、实现第一个百年奋斗目标之后,乘势而上开启全面建设社会主义现代化国家新征程、向第二个百年奋斗目标进军的第一个五年规划。

第二,这是一个正式启动"两步走"战略安排的中国规划。

党的十九大在全面建成小康社会奋斗目标即将实现之际,进一步制定了分两步走建成社会主义现代化强国的战略目标。从"十四五"规划开始,我们将首先向 2035 年的第一个目标迈进,然后向新中

---

① 《中共中央关于制定国民经济和社会发展第十四个五年规划和二○三五年远景目标的建议》,人民出版社 2020 年版,第 45 页。

国成立100周年时的目标迈进。所以,这次规划的设计和制定,并不仅仅是"十四五"规划,而是同时制定到2035年的远景目标。

这一做法与以往的惯例一致,把五年规划与更长时段的目标衔接起来。但这次衔接的是基本实现现代化的目标。自中华人民共和国成立以来,党和国家设定的最重要的目标,就是基本实现现代化。这是一个历史性的目标,是一个关系人民福祉和国家根本利益的目标。按照"两步走"战略安排,2035年实现这个目标的时间节点,已经比"三步走"战略确定的21世纪中叶提前了15年。这是令人振奋的提前。根据到目前取得的成就和未来的发展趋势,提前15年是可能的。2035年的目标是可以实现的。到2035年基本实现现代化,将是一个伟大的胜利。取得这个胜利,将为进一步实现第二步目标,也就是第二个一百年的目标奠定坚实的基础。

到2035年还有15年,将要实施总共三个五年规划。"十四五"规划是其中的第一个五年规划,也是为未来15年奠定基础的规划。制定和实施"十四五"规划,将开启一个历史性的新征程。

习近平总书记说:将"十四五"规划与2035年远景目标统筹考虑,对动员和激励全党全国各族人民,战胜前进道路上各种风险挑战,为全面建设社会主义现代化国家开好局、起好步,具有十分重要的意义。

第三,这是一个宣告进入新发展阶段的中国规划。

党的十八大以来,中国特色社会主义事业进入了新时代。"十四五"时期,我国将进入一个新发展阶段,就是全面建设社会主义现代化国家、向第二个百年奋斗目标进军的阶段。以实施"十四五"规划为标志,全面建设小康社会的历史阶段宣告结束,全面建设社会主义现代化国家的新阶段宣告来临。这是一个实现新的更大发展的关键阶段,在我国发展进程中具有里程碑的意义。

进入新发展阶段,就有许多新的重要特点和重要要求。其中,特别集中地表现为新发展理念和新发展格局。

随着进入新发展阶段,"四个全面"战略布局也发生了一个重要的变化。党的十九届五中全会的建议要求:协调推进全面建设社会主义现代化国家、全面深化改革、全面依法治国、全面从严治党的战略布局。其中的"全面建设社会主义现代化国家"代替了原先的"全面建设小康社会"。这样一个布局,比原来的要求更高、任务更重。未来中国的发展进步,将要在局部调整后的新的"四个全面"战略布局基础上向前推进。党和国家的一个基本口号,将是"全面建设社会主义现代化国家"。

第四,这是一个保持战略定力迎接各种挑战的中国规划。

每一个五年计划(规划)时期都会面临特定的国际国内环境。如何科学分析这种环境,制定正确的战略和政策,都是每一个五年计划(规划)必须首先要考虑的问题,也是决定计划(规划)能否成功的前提。

党的十九届五中全会分析了我国发展环境面临的深刻复杂变化,认为当前和今后一个时期,我国发展仍然处于重要战略机遇期,但机遇和挑战都有新的发展变化。从国际看,世界大变局进入加速演变期,新冠肺炎疫情大流行影响广泛深远,经济全球化遭遇逆流,国际经济、科技、文化、安全、政治等格局都在深刻调整,中国发展的外部环境日趋错综复杂。从国内看,中华民族伟大复兴进入关键时期,我国社会主要矛盾发生变化,经济转向高质量发展阶段,继续发展具有多方面优势和条件,也面临不少困难和挑战。

在此重要时刻,明确"十四五"时期经济社会发展的基本思路、主要目标以及 2035 年远景目标,突出新发展理念的引领作用,提出一批具有标志性的重大战略,实施富有前瞻性、全局性、基础性、针对性的重大举措,统筹谋划好重要领域的接续改革,对于动员和激励全党全国各族人民,战胜前进道路上各种风险挑战,为全面建设社会主义现代化国家开好局、起好步,具有十分重要的意义。

为此,十九届五中全会号召全党,要统筹中华民族伟大复兴战略全局和世界百年未有之大变局,深刻认识我国社会主要矛盾变化带来的新特征新要求,深刻认识错综复杂的国际环境带来的新矛盾新挑战,增强机遇意识和风险意识,立足社会主义初级阶段基本国情,保持战略定力,办好自己的事,认识和把握发展规律,发扬斗争精神,树立底线思维,准确识变、科学应变、主动求变,善于在危机中育先机、于变局中开新局,抓住机遇,应对挑战,趋利避害,奋勇前进。

所以,我们可以说,"十四五"规划是一系列中国规划中具有新的代表性的规划,是一个由所处历史新坐标、新方位决定了具有重大历史性、标志性意义的规划。科学制定和顺利实施好"十四五"规划,将为气势恢宏的中国规划、中国发展、中国进步增添新的力量,展示新的光彩。

二、"十四五"时期经济社会发展指导方针

指导方针是指导经济社会发展全局的理念、原则、方向、要求的总和,对于五年计划(规划)的所有任务和部署都起着重要的指导作

用。指导方针来源于实践经验,也来源于理论研究,是理论和实践的统一。根本上,它基于对经济社会发展内在规律的认识,是在以往实践检验的基础上,科学分析当前和未来国际国内形势任务,明确提炼和概括的指导经济社会发展的根本要求,以及所确定的政策方向、着力解决的主要问题。

指导方针对于五年计划(规划)起着指导性、关键性的作用。指导方针正确,计划(规划)期内的各项举措就能比较顺利地推进,计划(规划)确定的任务和指标就能够比较顺利地实现。如果指导方针有偏差,出错误,整个经济社会的发展也就会有偏差,出错误,甚至遭到重大的挫折。

所以,改革开放以来所制定的五年计划(规划),越来越明确地提出一定时期经济社会发展的指导方针。

《国民经济和社会发展第七个五年计划》提出,在"七五"期间要执行的重要原则和方针是:

——坚持把改革放在首位,使改革和建设互相适应,互相促进。

——坚持社会总需求和总供给的基本平衡,保持国家财政、信贷、物资和外汇的各自平衡和相互间的综合平衡。

——坚持把提高经济效益特别是提高产品质量放到十分突出的位置上来,正确处理好效益和速度、质量和数量的关系。

——坚持适应社会需求结构的变化和国民经济现代化的要求,进一步合理调整产业结构。

——坚持恰当地确定固定资产投资规模,合理调整投资结构,加快能源、交通、通信和原材料工业的建设。

——坚持把建设重点转到现有企业的技术改造和改建扩建上

来,走内涵型为主的扩大再生产的路子。

——坚持把发展科学、教育事业放在重要的战略地位上,促进科学技术进步,加快智力开发。

——坚持进一步对外开放,更好地把国内经济建设同扩大对外经济技术交流结合起来。

——坚持在发展生产和提高经济效益的基础上,进一步改善城乡人民的物质文化生活。

——坚持在推进物质文明建设的同时,大力加强社会主义精神文明的建设。

——坚持在各项事业中发扬艰苦奋斗、勤俭建国的精神。

1991年制定的《国民经济和社会发展十年规划和第八个五年计划纲要》规定的"基本指导方针"更加突出了全局性、战略性。主要包括:

第一,坚定不移地走建设有中国特色的社会主义道路。其中包括了12条主要原则。

第二,坚定不移地推进改革开放。

第三,坚定不移地贯彻执行国民经济持续、稳定、协调发展的方针。

第四,坚定不移地执行独立自主、自力更生、艰苦奋斗、勤俭建国的方针。

第五,坚定不移地贯彻物质文明建设和精神文明建设一起抓的方针。

这次《中共中央关于制定国民经济和社会发展第十四个五年规划和二〇三五年远景目标的建议》,明确提出了"十四五"时期经济社会发展的指导思想。其内容是：高举中国特色社会主义伟大旗帜，深入贯彻党的十九大和十九届二中、三中、四中、五中全会精神，坚持以马克思列宁主义、毛泽东思想、邓小平理论、"三个代表"重要思想、科学发展观、习近平新时代中国特色社会主义思想为指导，全面贯彻党的基本理论、基本路线、基本方略，统筹推进经济建设、政治建设、文化建设、社会建设、生态文明建设的总体布局，协调推进全面建设社会主义现代化国家、全面深化改革、全面依法治国、全面从严治党的战略布局，坚定不移贯彻创新、协调、绿色、开放、共享的新发展理念，坚持稳中求进工作总基调，以推动高质量发展为主题，以深化供给侧结构性改革为主线，以改革创新为根本动力，以满足人民日益增长的美好生活需要为根本目的，统筹发展和安全，加快建设现代化经济体系，加快构建以国内大循环为主体、国内国际双循环相互促进的新发展格局，推进国家治理体系和治理能力现代化，实现经济行稳致远、社会安定和谐，为全面建设社会主义现代化国家开好局、起好步。

这一指导思想的内容非常丰富。它体现了中国共产党的整个指导思想，坚持高举中国特色社会主义伟大旗帜，坚持贯彻执行党代会和历次中央全会的一系列重大决策，充分体现以习近平同志为核心的党中央治国理政的一系列理念、布局和部署，强调了"十四五"期间经济社会发展的主题、主线、根本动力、根本目的，明确了"十四五"规划的主要任务。

《建议》还提出了"十四五"时期经济社会发展必须遵循的5条原则：

——坚持党的全面领导。坚持和完善党领导经济社会发展的体制机制,坚持和完善中国特色社会主义制度,不断提高贯彻新发展理念、构建新发展格局能力和水平,为实现高质量发展提供根本保证。

——坚持以人民为中心。坚持人民主体地位,坚持共同富裕方向,始终做到发展为了人民、发展依靠人民、发展成果由人民共享,维护人民根本利益,激发全体人民积极性、主动性、创造性,促进社会公平,增进民生福祉,不断实现人民对美好生活的向往。

——坚持新发展理念。把新发展理念贯穿发展全过程和各领域,构建新发展格局,切实转变发展方式,推动质量变革、效率变革、动力变革,实现更高质量、更有效率、更加公平、更可持续、更为安全的发展。

——坚持深化改革开放。坚定不移推进改革,坚定不移扩大开放,加强国家治理体系和治理能力现代化建设,破除制约高质量发展、高品质生活的体制机制障碍,强化有利于提高资源配置效率、有利于调动全社会积极性的重大改革开放举措,持续增强发展动力和活力。

——坚持系统观念。加强前瞻性思考、全局性谋划、战略性布局、整体性推进,统筹国内国际两个大局,办好发展安全两件大事,坚持全国一盘棋,更好发挥中央、地方和各方面积极性,着力固根基、扬优势、补短板、强弱项,注重防范化解重大风险挑战,实现发展质量、结构、规模、速度、效益、安全相统一。

这"五个坚持",是党的十八大以来以习近平同志为核心的党中央治国理政实践经验的升华,是我们党对我国发展规律认识的进一步深化。奋进新时代、开启新征程,只有切实遵循"五个坚持"的重要原则,在经济社会发展各项工作中认真贯彻落实,抓住机遇、应对挑战，披荆斩棘、奋勇前进，才能实现经济发展取得新成效、改革开放迈出新步伐、社会文明程度得到新提高、生态文明建设实现新进步、民生福祉达到新水平、国家治理效能得到新提升的主要目标。

《"十四五"规划和 2035 年远景目标纲要》在"指导方针"这一章中还列出了第三节"战略导向"，这是以往的五年规划可没有的。"战略导向"强调"'十四五'时期推动高质量发展，必须立足新发展阶段、贯彻新发展理念、构建新发展格局。""必须坚持深化供给侧结构性改革"，"必须建立扩大内需的有效制度"，"必须坚定不移推进改革"，"必须坚定不移扩大开放"，"必须强化国内大循环的主导作用"。

这些指导思想和原则以及战略导向，共同构成了"十四五"时期经济社会发展的指导方针。这是党中央在全面总结中国特色社会主义发展实践经验、准确把握当前和今后一个时期国内外发展大势、深入分析我国发展环境面临的深刻复杂变化、统筹考虑 2035 年远景目标和未来五年发展目标的基础上提出来的。

指导方针内涵丰富、意义重大，是一个有机整体。学习贯彻党的十九届五中全会精神，制定和实施"十四五"规划，必须深刻理解指导方针的精神实质、核心要义、创新观点、实践要求，掌握内在逻辑和相互关系，用以指导实际工作。要结合党中央提出的一系列战略思想和工作部署，从更宽视野、更深层次理解把握指导方针，使各项工作有机衔接、协同推进。要将指导方针与《建议》提出的发展目标、战略任务、重大举措融会贯通，增强领会和贯彻《建议》精神的系统性整体性。

指导方针是总体要求和行动指南,必须贯彻到"十四五"时期经济社会发展的方方面面。李克强总理强调:要把指导方针真正体现到"十四五"规划纲要制定中,从主要指标设置到重点任务谋划,从重大工程确定到重大政策提出,都要鲜明体现《建议》提出的经济社会发展指导方针。

要立足国情、聚力发展,着力办好自己的事。发展是解决我国一切问题的基础和关键。作为有 14 亿人口的发展中大国,中国把自己的事办好,就是对世界的最大贡献,也会给各国带来机遇。必须坚持以经济建设为中心,坚定不移把发展作为党执政兴国的第一要务。坚持科学发展和高质量发展,切实转变发展方式,推动质量变革、效率变革、动力变革。坚持创新驱动发展,发展现代产业体系,构建新发展格局。

要稳中求进、务求实效,协调推进各方面工作。在国际经济政治格局复杂多变的情况下,必须增强风险意识、强化底线思维,注重防范化解重大风险挑战,牢牢把握发展主动权,以自身发展的稳定性应对外部环境的不确定性。"保居民就业、保基本民生、保市场主体、保粮食能源安全、保产业链供应链稳定、保基层运转",这"六保"不仅是当前工作的着力点,也是"十四五"时期要面临和解决的重大课题。以保促稳、稳中求进,就能为实现更高目标夯实基础。

要践行宗旨、施政为民,在发展中更好保障和改善民生。发展的根本目的也是增进民生福祉。当前,人民群众在教育、医疗、养老、住房、食品药品安全、收入分配等方面,还有不少不满意的地方。随着全面建成小康社会,人民对美好生活的需要将更加广泛并且日益多元化,对经济社会发展各方面工作提出了新要求。民之所望就是施政所向。要把以人民为中心的发展思想落到实处,解决好人民最关心最直接最现实的利益问题,促进社会公平,不断增强人民群众获得感、幸福感、安全感。[①]

三、准确定位和把握新发展阶段

五中全会《建议》和《"十四五"规划和 2035 年远景目标纲要》的内容非常丰富。其逻辑主线是,在全面建成小康社会之后,开启全面建设社会主义现代化国家新征程,科学把握新发展阶段,深入贯彻新发展理念,加快构建新发展格局,以推动高质量发展为主题,以深化供给侧结构性改革为主线,实现经济行稳致远、社会安定和谐,为全面建设社会主义现代化国家开好局、起好步。

《"十四五"规划和 2035 年远景目标纲要》指出:"把握新发展阶段是贯彻新发展理念、构建新发展格局的现实依据"。

因此,理解和掌握"十四五"规划的精神,必须首先准确界定和把握新发展阶段的性质、特点和要求。

所谓新发展阶段,就是以实施"十四五"规划为标志开始进入的一个新发展阶段。新发展阶段就是全面建设社会主义现代化国家、向第二个百年奋斗目标进军的阶段。这是实现新的更大发展的关键阶段。习近平总书记强调:"新发展阶段,就是全面建设社会主义现

---

① 《〈中共中央关于制定国民经济和社会发展第十四个五年规划和二〇三五年远景目标的建议〉辅导读本》,人民出版社 2020 年版,第 1—9 页。

代化国家向第二个百年奋斗目标进军的阶段。这在我国发展进程中具有里程碑意义。""进入新发展阶段,是中华民族伟大复兴历史进程的大跨越。"①新发展阶段落实到较为具体的层面,也包含高质量发展阶段。

新发展阶段是对我国所处历史方位的客观判断。"十四五"时期是新发展阶段的第一个五年。在这个阶段,世界大变局加速演进,我国将由中等收入国家迈向高收入国家行列。目前正处于转变发展方式、优化经济结构、转换增长动力的攻坚期。当前和今后一个时期,我国发展仍处于重要战略机遇期,但机遇和挑战都有新的发展变化。进入全面建设社会主义现代化国家新阶段,将实现中华民族伟大复兴历史进程的一次大跨越。

新发展阶段要实现 2035 年和 2050 年的两个战略目标。2035 年是基本实现现代化,2050 年是建成富强民主文明和谐美丽的社会主义现代化强国。两个都是社会主义现代化建设,这就意味着,中国党和国家今后的任务发生了一个重大的改变,不再是"全面建成小康社会",而是进一步"全面建设社会主义现代化国家",也就是在全面建成小康社会之后,开启全面建设社会主义现代化国家的新征程。

这个新发展阶段,是不是还属于社会主义初级阶段?我认为,总体上还应该属于社会主义初级阶段。社会主义初级阶段从中华人民共和国成立开始,到新中国成立 100 周年,至少需要 100 年的时间。所以,从 2020 年到 2050 年,还在初级阶段的时间范围内。但初级阶

---

① 人民日报记者杜尚泽,新华社记者张晓松、朱基钗:《高远务实的时代擘画——党的十九届五中全会侧记》,新华网,2020 年 10 月 30 日。

段并不是固定不变的,而是由初级到中级、再到高级不断发展变化
的。党的十五大对社会主义初级阶段作了以下这样一个完整的
界定:

　　"社会主义初级阶段,是逐步摆脱不发达状态,基本实现社
会主义现代化的历史阶段;是由农业人口占很大比重、主要依靠
手工劳动的农业国,逐步转变为非农业人口占多数、包含现代农
业和现代服务业的工业化国家的历史阶段;是由自然经济半自
然经济占很大比重,逐步转变为经济市场化程度较高的历史阶
段;是由文盲半文盲人口占很大比重、科技教育文化落后,逐步
转变为科技教育文化比较发达的历史阶段;是由贫困人口占很
大比重、人民生活水平比较低,逐步转变为全体人民比较富裕的
历史阶段;是由地区经济文化很不平衡,通过有先有后的发展,
逐步缩小差距的历史阶段;是通过改革和探索,建立和完善比较
成熟的充满活力的社会主义市场经济体制、社会主义民主政治
体制和其他方面体制的历史阶段;是广大人民牢固树立建设有
中国特色社会主义共同理想,自强不息,锐意进取,艰苦奋斗,勤
俭建国,在建设物质文明的同时努力建设精神文明的历史阶段;
是逐步缩小同世界先进水平的差距,在社会主义基础上实现中
华民族伟大复兴的历史阶段。"①

---

　　① 　中共中央文献研究室编:《十五大以来重要文献选编》(上),人民出版社
2000年版,第15—16页。

新的发展阶段就是这样一个不断"逐步转变"的过程。几十年来,通过改革开放,我们转变得很快,因此,我们距离现代化的目标已经越来越近。现在更是越来越多地实现着这种转变。但是,转变的过程毕竟还没有完成。所以,在新发展阶段,我们要继续更快更好地实现这种转变。为此,我们必须继续坚持党在社会主义初级阶段的基本路线,走中国特色社会主义道路。进一步解放生产力,发展生产力,逐步实现社会主义现代化,并且为此而改革生产关系和上层建筑中不适应生产力发展的方面和环节。在生产发展和社会财富增长的基础上不断满足人民日益增长的美好生活需要,促进人的全面发展。

全面建成了的小康社会,还算不算小康社会?对此可能会有不同的看法。综合考虑,我认为还是称小康社会为好,这样比较实际,也留有余地。小康社会不是静止的,而是一个不断发展变化、不断提高水平和质量的过程。进入小康,不等于全面小康。全面小康,不等于离开了小康、不再是小康。小康有不同的水准。全面小康就是小康社会中水平较高的一种小康。所以,可以把2020年后的社会叫作"全面的小康社会""殷实的小康社会",或"发达的小康社会"。学术上也可以叫"后小康社会",或"小康后社会",但老百姓大概不会喜欢这种过于学术化的概念。

从2020年开始的30年,是从全面的小康社会进一步向现代化国家迈进和过渡的阶段。现代化,不是哪一天突然实现的,它是一个逐步发展、逐步前进、逐步过渡的过程。在这个过程中,现代化的因素不断发展、增强。当到达某一个标志性的节点时,现代化的因素已经比较丰富和充盈,那么,我们就可以说向现代化的过渡已经实现了。2020年全面建成小康社会,可以说是一只脚已经踏进了现代化,但这时的小康社会还不能算是实现了现代化的社会,而是更接近现代化并继续向现代化过渡、前进的社会,是从全面小康向现代化过渡、发展的社会。再经过 30 年的努力,等到从全面小康社会向现代化目标过渡完毕,那我们的两只脚就都跨进现代化了。

如同全面建成小康社会一样,未来我们所要建设的现代化是全面的现代化,特别是人的现代化。中国的现代化具有许多重要的特点。比如,是人口规模巨大的现代化,是全体人民共同富裕的现代化,是两个文明共同发展的现代化,是人与自然和谐共生的现代化,是走和平发展道路的现代化。这些,有助于加深我们对中国现代化的认识和理解。但归结起来,党的基本路线已经明确规定把我国建成富强民主文明和谐美丽的社会主义现代化强国。富强、民主、文明、和谐、美丽五个词,就是对全面现代化的基本要求。其中每个词里都包含着丰富的内容。对照这些,我们其实还有很多差距,有的差距还很大。从全面建成小康社会,到全面建成社会主义现代化强国,还有漫长的道路要走。

所以,新发展阶段是全面建设社会主义现代化国家的新阶段,而不是已经进入了全面现代化的阶段,着重是"建设"。中国人民追求现代化已经许多许多年了。全面建成小康社会之后,我们具备了继续前进,全面建设现代化的基础和条件,对此我们感到欣慰,但离目标还有距离。所以,我们不能停步、不能休息,更不能倒退,必须继续以更大的勇气和决心向现代化迈进。现代化建设仍然必须以经济建设为中心,把发展作为执政兴国的第一要务,但又不是单打一的经济建设,而是"五位一体"的全面的现代化建设,是五大文明共同发展的现代化。所以,仍然需要做到五大文明一起建设,五大文明一起发展。

四、突出新发展理念的引领作用

发展理念是发展思路、发展方向、发展着力点的集中体现,是所有发展行动的先导和基础。一切发展都是在一定的理念指导下进行的,也体现着一定的发展理念。所以,发展理念是管全局、管根本、管方向、管长远的东西。

2015 年 10 月,党的十八届五中全会指出,实现"十三五"时期发展目标,破解发展难题,厚植发展优势,必须牢固树立并切实贯彻创新、协调、绿色、开放、共享的发展理念。2017 年党的十九大,将新发展理念作为习近平新时代中国特色社会主义思想的重要内容之一,也是坚持发展中国特色社会主义的 14 条治国方略之一。

新发展理念是在我国发展成功实践基础上实现的重大理论创新,是我们党对共产党执政规律、社会主义建设规律、人类社会发展规律科学认识的新成果。新发展理念关系我国发展的全局,是推动高质量发展的思想指引,是管根本、管全局、管长远的理论指导和行动指南。转向高质量发展阶段,尤须克服思想和行为上的惯性,准确把握和切实践行新发展理念,坚持系统观念,不断推动发展方式系统性变革、整体性转变,努力实现发展质量、结构、规模、速度、效益、安全相统一。

党的十九届五中全会的《建议》把坚持新发展理念作为"十四五"时期经济社会发展必须遵循的原则之一,突出新发展理念的引领作用,强调要把新发展理念贯穿发展全过程和各领域,构建新发展格局,切实转变发展方式,推动质量变革、效率变革、动力变革,实现更高质量、更有效率、更加公平、更可持续、更为安全的发展。《建议》提出，"十四五"时期经济社会发展要以推动高质量发展为主题。《建议》的分论部分总体上都是按照新发展理念的内涵来组织的，分领域阐述了"十四五"时期经济社会发展和改革开放的重点任务。

《"十四五"规划和2035年远景目标纲要》指出："贯彻新发展理念为把握新发展阶段、构建新发展格局提供了行动指南。

新发展理念以"创新"打头和引领。创新是引领发展的第一动力。坚持创新发展，主要是解决发展动力问题。中国的发展，长时间靠投资拉动，扩大规模，在高速发展的同时也带来了高耗能、高污染等问题。这种增长方式难以为继，必须转换。因此，必须把创新摆在国家发展全局的核心位置，不断推进理论创新、制度创新、科技创新、文化创新等各方面创新。让创新贯穿党和国家一切工作，让创新在全社会蔚然成风。推动大众创业、万众创新，培育发展新动力，拓展发展新空间，构建产业新体系和发展新体制。

协调是持续健康发展的内在要求。坚持协调发展，主要是解决发展不平衡问题。包括城乡不平衡、收入不平衡、区域不平衡、人与自然不平衡等。尽管全面小康不可能是同步小康，但如果整体不平衡，这种小康就不能说是真正全面的小康。科学发展观要求全面、协调、可持续发展。近年来，不平衡状态有所改变，但还需要继续努力。全面建设社会主义现代化国家，更要坚持协调。必须牢牢把握中国特色社会主义事业总体布局，正确处理发展中的重大关系，重点促进城乡区域协调发展，促进经济社会协调发展，促进新型工业化、信息化、城镇化、农业现代化同步发展，在增强国家硬实力的同时注重提升国家软实力，不断增强发展整体性。

绿色是永续发展的必要条件和人民对美好生活追求的重要体现。坚持绿色发展，主要是解决人与自然的和谐共生问题。节约资源和保护环境的基本国策已经实行多年并取得了很大成就，但我们面临的生态和环境压力依然很大。不同类型的污染事故时有发生，人民群众的健康和安全不时受到威胁。因此，保护环境，绿色发展已成为广大人民群众的普遍要求。党和国家已经制定了生态文明建设的文件，采取了一系列重要措施。在新发展阶段，必须坚持节约资源和保护环境的基本国策，坚持可持续发展，坚定走生产发展、生活富裕、生态良好的文明发展道路，加快建设资源节约型、环境友好型社会，形成人与自然和谐发展现代化建设新格局，推进美丽中国建设，为全球生态安全作出新贡献。

开放是国家繁荣发展的必由之路。坚持开放发展，主要是解决国内国际两个大局统筹联动问题。中国的对外开放不断发展，开放战略也逐步调整。新形势下，中国与世界的内外联动已经日益加强。为此，必须顺应我国经济深度融入世界经济的趋势，进一步奉行互利共赢的开放战略，坚持内外需协调、进出口平衡、引进来和走出去并重、引资和引技引智并举，发展更高层次的开放型经济，特别是要积极参与全球经济治理和公共产品供给，提高我国在全球经济治理中的制度性话语权，构建广泛的利益共同体。推进同有关国家和地区多领域互利共赢的务实合作，推进国际产能和装备制造合作，打造陆海内外联动、东西双向开放的全面开放新格局。

共享是中国特色社会主义的本质要求。坚持共享发展，主要是解决公平正义问题。人民群众是中国发展的主体。中国 40 多年来高速发展的业绩,主要是人民群众创造的,当然也要由人民群众共享。新形势下,必须坚持发展为了人民、发展依靠人民、发展成果由人民共享,作出更有效的制度安排,使全体人民在共建共享发展中有更多获得感,增强发展动力,增进人民团结,朝着共同富裕方向稳步前进。

十九届五中全会非常突出的一点,是提出"人的全面发展、全体人民共同富裕取得更为明显的实质性进展"。习近平总书记就此专门作了说明。共同富裕是社会主义的本质要求,是人民群众的共同期盼。我们推动经济社会发展,归根结底是要实现全体人民共同富裕。随着我国全面建成小康社会、开启全面建设社会主义现代化国家新征程,必须把促进全体人民共同富裕摆在更加重要的位置,脚踏实地,久久为功,向着这个目标更加积极有为地进行努力。习近平总书记说,这样的表述,在党的全会文件中还是第一次,既指明了前进方向和奋斗目标,也是实事求是、符合发展规律的,兼顾了需要和可能,有利于在工作中积极稳妥把握,在促进全体人民共同富裕的道路上不断向前迈进。

无论创新、协调、绿色,还是开放、共享,都有一个后缀——发展。发展,仍然是贯穿"十四五"规划的一条主线。"发展是硬道理","发展是第一要务",发展是民生的基础,这是改革开放40多年来全党全国人民的共识。尽管我们已经全面建成小康社会,但发展仍然是解决一切问题的关键和基础。"十四五"的发展相对于过往的发展,提升到了一个新境界,它是在深刻把握世界经济发展新趋向新态势,深刻把握我国经济发展新特点新要求,深刻把握我国经济社会发展新目标新任务,深刻把握我们面临的新挑战新机遇上的发展,是搞好统筹兼顾、更好地惠及民生的发展。统筹运用新发展理念,便进一步为发展注入了新内涵、新要求,发展也就有了新方向、新态势。

提出新发展理念,是关系中国发展全局的一场深刻变革。只有深入领会新发展理念的科学内涵,准确把握新发展理念之间的辩证关系,完整全面地贯穿于经济社会发展的全过程、各领域、各环节,坚持创新发展、协调发展、绿色发展、开放发展、共享发展,全面建设社会主义现代化国家才能有真正可靠的保证。所以,中央要求,全党同志要充分认识这场变革的重大现实意义和深远历史意义,统一思想,协调行动,深化改革,开拓前进,推动我国发展迈上新台阶。

五、加快构建新发展格局

新发展格局,就是构建以国内大循环为主体、国内国际双循环相互促进的新发展格局。习近平总书记指出:"构建新发展格局,是与时俱进提升我国经济发展水平的战略抉择,也是塑造我国国际经济合作和竞争新优势的战略抉择。"①

构建新发展格局是以习近平同志为核心的党中央把握全球政治经济环境的深刻变化、基于我国新发展阶段的历史任务和比较优势作出的重大战略决策,是习近平新时代中国特色社会主义经济思想

---

① 《中共中央关于制定国民经济和社会发展第十四个五年规划和二〇三五年远景目标的建议》,人民出版社 2020 年版,第 52 页。

的最新理论成果,在《建议》中具有纲举目张的作用。

《"十四五"规划和 2035 年远景目标纲要》强调:"构建新发展格局则是应对新发展阶段机遇和挑战、贯彻新发展理念的战略选择。"

多年来,我一直主张提高规划内容的国际化水平。意思是,随着经济全球化的发展,中国经济与世界经济的联系更加紧密,外部因素对中国经济和社会发展的影响也明显增大。实际上,中国经济已经日益成为世界经济运行过程中不可分离的一个组成部分,并将更多地受到世界经济运行规律的影响和制约。中国发展的影响也越来越多地辐射到世界经济,辐射到其他很多国家。中国的国家利益已经不仅仅限于自己的国境线之内,而是日益广泛地体现在与外部世界的联系之中。

在这种形势下,我们制定发展规划,就不能仅仅着眼于中国自身和内部,而是要进一步拓展视野,更加突出地把中国放在世界发展和博弈的全局中来谋划,更加注意从国际国内条件的相互转化中用好发展机遇,更加注意从国际国内资源的优势互补中创造发展条件,更加注意从国际国内因素的综合作用中统揽发展进程。要全面审视世界经济的发展态势及其所能提供的条件,准确估计世界经济变动和各种突发事件对中国可能产生的影响,相应地规划好如何更好地利用外部条件,如何在世界经济的舞台上进行博弈,如何未雨绸缪制定好应对突发状态的战略对策。

所以,国际化应该成为中国规划的一个重要特点。要使我们对于未来的战略谋划更好地建立在对世界经济规律的认识和把握之上,从而更好地掌握中国在世界大发展大调整大变革中的主动权。要努力使我们今后的发展规划较之以往规划的国际化水平有一个明显的提高。

从十九届五中全会的精神来看,"十四五"规划的国际化特色愈益明显。一是强调"建设更高水平开放型经济新体制"。二是"推动共建'一带一路'高质量发展"。三就是对构建以国内大循环为主体、国内国际双循环相互促进的新发展格局作出战略部署。

《"十四五"规划和2035年远景目标纲要》专门列出了一篇:"第四篇　形成强大国内市场,构建新发展格局"。其中包含了三章内容,分别为"畅通国内大循环""促进国际国内双循环""加快培育完整内需体系"。

提出构建以国内大循环为主体、国内国际双循环相互促进的新发展格局,是我们党对经济发展客观规律的正确把握和实践运用,是在面对新的更加错综复杂新形势下的战略决策,是在新发展阶段更好发挥我国比较优势的重大战略部署。

改革开放以来特别是加入世贸组织后,我国加入国际大循环,市场和资源"两头在外",形成"世界工厂"发展模式,对我国快速提升经济实力、改善人民生活发挥了重要作用。近几年来,随着全球政治经济环境变化,逆全球化趋势加剧,有的国家大搞单边主义、保护主义,传统国际循环明显弱化。在这种情况下,必须把发展立足点放在国内,更多依靠国内市场实现经济发展,以国内大循环为主体,实现国内国际双循环相促进。

《"十四五"规划和2035年远景目标纲要》要求:"坚持扩大内需这个战略基点,加快培育完整内需体系,把实施扩大内需战略同深化供给侧结构性改革有机结合起来,以创新驱动、高质量供给引领和创造新需求,加快构建以国内大循环为主体、国内国际双循环相互促进的新发展格局。"

构建新发展格局,关键要着力打通经济循环堵点,构建完整的生产、分配、流通、消费体系,促进形成高效通畅的全国统一大市场;着力深化国内国际循环的战略联接,进一步提升我国对外开放深度和国际市场参与程度。

构建新发展格局的主攻方向和重要着力点,是要形成强大的国内市场。为此,要坚持扩大内需这个战略基点,加快培育完整内需体系,使生产、分配、流通、消费更多依托国内市场,形成国民经济良性循环。

构建新发展格局,要坚持深化改革和扩大开放,破除制约国内大循环和国内国际双循环畅通的制度、观念和利益障碍,构建高水平社会主义市场经济体制,推动实现高质量引进来和高水平走出去。

构建新发展格局,要坚持供给侧结构性改革的战略方向,把实施扩大内需战略同深化供给侧结构性改革有机结合起来,提升供给体系对国内需求的适配性,打通经济循环堵点,提升产业链、供应链的完整性,使国内市场成为最终需求的主要来源,形成需求牵引供给、供给创造需求的更高水平动态平衡。

构建新发展格局,要完善自立自强的科技支撑体系,以创新驱动、高质量供给引领和创造新需求。

我国有 14 亿人口,人均国内生产总值已经突破 1 万美元,是全球最有潜力的消费市场,具有巨大增长空间。改革开放以来,我们遭遇过很多外部风险冲击,最终都能化险为夷,靠的就是办好自己的事、把发展立足点放在国内。

新发展格局强调的是国内国际双循环,不是国内经济的单循环。

是开放的国内国际双循环,决不是封闭的国内循环。构建新发展格局,绝不意味着对外开放地位的下降,更不意味关上已经开放了40多年的对外大门。习近平总书记说:推动形成宏大顺畅的国内经济循环,就能更好吸引全球资源要素,既满足国内需求,又提升我国产业技术发展水平,形成参与国际经济合作和竞争新优势。

所以,《"十四五"规划和2035年远景目标纲要》的第十二篇,规定"实行高水平对外开放,开拓合作共赢新局面"。其中包括了三章,分别是"建设更高水平开放型经济新体制""推动共建'一带一路'高质量发展""积极参与全球治理体系改革和建设"。

构建新发展格局是长期战略,不是权宜之计,必须长期坚持。

当前,国际形势错综复杂,世界经济分工协作的逻辑并未改变,经济全球化的趋势并未改变。灾难和困难不应是世界分化撕裂的边界线,而应是携手合作的出发点。面对新形势、新挑战,按照党的十九届五中全会的《建议》,在新发展阶段,中国将直面变局,贯彻新发展理念,更加注重通过内需导向、质量优先、创新驱动、协调发展、自力更生、稳中求进的方式实现新的历史跨越。中国将坚定不移全面扩大开放,让中国市场成为世界的市场、共享的市场、大家的市场。中国正以实际行动扩大进口,减少投资限制,建设更加法治化、国际化、便利化的营商环境,打造对外开放新高地,推进共建"一带一路",深化多双边和区域经济合作,推动经济全球化向更加开放、包容、普惠、平衡和共赢的方向发展。

国际社会也要用实际行动展示维护共同利益、追求共同目标的决心。世界各国要行动起来,共建同舟共济的疫情防控合作机制,秉持科学精神和生命至上理念,坚决遏制疫情蔓延态势;共建协同共进的创新合作网络,减少创新要素流动障碍,推动成果共享;共建普惠共赢的开放型世界经济,使发展成果更好地惠及不同国家、不同阶层、不同人群;共建理性包容的社会氛围,在了解中加深理解,在合作中积累信任,在互鉴中共同进步。

六、推动实现高质量发展

习近平总书记在党的十九大后的一些重要活动和讲话中,开始多次使用"高质量发展"这一概念。2017 年 12 月 6 日,在主持中共中央党外人士座谈会时,他曾指出:"高质量发展是我们当前和今后一个时期确定发展思路、制定经济政策、实施宏观调控的根本要求。"12 日至 13 日,习近平总书记在江苏徐州调研时再次强调,我国经济由高速增长转向高质量发展,这是必须迈过的坎,每个产业、每个企业都要朝着这个方向坚定往前走。

从高速发展转向高质量发展,这是改革开放以来中国经济发展的一个重大转变,也是新时代中国经济的基本要求和基本特点。

2017 年的中央经济工作会议明确指出,中国特色社会主义进入了新时代,中国经济发展也进入了新时代,基本特征就是我国经济已由高速增长阶段转向高质量发展阶段。推动高质量发展,是保持经济持续健康发展的必然要求,是适应我国社会主要矛盾变化和全面建成小康社会、全面建设社会主义现代化国家的必然要求,是遵循经济规律发展的必然要求。

因此,推动高质量发展是当前和今后一个时期确定发展思路、制定经济政策、实施宏观调控的根本要求,必须加快形成推动高质量发展的指标体系、政策体系、标准体系、统计体系、绩效评价、政绩考核，创建和完善制度环境，推动我国经济在实现高质量发展上不断取得新进展。

党的十九届五中全会《建议》强调："我国已转向高质量发展阶段"。在"十四五"时期经济社会发展指导思想中，明确规定"以推动高质量发展为主题"，在"十四五"时期经济社会发展必须遵循的原则中，明确规定"不断提高贯彻新发展理念、构建新发展格局能力和水平，为实现高质量发展提供根本保证"，"破除制约高质量发展、高品质生活的体制机制障碍"①。

《"十四五"规划和 2035 年远景目标纲要》中，仅"高质量发展"这个词组就出现了 28 次。并提出了一系列要求。

以推动高质量发展为主题，这是根据我国发展阶段、发展环境、发展条件变化作出的科学判断。当前，我国社会主要矛盾已经转化为人民日益增长的美好生活需要和不平衡不充分的发展之间的矛盾，发展中的矛盾和问题集中体现在发展质量上。这就要求我们必须把发展质量问题摆在更为突出的位置，着力提升发展质量和效益。

应对外部环境变化带来的冲击挑战，关键在于办好自己的事。只有提高发展质量，提高国际竞争力，增强国家综合实力和抵御风险能力，才能有效维护国家安全，实现经济行稳致远、社会和谐安定。

在专门领域，仅仅直接使用了这个词汇的，就有"构建高质量发展的国土空间布局和支撑体系""推动黄河流域生态保护和高质量

---

① 《中共中央关于制定国民经济和社会发展第十四个五年规划和二〇三五年远景目标的建议》，人民出版社 2020 年版，第 6、7 页。

发展""推动黄河流域生态保护和高质量发展"等

高质量发展的要求,体现在经济、社会、文化、生态等各领域。必须坚定不移贯彻新发展理念,以深化供给侧结构性改革为主线,坚持质量第一、效益优先,切实转变发展方式,推动质量变革、效率变革、动力变革,使发展成果更好惠及全体人民,不断实现人民对美好生活的向往。

推动高质量发展,需要我们做很多工作。

坚持创新在我国现代化建设全局中的核心地位,把科技自立自强作为国家发展的战略支撑,面向世界科技前沿、面向经济主战场、面向国家重大需求、面向人民生命健康,深入实施科教兴国战略、人才强国战略、创新驱动发展战略,完善国家创新体系,加快建设科技强国。强化国家战略科技力量。实施一批具有前瞻性、战略性的国家重大科技项目。

坚持把发展经济着力点放在实体经济上,坚定不移建设制造强国、质量强国、网络强国、数字中国,推进产业基础高级化、产业链现代化,提高经济质量效益和核心竞争力。提升产业链供应链现代化水平。打造新兴产业链,推动传统产业高端化、智能化、绿色化,发展服务型制造。完善国家质量基础设施,加强标准、计量、专利等体系和能力建设,深入开展质量提升行动。发展战略性新兴产业。

坚持扩大内需这个战略基点,加快培育完整内需体系,把实施扩大内需战略同深化供给侧结构性改革有机结合起来,以创新驱动、高质量供给引领和创造新需求。深化供给侧结构性改革。实现三个转变:中国制造向中国创造转变,中国速度向中国质量转变,制造大国向制造强国转变。

激发各类市场主体活力。发挥国有经济战略支撑作用,深化国有资本投资、运营公司改革。推进能源、铁路、电信、公用事业等行业竞争性环节市场化改革。优化民营经济发展环境,依法平等保护民营企业产权和企业家权益,破除制约民营企业发展的各种壁垒,完善促进中小微企业和个体工商户发展的法律环境和政策体系。弘扬企业家精神,加快建设世界一流企业。建设高标准市场体系。

更好实施区域协调发展、主体功能区、乡村振兴等战略。要按照新的发展理念和高质量发展要求,提高实施这些战略的水平。全面实施乡村振兴战略,强化以工补农、以城带乡,推动形成工农互促、城乡互补、协调发展、共同繁荣的新型工农城乡关系,加快农业农村现代化。健全区域协调发展体制机制,完善新型城镇化战略,构建高质量发展的国土空间布局和支撑体系。

坚持绿水青山就是金山银山理念,尊重自然、顺应自然、保护自然,坚持节约优先、保护优先、自然恢复为主,守住自然生态安全边界。深入实施可持续发展战略,完善生态文明领域统筹协调机制,构建生态文明体系,促进经济社会发展全面绿色转型,建设人与自然和谐共生的现代化。

实行高水平对外开放,开拓合作共赢新局面。建设更高水平开放型经济新体制。实现高质量引进来和高水平走出去。完善自由贸易试验区布局,赋予其更大改革自主权。稳慎推进人民币国际化。推动共建"一带一路"高质量发展。积极参与全球经济治理体系改革。

改善人民生活品质,提高社会建设水平。坚持把实现好、维护好、发展好最广大人民根本利益作为发展的出发点和落脚点,尽力而为、量力而行,健全基本公共服务体系,完善共建共治共享的社会治理制度,扎实推动共同富裕,不断增强人民群众获得感、幸福感、安全感,促进人的全面发展和社会全面进步。找准突出问题及其症结所在,周密谋划、用心操作。反对野蛮拆迁等严重侵害人民利益的行为。

七、坚持创新的核心地位

党的十九届五中全会鲜明地提出:"坚持创新在我国现代化建设全局中的核心地位"①。

《"十四五"规划和 2035 年远景目标纲要》确定"十四五"时期的主要目标,包含有"创新能力显著提升",而 2035 年的目标之一,是"进入创新型国家前列。"

早在 1934 年 11 月,红四方面军在四川巴中的通江县召开党政工作会议,为了加强部队政治思想工作,会议特地制定了一份《红四方面军训词》,并进行了宣誓。训词是"智勇坚定,排难创新,团结奋斗,不胜不休。"一共 16 个字,其中居然有创新一词。当时红四方面军还印发了一个《说明》,对训词加以解析。其中对"创新"的解释是:有创造性,有创造新局面、新苏区,挽回战局,创造新的战术战略等。

可见,中国共产党早就有了创新的意识和要求。从广义上来说,无论在革命、建设、还是改革中,实际上都需要有创新精神。正是有

---

① 《中共中央关于制定国民经济和社会发展第十四个五年规划和二〇三五年远景目标的建议》,人民出版社 2020 年版,第 9 页。

这种创新精神,我们党才先后走出了具有中国特色的革命、建设和改革开放的道路。

十一届三中全会以来,邓小平大力倡导解放思想、实事求是的思想路线。在《邓小平文选》第二卷中,共有四次使用了"创新"一词。从1989年开始,江泽民多次提出科技创新问题。1995年,在全国科学技术大会上,江泽民指出:"创新是一个民族进步的灵魂,是国家兴旺发达的不竭动力。""一个没有创新能力的民族,难以屹立于世界先进民族之林。"①由此,创新引起全党全国的重视。创新的范围,也从技术的层面进一步扩展为"技术创新""科技创新""知识创新"等一组概念。同时还相应地提出了"创新精神""创新意识""创新能力""创新人才""国家创新体系"等要求。2000年6月,江泽民又指出:"创新,包括理论创新、体制创新、科技创新及其他创新。"同时,更加全面地指出:"创新是一个民族的灵魂,是一个国家兴旺发达的不竭动力,也是一个政党永葆生机的源泉。"②

2000年6月,江泽民在考察甘肃、宁夏工作时,明确指出:"创新,包括理论创新、体制创新、科技创新及其他创新。"③这样,就把创新问题与党的建设和党的各项事业更加紧密地联系了起来。在原先强调"灵魂"和"动力"的基础上,江泽民更加全面地指出:"创新是一个民族的灵魂,是一个国家兴旺发达的不竭动力,也是一个政党永葆生机的源泉。"④

① 江泽民:《论科学技术》,中央文献出版社2001年版,第55页。
② 江泽民:《论科学技术》,中央文献出版社2001年版,第199页。
③ 江泽民:《论科学技术》,中央文献出版社2001年版,第199页。
④ 江泽民:《论科学技术》,中央文献出版社2001年版,第199页。

2001 年 3 月 1 日，胡锦涛在中央党校开学典礼上，还与"理论创新"相对应，提出了"实践创新"的概念。

由此，创新成为中国发展和进步的基本要求和战略。创新，在党和国家文件中，已经扩展到理论、实践、科技、文化、党建等多方面的创新。

党的十八大以来，围绕创新问题，习近平总书记发表了一系列重要讲话。他强调，伟大事业都基于创新，只有不断创新，中华民族才能更好走向未来。坚持走中国特色自主创新道路，敢于走别人没有走过的路。瞄准前沿，攻克一批关键核心技术。抓好顶层设计，超前部署，协同发挥作用。全面深化改革，做到科技创新、制度创新两个轮子一起转。用好人才，极大调动和充分尊重广大科技人员的创造精神。建设思想过硬、技术过硬、作风过硬的团队，以实干创造业绩。创造良好的创新环境，允许科学家自由畅想。加强国际合作，坚持共商共建共享。提高全民族的科学素质，使蕴藏在亿万人民中间的创新智慧充分释放。所有这些重要论述，对于"十四五"时期大力推动科技创新和其他方面的创新，具有重要的指导意义。

当然，近年我们讲得比较多的，主要是科技创新以及相关领域的创新。党的十八大之后，以习近平同志为核心的党中央坚定实施科教兴国战略，加快建设创新型国家，同时进一步提出了"创新驱动发展战略"。

2012 年，党的十八大把"实施创新驱动发展战略"作为"加快完善社会主义市场经济体制和加快转变经济发展方式"的重要内容和措施之一。强调要坚持走中国特色自主创新道路，以全球视野谋划和推动创新，提高原始创新、集成创新和引进消化吸收再创新能力，更加注重协同创新。

创新驱动的含义,就是将创新作为引领发展的第一动力,坚持科技创新与制度创新、管理创新、商业模式创新、业态创新和文化创新相结合,推动发展方式向依靠持续的知识积累、技术进步和劳动力素质提升转变,促进经济向形态更高级、分工更精细、结构更合理的阶段演进。

2015 年 3 月 13 日,中共中央、国务院印发《关于深化体制机制改革加快实施创新驱动发展战略的若干意见》。2016 年 1 月 18 日,中共中央、国务院又印发《国家创新驱动发展战略纲要》。

习近平总书记在对"十三五"规划建议作说明时指出:当前,我国科技创新已步入以跟踪为主转向跟踪和并跑、领跑并存的新阶段,急需以国家目标和战略需求为导向,瞄准国际科技前沿,布局一批体量更大、学科交叉融合、综合集成的国家实验室,优化配置人财物资源,形成协同创新新格局。主要考虑在一些重大创新领域组建一批国家实验室,打造聚集国内外一流人才的高地,组织具有重大引领作用的协同攻关,形成代表国家水平、国际同行认可、在国际上拥有话语权的科技创新实力,成为抢占国际科技制高点的重要战略创新力量。

2017 年党的十九大,要求"坚定实施科教兴国战略",加快建设创新型国家。强调创新是引领发展的第一动力,是建设现代化经济体系的战略支撑。要求瞄准世界科技前沿,强化基础研究,加强应用基础研究,拓展实施国家重大科技项目,加强国家创新体系建设,强化战略科技力量,深化科技体制改革,建立以企业为主体、市场为导向、产学研深度融合的技术创新体系。

按照《国家创新驱动发展战略纲要》,中国将分"三步走"建成创新型国家:第一步,到 2020 年,进入创新型国家行列;第二步,到 2030

年,跻身创新型国家前列;第三步,到 2050 年,建成世界科技创新强国。从"行列",到"前列",再到"强国",形成一个"三级跳"。

在党的十九届五中全会的《建议》中,"创新"这个词出现了 47 次。包括到 2035 年"进入创新型国家前列"。"坚持创新在我国现代化建设全局中的核心地位,把科技自立自强作为国家发展的战略支撑,面向世界科技前沿、面向经济主战场、面向国家重大需求、面向人民生命健康,深入实施科教兴国战略、人才强国战略、创新驱动发展战略,完善国家创新体系,加快建设科技强国。"

"制定科技强国行动纲要,健全社会主义市场经济条件下新型举国体制,打好关键核心技术攻坚战,提高创新链整体效能。"

"瞄准人工智能、量子信息、集成电路、生命健康、脑科学、生物育种、空天科技、深地深海等前沿领域,实施一批具有前瞻性、战略性的国家重大科技项目。"

"布局建设综合性国家科学中心和区域性创新高地,支持北京、上海、粤港澳大湾区形成国际科技创新中心。"

"提升企业技术创新能力。强化企业创新主体地位,促进各类创新要素向企业集聚。推进产学研深度融合,支持企业牵头组建创新联合体,承担国家重大科技项目。发挥企业家在技术创新中的重要作用,鼓励企业加大研发投入,对企业投入基础研究实行税收优惠。发挥大企业引领支撑作用,支持创新型中小微企业成长为创新重要发源地,加强共性技术平台建设,推动产业链上中下游、大中小企业融通创新。"

激发人才创新活力。健全创新激励和保障机制,构建充分体现知识、技术等创新要素价值的收益分配机制,完善科研人员职务发明成果权益分享机制。加强创新型、应用型、技能型人才培养,实施知识更新工程、技能提升行动,壮大高水平工程师和高技能人才队伍。

而在《"十四五"规划和2035年远景目标纲要》中,"创新"一词出现了165次。其中第二篇是"坚持创新驱动发展,全面塑造发展新优势"。下列几章的标题中,明确要求"强化国家战略科技力量","提升企业技术创新能力","激发人才创新活力","完善科技创新体制机制"。

八、迈开全面深化改革新步伐

从十一届三中全会到今天,改革开放已经经历了"3+1"个阶段。第一个阶段,从十一届三中全会到十三届四中全会,改革开放应时起步和全面展开。第二个阶段,从十三届四中全会到十六大,改革开放以建立社会主义市场经济为主线深入发展。第三个阶段,从十六大到十八大,改革开放沿着科学发展道路继续推进。第四个阶段,也是正在推进中的一个阶段,从十八大开始,以习近平同志为核心的党中央,开启全面深化改革新征程,推出1600多项改革方案,啃下了不少硬骨头,闯过了不少急流险滩,推动党和国家事业发生历史性变革。

在庆祝改革开放40周年大会上,习近平总书记指出,"改革开放已走过千山万水,但仍需跋山涉水"。"我们现在所处的,是一个船到中流浪更急、人到半山路更陡的时候,是一个愈进愈难、愈进愈险而又不进则退、非进不可的时候。"①身后是千山万水,前面是跋山涉

---

① 中共中央党史和文献研究院编:《十九大以来重要文献选编》(上),中央文献出版社2019年版,第738—739页。

水。我们正处在两种山水之间。因此,必须坚定不移地"将改革开放进行到底"。

怎样防止逆水行舟不进则退?怎样在"十四五"规划期间继续将改革开放进行到底?《建议》作出了谋划和部署。

在《建议》全文中,改革一词一共出现了49次。"开放"这个词一共出现了23次。

《建议》规定的"十四五"时期经济社会发展必须遵循的原则之一,就是:坚持深化改革开放。坚定不移推进改革,坚定不移扩大开放,加强国家治理体系和治理能力现代化建设,破除制约高质量发展、高品质生活的体制机制障碍,强化有利于提高资源配置效率、有利于调动全社会积极性的重大改革开放举措,持续增强发展动力和活力。

《建议》规定的"十四五"时期经济社会发展主要目标之一,就是:改革开放迈出新步伐。社会主义市场经济体制更加完善,高标准市场体系基本建成,市场主体更加充满活力,产权制度改革和要素市场化配置改革取得重大进展,公平竞争制度更加健全,更高水平开放型经济新体制基本形成。

在《建议》中,除了继续强调"全面深化改革"的总要求外,还直接提出了一系列专项的改革。很多都直接冠以"改革"一词。

如经济方面的有:供给侧结构性改革,产权制度改革,要素市场化配置改革,国资国企改革,国有企业混合所有制改革,国有资本投资、运营公司改革,能源、铁路、电信、公用事业等行业竞争性环节市场化改革,国有商业银行改革,土地、劳动力、资本、技术、数据等要素市场化改革。

农业农村方面的有:农村改革,农业供给侧结构性改革,农村集体产权制度改革。

政府管理方面的有:统计现代化改革,预算管理制度改革,税收征管制度改革,土地管理制度改革,户籍制度改革。

科技、教育、文化方面的有:文化体制改革,教育改革,人才发展体制机制改革,院士制度改革,科技体制改革,科研院所改革。

社会方面的有:优化服务改革,行业协会、商会和中介机构改革,疾病预防控制体系改革,医药卫生体制改革,国家组织药品和耗材集中采购使用改革。

国际方面的有:全球治理体系改革,全球经济治理体系改革,世界贸易组织改革。

另外还有:国防和军队改革。

其他还有大量的没有直接使用"改革"一词,但实际内容就是改革。

2020年11月2日,习近平总书记主持召开中央全面深化改革委员会第十六次会议。他指出:"十三五"以来,全面深化改革取得重大突破。"十四五"时期我国将进入新发展阶段,改革又到了一个新的关头。贯彻党的十九届五中全会精神,要继续把握好改革和发展的内在联系,紧扣贯彻新发展理念、推进高质量发展、构建新发展格局,紧盯解决突出问题,提高改革的战略性、前瞻性、针对性,使改革更好对接发展所需、基层所盼、民心所向,推动改革和发展深度融合、高效联动。

会议指出,对党的十九届五中全会提出的一系列改革任务和举措,要科学统筹、分类推进。对党中央已经部署、已经出台改革方案的举措,要结合实际深入抓好落实,不搞形式主义;对新提出的改革,要提前布局、主动作为。

会议还指出,改革推进到今天,在改革顶层设计方面,我们已经有了比较清晰的大盘子。今后一个时期,要将主要精力集中到整体推进、督促落实上,以落实"十四五"时期重大发展战略任务为牵引,多策划战略战役性改革,抓纲带目。各地区各部门要强化改革创新的政治自觉和行动自觉,落实好主体责任。地方抓落实要深刻领会党中央战略意图,既找准定位,又突出特色,有条件的地区要奋力走在前列。

《"十四五"规划和2035年远景目标纲要》的第六篇标题是:"全面深化改革,构建高水平社会主义市场经济体制"。其中各章要求"激发各类市场主体活力""建设高标准市场体系""建立现代财税金融体制""提升政府经济治理能力"。其他各篇也都提出了相应的改革要求。全文总共使用了120次"改革"一词。

第七章 系列"强国"的建设蓝图

党的十九届五中全会《建议》对开启全面建设社会主义国家新征程部署了大量任务,其中包括建设 12 个"强国"。党的十九大在"现代化强国"的大目标下,明确提出要建设制造强国、科技强国等,一共有 12 个"强国"。这次《建议》全文中,继续列数了文化强国、教育强国、人才强国、体育强国、科技强国、制造强国、质量强国、网络强国、交通强国、贸易强国、海洋强国,还有健康中国,数字中国。

《"十四五"规划和 2035 年远景目标纲要》中,还增加了"知识产权强国"。

这些"强国",多数在党的十九大前已经提出,也有的是党的十九大第一次提出。它们都是整个现代化强国的组成部分,也是现代化强国在各个领域的体现。它们实现的时间,有先有后。有的已经制定了规划或文件,如制造强国、人才强国等,有的还需要做好规划、部署和落实工作。把一个个"强国"建设好,整个现代化强国的目标才有扎实的基础和可靠的保证。所以,贯彻落实党的十九届五中全会精神,包括落实好建设这一系列强国的部署。

一、科技强国

2013 年 1 月 18 日,中共中央、国务院举行国家科学技术奖励大会。从党的十八大到十九大,一共举行了 5 次这样的奖励大会。郑哲敏、王小谟、张存浩、程开甲、于敏、赵忠贤、屠呦呦先后获国家最高科学技术奖。

国家科学技术奖励大会以及颁发的国家最高科学技术奖,在一定意义上,展示了中国逐步走向科技强国的历程。

科技强国是现代化强国的主要标志。改革开放以来,党和国家迎来了科学的春天,实施了科教兴国战略和创新驱动战略,取得了显著的成绩。

在量子通信、光量子计算机、高温超导、中微子振荡、干细胞、合成生物学、结构生物学、纳米催化、极地研究等领域,中国取得了一大批重大原创成果,并首次荣获诺贝尔生理学或医学奖、国际超导大会马蒂亚斯奖、国际量子通信奖等国际权威奖项,在基础研究领域的国际影响大幅跃升。

战略高技术捷报频传,载人航天和探月工程、采用自主研发芯片的超算系统"神威·太湖之光"、国产首架大飞机 C919、蛟龙号载人深潜器、自主研发的核能技术、天然气水合物勘查开发和新一代高铁、云计算、人工智能等成就举世瞩目。

从总体上看,中国在主要科技领域和方向上实现了邓小平提出的"占有一席之地"的战略目标,中国已经成为具有重要影响力的科技大国。

但是,同建设世界科技强国的目标相比,中国发展还面临重大科技瓶颈,在一些关键领域核心技术上,还没有根本改变受制于人的局面,科技基础仍然薄弱,科技创新能力特别是原创能力还有很大差距。

新时代、新形势、新任务,要求在科技创新方面有新理念、新设计、新战略。所以,党的十八大以来,以习近平同志为核心的党中央深入实施创新驱动发展战略,加速推动我国从科技大国向科技强国迈进。

2015 年 3 月,中共中央、国务院印发《关于深化体制机制改革加快实施创新驱动发展战略的若干意见》。2016 年,中共中央、国务院印发《国家创新驱动发展战略纲要》,提出分"三步走"建成世界科技创新强国的战略:第一步,到 2020 年,进入创新型国家行列;第二步,到 2030 年,跻身创新型国家前列;第三步,到 2050 年,建成世界科技创新强国。从"行列",到"前列",再到"强国",形成一个"三级跳"。

2016 年 5 月 30 日,全国科技创新大会、两院院士大会、中国科协第九次全国代表大会在北京人民大会堂隆重举行。在这三会合一的大会上,习近平总书记发表重要讲话,题目就是:"为建设世界科技强国而奋斗"。讲话要求,必须坚持走中国特色自主创新道路,加快各领域科技创新,掌握全球科技竞争先机,建设世界科技强国。酣畅淋漓的目标,吹响了建设世界科技强国的号角。

2016 年 7 月,国务院又印发了《"十三五"国家科技创新规划》。

新时代建设科技强国,就要把科技创新摆在更加重要位置上,深入贯彻新发展理念,深入实施科教兴国战略和人才强国战略,深入实施创新驱动发展战略,统筹谋划,加强组织,优化我国科技事业发展总体布局。

一是要夯实科技基础,在重要科技领域跻身世界领先行列。全面增强自主创新能力。力争在重要科技领域实现跨越发展,跟上甚至引领世界科技发展新方向,掌握新一轮全球科技竞争的战略主动。

二是强化战略导向,破解创新发展科技难题。在重大创新领域组建一批国家实验室,实施和加快推进一批重大科技项目和工程,围绕国家重大战略需求,着力攻破关键核心技术,抢占事关长远和全局的科技战略制高点。

三是加强科技供给,服务经济社会发展主战场。依靠更多更好的科技创新为经济发展注入新动力,实现经济社会协调发展,建设天蓝、地绿、水清的美丽中国;保障能源、粮食、网络、生态、生物、国防等国家安全。

四是深化改革创新,形成充满活力的科技管理和运行机制。要以推动科技创新为核心,引领科技体制及其相关体制深刻变革。企业应该成为技术创新决策、研发投入、科研组织、成果转化的主体。优化科研院所和研究型大学科研布局。加快打造具有全球影响力的科技创新中心,建设若干具有强大带动力的创新型城市和区域创新中心。

五是弘扬创新精神,培育符合创新发展要求的人才队伍。造就一大批能够把握世界科技大势、研判科技发展方向的战略科技人才,培养一大批善于凝聚力量、统筹协调的科技领军人才,培养一大批勇于创新、善于创新的企业家和高技能人才。培养造就一大批熟悉市场运作、具备科技背景的创新创业人才,培养造就一大批青年科技人才。

党的十九届五中全会的《建议》肯定,"十三五"期间,科技实力与经济实力、综合国力一起,跃上了新的大台阶。但是,也要看到,新一轮科技革命和产业变革正在深入发展,我国重点领域关键环节改革任务仍然艰巨,创新能力不适应高质量发展要求。展望2035年,我国经济实力、科技实力、综合国力要大幅跃升,关键核心技术实现重大突破,进入创新型国家前列。

《建议》明确要求,坚持创新在我国现代化建设全局中的核心地位,把科技自立自强作为国家发展的战略支撑,面向世界科技前沿、面向经济主战场、面向国家重大需求、面向人民生命健康,深入实施科教兴国战略、人才强国战略、创新驱动发展战略,完善国家创新体系,加快建设科技强国。

为此,部署了四个方面的任务,一是强化国家战略科技力量;二是提升企业技术创新能力;三是激发人才创新活力;四是完善科技创新体制机制。

《建议》部署,要制定科技强国行动纲要,健全社会主义市场经济条件下新型举国体制,打好关键核心技术攻坚战,提高创新链整体效能。瞄准人工智能、量子信息、集成电路、生命健康、脑科学、生物育种、空天科技、深地深海等前沿领域,实施一批具有前瞻性、战略性的国家重大科技项目。制定实施战略性科学计划和科学工程,推进国家实验室建设,布局建设综合性国家科学中心和区域性创新高地。

深入推进科技体制改革,完善国家科技治理体系,优化国家科技规划体系和运行机制,推动重点领域项目、基地、人才、资金一体化配置。改进科技项目组织管理方式,实行"揭榜挂帅"等制度。完善科技评价机制,优化科技奖励项目。加快科研院所改革,扩大科研自主权。加强知识产权保护,大幅提高科技成果转移转化成效。

还要提升金融科技水平,强化农业科技和装备支撑,提高农民科技文化素质,深化"一带一路"中的科技教育合作,健全突发公共卫生事件中的医疗救治、科技支撑,实现重大科技等关键领域安全可控,坚持科技强军,聚力国防科技自主创新、原始创新,优化国防科技工业布局。

《"十四五"规划和2035年远景目标纲要》进一步强调了"制定科技强国行动纲要"的任务。

二、制造强国

制造业是国民经济的主体,是立国之本、兴国之器、强国之基。

目前,中国有220多种工业品产量居世界第一位,制造业净出口居世界第一位,制造业增加值在世界占比达到20.8%。中国是不是世界制造大国呢?

应该说,中国是名副其实的制造大国。

但是,在中国面前,还摆着一系列挑战性的问题:如何提高中国产品的质量?如何改进中国的制造技术和制造工艺?如何提高中国产品的原创设计和制造能力?如何提高中国产品的附加值?如何使中国产品由低端向高端迈进?这些,都是需要进一步研究和解决的问题。

与世界先进水平相比,我国制造业仍然大而不强,在自主创新能力、资源利用效率、产业结构水平、信息化程度、质量效益等方面差距明显,转型升级和跨越发展的任务紧迫而艰巨。因此,中国在制造大国的基础上,还必须进一步向制造强国迈进。

2015年5月,国务院正式印发了《中国制造2025》,部署全面推进实施制造强国战略。这是中国制造强国战略第一个十年行动纲领。目标是要推动中国制造向中国创造转变、中国速度向中国质量转变、中国产品向中国品牌转变。

行动纲领指出,要立足国情,立足现实,力争通过"三步走"实现制造强国的战略目标:

第一步:力争用10年时间,到2025年,迈入制造强国行列。

第二步:到2035年,制造业整体达到世界制造强国阵营中等水平。

第三步:新中国成立100年时,制造业大国地位更加巩固,综合实力进入世界制造强国前列。制造业主要领域具有创新引领能力和明显竞争优势,建成全球领先的技术体系和产业体系。

围绕实现制造强国的战略目标,《中国制造2025》明确了9项战略任务和重点,突出先进制造和高端装备,把新一代信息通信技术产业、高档数控机床和机器人、航空航天装备、海洋工程装备及高技术船舶、轨道交通装备、节能与新能源汽车、电力装备、新材料、生物医药及高性能医疗器械、农业机械装备等10大重点领域作为发展重点。

《中国制造2025》从发布实施之后,已经基本完成了"1+X"规划体系顶层设计。形成了以《中国制造2025》为引领,制造业创新中心、智能制造、工业强基、绿色制造和高端装备创新等5个重大工程实施指南,发展服务型制造、质量品牌提升等2个专项行动指南,信息产业、制造业人才等 4 个发展规划指南共 11 个专项规划以及 2 个标准化和质量提升规划为骨干,重点领域技术路线图、工业"四基"发展目录等绿皮书为补充,各地抓落实的配套文件为支撑的横向联动、纵向贯通、各方面协同的政策体系。五大工程已全面启动,并取得初步成效。

党的十九大进一步要求:加快建设制造强国,加快发展先进制造业,推动互联网、大数据、人工智能和实体经济深度融合。培育若干世界级先进制造业集群。加强水利、铁路、公路、水运、航空、管道、电网、信息、物流等基础设施网络建设。

党的十九届五中全会的《建议》要求:坚持把发展经济着力点放在实体经济上,坚定不移建设制造强国、质量强国、网络强国、数字中国,推进产业基础高级化、产业链现代化,提高经济质量效益和核心竞争力。提升产业链供应链现代化水平。保持制造业比重基本稳定,巩固壮大实体经济根基。推动传统产业高端化、智能化、绿色化,发展服务型制造。发展战略性新兴产业,推动先进制造业集群发展,构建一批各具特色、优势互补、结构合理的战略性新兴产业增长引擎。推动现代服务业同先进制造业、现代农业深度融合。畅通国内大循环,促进农业、制造业、服务业、能源资源等产业门类关系协调。

《"十四五"规划和 2035 年远景目标纲要》的第八章是"深入实施制造强国战略",要求"坚持自主可控、安全高效、推进产业基础高级化、产业链现代化,保持制造业比重基本稳定,增强制造业竞争优势,推动制造业高质量发展。"

三、质量强国

中国老百姓一度吃过"假冒伪劣"商品的苦头,所以对质量问题特别敏感和关心。

我做过一个有意思的统计:"质量"一词,在党的十六大报告中出现了 9 次,在党的十七大报告中出现了 13 次,在党的十八大报告中出现了 9 次,在党的十九大报告中出现了 16 次。

2012 年底,在党的十八大之后召开的第一次中央经济工作会议上,习近平总书记强调指出,要"以提高经济增长质量和效益为中心"。此后的历次中央经济工作会议,质量都被写入新年度经济工作指导思想。2014 年、2016 年,先后强调"以提高经济发展质量和效益为中心","以提高发展质量和效益为中心"。特别是 2014 年 5 月 10 日,习近平总书记在河南考察中铁工程装备集团有限公司时明确指出,要"推动中国制造向中国创造转变、中国速度向中国质量转变、中国产品向中国品牌转变"。

2014 年 9 月 15 日,中国政府第一次在北京召开国际性的质量大会。李克强总理专门出席大会,提出把经济社会发展推向质量时代:"我今天来出席这个大会,是向全世界宣示中国政府高度重视质量、切实抓好质量的决心和信心。"

2017 年 9 月 15 日至 16 日,又一次质量大会在上海隆重召开。680 多位中外质量领域的代表齐聚黄浦江畔,纵论质量发展,共商质量大计。习近平主席专门向大会致贺信,对中国质量发展寄予厚望。他强调,质量体现着人类的劳动创造和智慧结晶,体现着人们对美好生活的向往。今天,中国高度重视质量建设,不断提高产品和服务质量,努力为世界提供更加优良的中国产品、中国服务。

中国不仅在狠抓质量,而且立志要成为一个世界质量强国。

2012年,国务院颁布《质量发展纲要(2011—2020年)》,首次提出"建设质量强国"的要求。2016年3月,国务院总理李克强在政府工作报告中,明确提出要"建设质量强国",这是全国两会政府工作报告中首次提及"建设质量强国"。

与此相应,"十三五"规划纲要列入"实施质量强国战略"。2017年9月5日,中共中央、国务院制定的质量工作纲领性文件——《中共中央国务院关于开展质量提升行动的指导意见》(中发〔2017〕24号)正式出台,发出了开展质量提升行动、实施质量强国战略的号令。

在党的十九大报告中,第一次出现了"质量第一""质量变革""质量强国""经济质量优势"等重大命题,勾画了新时代质量发展的蓝图。党的十九大后的中央经济工作会议,又明确提出我国经济已由高速增长阶段转向高质量发展阶段,"高质量发展是我们当前和今后一个时期确定发展思路、制定经济政策、实施宏观调控的根本要求。"

质量,与数量相对应。强调质量,并且放在第一的位置,表明中国的发展、中国的经济、中国的产品、中国的服务,都已经不再把重点放在数量的增长和追求上,而是更加需要追求质量和品质了。

质量强国,是一个大概念,具体来说,应包括宏观、中观、微观等多个层面。

从宏观来说,主要是指整个经济发展的质量。从高速度发展转向高质量发展,就是这种整体上的要求。在这个层面上,经济建设的所有方面,都要贯彻这种高质量的要求,运用各种手段、采取各种措施,特别是实施创新驱动等战略,全面提高经济发展的质量。必须牢牢把握高质量发展的要求,坚持质量第一、效益优先,推动质量变革、效率变革、动力变革。

从中观来说,主要就是经济社会发展各个领域的质量,包括生产的技术水准、效益、产品和服务的质量水平等。这种质量,是可以通过一系列指标计算和测量的。为此,要支持传统产业优化升级,加快发展现代服务业,瞄准国际标准提高水平;促进我国产业迈向全球价值链中高端,培育若干世界级先进制造业集群;等等。目前,我国在航空、航天、海洋装备、新能源、新材料等领域已经建立了 19 个国家产业计量测试中心,建立起 25 家国家城市能源计量测试中心和航天、交通能源计量中心。我国得到国际承认的校准与测量能力达到 1423 项,位居亚洲首位,国际排名从第 7 位上升至第 4 位。

从微观来说,就是指每一个具体产品和服务的质量问题。这种质量,直接关系到各种用户享用的产品和服务是不是令人满意的问题,关系到中国能不能有更多的名牌涌现的问题。对这些产品和服务,有关部门制定了一系列质量标准,大都是可以具体测量的。截至目前,已有国家、行业、地方标准超过 12 万项,企业标准超过百万项。

在党的十九届五中全会《建议》中,"质量"一词出现了 40 次。《建议》明确指出,我国已转向高质量发展阶段,但创新能力不适应高质量发展要求。所以,在"十四五"时期经济社会发展指导思想中,明确包含"以推动高质量发展为主题"。

"十四五"时期经济社会发展必须遵循的 5 条原则,有 4 条都包含了质量要求。坚持党的全面领导,包含"为实现高质量发展提供根本保证"。坚持新发展理念中,包含"推动质量变革","实现更高质量"的发展。坚持深化改革开放中,包含"破除制约高质量发展、高品质生活的体制机制障碍"。坚持系统观念中,包含"实现发展质量、结构、规模、速度、效益、安全相统一"。

"十四五"时期经济社会发展主要目标中,提出"在质量效益明显提升的基础上实现经济持续健康发展","实现更加充分更高质量就业"。

在"加快发展现代产业体系,推动经济体系优化升级"这部分,要求坚定不移建设"质量强国","提高经济质量效益和核心竞争力"。完善国家质量基础设施,深入开展质量提升行动。

在"形成强大国内市场,构建新发展格局"这部分,要求"以创新驱动、高质量供给引领和创造新需求"。改善供给质量,促进内外贸质量标准相衔接,推进同线同标同质。提升出口质量,增加优质产品进口。以质量品牌为重点,促进消费向绿色、健康、安全发展。

在"优先发展农业农村,全面推进乡村振兴"中,要求"提高农业质量效益和竞争力"。强化绿色导向、标准引领和质量安全监管。提升农房建设质量。

在"优化国土空间布局,推进区域协调发展和新型城镇化"中,要求构建高质量发展的国土空间布局和支撑体系。形成主体功能明显、优势互补、高质量发展的国土空间开发保护新格局。推动黄河流域生态保护和高质量发展。高标准、高质量建设雄安新区。

在"繁荣发展文化事业和文化产业,提高国家文化软实力"中,要求实施文艺作品质量提升工程。

在"推动绿色发展,促进人与自然和谐共生"中,要求持续改善环境质量,提升生态系统质量和稳定性。

在"实行高水平对外开放,开拓合作共赢新局面"中,要求实现高质量引进来和高水平走出去,推动共建"一带一路"高质量发展。

在"改善人民生活品质,提高社会建设水平"中,要求提升就业质量,建设高质量教育体系,提高高等教育质量,提高民族地区教育质量和水平,提升健康教育、慢病管理和残疾康复服务质量。

在"加快国防和军队现代化,实现富国和强军相统一"中,要求提高国防和军队现代化质量效益。

此外,还要"提高党的建设质量",高质量建设粤港澳大湾区等。

在《"十四五"规划和 2035 年远景目标纲要》中,"质量"一词出现了 108 次,内容非常丰富。

四、航天强国

航天事业是综合国力和大国地位的集中体现,是维护国家安全的战略基石,是推动科学技术进步、服务经济社会发展的重要力量,在国家全局中居于重要战略地位。

每年 4 月 24 日,已被定为"中国航天日"。2016 年,在首个"中国航天日"之际,习近平总书记作出重要指示,明确指出"探索浩瀚宇宙,发展航天事业,建设航天强国,是我们不懈追求的航天梦"。

2017 年,党的十九大报告明确提出建设航天强国的战略目标。

"两弹一星"、载人航天、月球探测……这都是中国航天创建 60 余年来取得的辉煌成就。从无人飞行到载人飞行,从天地往返到航天员出仓行走,从单船飞行到组合体稳定运行,从交会对接到在轨驻留……我们逐步掌握了航天领域的核心关键技术,形成了一大批具有自主知识产权的创新成果,培养了一支高素质的航天队伍,走出了一条自力更生、自主创新的发展道路。

中国已进入航天大国的行列,这是确凿的。但算不算航天强国?见仁见智。客观一点说,中国离航天强国的地位还有差距。如果把建设航天强国的各项指标转换成具体能力,那么,我国航天事业至少还有 4 个方面能力需要进一步提高:天地往返运输能力、载人航天能力、深空探测能力和卫星应用能力。

所以,党的十九大明确提出建设航天强国的战略目标。所谓航天强国,不但要在航天领域所涉及的科学与工程方面建成全要素体系,对全球科技、经济发展形成引领与推动,还要能够站在人类命运共同体的高度,开展基础科学研究与工程探索,在恒星级能源利用、行星际空间旅行、光年级信息传递、宇宙空间生命维持与生态建立等方面开拓与创新。随着对关键技术的持续攻关,中国在未来对浩瀚星辰的征途中,将不断标注中国发展的新高度,逐步具备全面的宇宙空间探索和应用能力,最终实现全面建成世界航天强国的目标。

按照中国载人航天工程"三步走"战略,2020 年左右,中国将建成长期有人照料的空间站,实现月球采样返回和火星着陆探测,完成全球卫星导航系统和高分辨率对地观测系统建设,全面推进重型运载火箭研制,建成以通信、导航和遥感卫星系统为主的民用空间基础设施,使我国具备全面的宇宙空间探索和应用能力。力争到 2020年,我国在轨航天器数量超过 200 颗,年发射数量达到 30 次左右,超越欧盟,基本达到世界航天强国水平;到 2030 年,推动我国达到国际一流水平的航天技术指标从 30% 提高到 60%,跻身世界航天强国行列;到 2045 年,全面建成世界航天强国。

为此,要加强自主研发,攻关核心技术,在探测感知、动力能源、材料技术等方面不断向国际先进水平迈进,力争 2020 年左右我国具备全面的宇宙空间探索和应用能力。目前,我国有 30% 的航天技术指标达到国际一流水平,到 2030 年,力争将这一数字提升至 60%,使我国超越俄罗斯,跻身世界航天强国前列;到 2045 年,部分重点领域比肩美国,达到世界航天强国水平。

为实现航天强国的目标,要以航天强国建设为统领,以创新驱动发展为主线,以军民融合为途径,以深化改革为动力,以法制建设为保障,加快推进航天强国建设。

要全面完成载人航天、月球探测、北斗导航、高分辨率对地观测系统等现有国家科技重大专项,抓紧启动实施深空探测工程、天地一体化信息网络、空间飞行器在轨服务与维护系统、重型运载火箭等一批事关我国未来发展的新的航天重大工程,抢占科技发展战略制高点。下大力气突破先进动力、先进载荷等制约航天发展的核心关键技术,实施好航天科技工业强基工程,着力解决关键材料、芯片、软件、工艺、计量、测试等瓶颈短板,推动产品升级换代,大力加强基础前沿技术攻关,强化技术储备。

要以体制改革为动力,以机制创新为抓手,加强航天军民融合顶层设计,推动军民航天在战略规划、系统建设、运行管理、资源共享、法规政策、标准规范、国际合作等方面全要素、多领域、高效益的深度融合。积极发展低成本商业运载火箭、商业卫星等航天制造业,着力培育"互联网+卫星应用"新业态,做大做强做优航天战略性新兴产业,为经济转型升级提供强大动力。

要加快实施空间基础设施规划,完善卫星应用体系,拓展卫星应用领域,提升卫星应用水平,不断提升空间信息在经济社会发展、大众生活、国际服务等方面的服务保障能力。加快推进"一带一路"空间信息走廊建设,着力构建"一带一路"沿线国家互联互通的空间基础设施、地面信息共享和服务网络。持续推进我国航天能力全球布局,推动宇航产品与服务"走出去",努力提升中国航天的国际影响力和话语权,为国家外交大局提供有力支撑。

要聚焦航天应用和技术成果转化,发挥航天事业在服务经济社会发展、惠及百姓生活和带动科技进步方面的重要作用。充分利用"中国航天日"平台,广泛普及航天知识、宣传航天成就、弘扬航天精神,激发全民尤其是青少年崇尚科学、探索未知、敢于创新的热情,在全社会推动形成关注航天、支持航天、热爱航天的良好氛围。

在党的十九届五中全会《建议》中,要求和部署发展战略性新兴产业,其中包括加快壮大航空航天等产业。但不知什么原因,党的十九大说的"航天强国"一词没有出现。笔者本希望在最终制定的"十四五"规划和二〇三五年远景目标中,能够补上"航天强国"。但公布的《"十四五"规划和2035年远景目标纲要》中,仍然没有出现"航天强国"这个用语。

五、网络强国和数字中国

互联网是20世纪最伟大的发明之一。1987年,一封简短的电子邮件从北京发出,标志着中国人"触网"的序幕正式拉开。30年后,在中国城乡,智能手机已成大众"标配",手机支付迅速普及,连西方发达国家的民众都自叹弗如。

中国已经成为互联网大国,网络规模、网民数量、智能手机用户以及利用智能手机上网的人数都处于世界第一位。国内域名数量、境内网站数量以及互联网企业等也处于世界前列。

当然,我们也得承认,与网络强国相比,中国还有较大差距。最主要的是关键技术受制于人,自主创新能力不强,网络安全面临严峻挑战。城乡和区域之间"数字鸿沟"问题比较突出,以信息化驱动新型工业化、新型城镇化、农业现代化和国家治理现代化的任务十分繁重。

这些说明,中国已成网络大国,但还需要向网络强国迈进。

党的十八大以来,习近平总书记明确提出了网络强国的战略思想,就如何认识、运用、发展、管理互联网等提出了一系列战略性、前瞻性、创新性观点,揭示了互联网的本质特征、发展规律、发展路径,回答了中国发展互联网一系列理论和实践问题。

2014年2月27日,中央网络安全和信息化领导小组召开第一次会议,习近平总书记亲自担任领导小组组长并主持召开会议。就在这次会议上,习近平总书记提出,要总体布局,统筹各方,创新发展,努力把我国建设成为网络强国。他强调,建设网络强国的战略部署要与"两个一百年"奋斗目标同步推进,向着网络基础设施基本普及、自主创新能力显著增强、信息经济全面发展、网络安全保障有力的目标不断前进。

2014年11月19—21日,首届世界互联网大会在浙江乌镇举行。习近平主席致贺词,强调共同构建和平、安全、开放、合作的网络空间,建立多边、民主、透明的国际互联网治理体系。李克强总理与出席大会的中外代表座谈。

2015 年 7 月,国务院印发《关于积极推进"互联网+"行动的指导意见》,提出"互联网+"创业创新、协同制造、益民服务等 11 个具体行动。

党的十八届五中全会关于"十三五"规划的《建议》,明确提出实施网络强国战略以及与之密切相关的"互联网+"行动计划。随后的"十三五"规划,明确部署了"牢牢把握信息技术变革趋势,实施网络强国战略,加快建设数字中国,推动信息技术与经济社会发展深度融合"的一系列重大举措。

2016 年 4 月,习近平总书记主持召开网络安全和信息化工作座谈会,强调网信事业要在践行创新、协调、绿色、开放、共享的新发展理念上先行一步,推进网络强国建设,让互联网更好造福国家和人民。

2016 年 7 月,中共中央办公厅、国务院办公厅印发了《国家信息化发展战略纲要》。9 月 25 日,又印发《关于加快推进"互联网+政务服务"工作的指导意见》。

2016 年 10 月 9 日,中共中央政治局就实施网络强国战略进行第 36 次集体学习。习近平总书记在主持学习时提出要努力做到"六个加快":加快推进网络信息技术自主创新,加快数字经济对经济发展的推动,加快提高网络管理水平,加快增强网络空间安全防御能力,加快用网络信息技术推进社会治理,加快提升我国对网络空间的国际话语权和规则制定权,朝着建设网络强国目标不懈努力。

从"网络大国"到"网络强国",一字之变,预示着中国互联网发展进入全新的时代。

建设网络强国,要求与互联网相关的信息化基础设施处于世界领先水平,在国际互联网治理规则制定中拥有一定话语权,在互联网应用方面处于世界领先水平,与互联网相关的关键技术自主可控,有足够的手段和能力保障网络安全,有能力抢占网络空间战略制高点。

建设网络强国是一项长期、复杂的系统性战略工程,涉及经济社会方方面面,需要统筹解决一系列重大发展问题。加快推进新时代网络强国建设,根据工信部的工作安排,必须突出抓好六个方面工作:

一是构建高速、移动、安全、泛在的新一代信息基础设施。瞄准全球领先目标,持续抓好网络演进升级。加快全光网络建设,部署5G 及后续演进技术,大力发展工业互联网,深入推进网络提速降费,推进基础设施智能化改造,形成万物互联、人机交互、天地一体的网络空间;全面提升网络服务水平,积极稳妥推进电信市场开放,积极推动网络共享发展,不断缩小城乡数字鸿沟。

二是抢占事关长远和全局的科技竞争制高点。紧紧牵住互联网核心技术自主创新这个"牛鼻子",努力实现从跟跑并跑到并跑领跑的转变。强化基础技术研究,突出通用芯片、基础软件、智能传感器等关键共性技术创新,重点突破自主可控操作系统、高端工业和大型管理软件技术;超前布局网络前沿技术,推进高性能计算、人工智能、量子通信等研发和商用,实现前瞻性基础研究、引领性原创成果重大突破;加大非对称技术、"杀手锏"技术研发攻关力度,提升网络安全、系统安全、融合应用安全技术水平,增强安全保障能力。

三是打造网络化、智能化、服务化、协同化的数字经济新形态。

加快发展数字经济,以信息化培育新动能,用新动能推动新发展;持续强化网络服务产业,加快发展云计算、大数据,广泛开展应用和模式创新,丰富网络应用服务,夯实网络应用基础,不断完善网络生态体系;大力繁荣融合产业,支持制造业、农业、金融、能源、物流等传统产业利用网络信息技术实现优化升级,促进传统产业数字化、网络化、智能化;做大做强融合应用产业,在中高端消费、创新引领、绿色低碳、共享经济、现代供应链等领域培育新增长点,形成新动能。

四是提升网络空间安全防护能力。统筹发展和安全、自主和开放、管理和服务的关系。健全网络安全治理体系,形成政府、行业、企业、社会协同共治新格局;统筹推进国家网络与信息安全技术手段建设,提升全天候全方位网络安全态势感知、防御和威慑能力;完善网络安全法律法规,持续提升依法治网水平,切实保障关键信息基础设施、重要信息系统、数据资源、用户个人信息安全,严密防范网络犯罪尤其是新型网络犯罪。

五是推进国家治理体系和治理能力现代化。更好利用互联网技术和信息化手段提升国家治理能力和效率。强化互联网思维,利用互联网扁平化、交互式、快捷性优势,推进政府决策科学化、社会治理精准化、公共服务高效化,打造共建共治共享的社会治理格局;推进电子政务建设,加强智慧城市建设,利用各类创新技术,完善公共服务体系,提升公共服务效率,提高社会治理社会化、法治化、智能化、专业化水平。

六是共建网络空间命运共同体。积极开展各领域双边、多边国际交流合作。坚持尊重网络主权、维护和平安全、促进开放合作、构建良好秩序"四项原则"。加快全球网络基础设施建设、促进互联互

通,打造网上文化交流共享平台、促进交流互鉴,推动网络经济创新
发展、促进共同繁荣,保障网络安全、促进有序发展,构建互联网治理
体系、促进公平正义。

党的十九届五中全会《建议》继续要求建设网络强国,并且对其
他各领域的建设如何与网络结合也提出了要求。包括系统布局新型
基础设施,加快第五代移动通信、工业互联网、大数据中心等建设,推
动互联网、大数据、人工智能等同各产业深度融合,建设智慧能源系
统,加快推进服务业数字化,发展无接触交易服务,促进线上线下消
费融合发展,推广远程医疗,稳妥推进数字货币研发,加强网络文明
建设,发展积极健康的网络文化。构建网格化管理、精细化服务、信
息化支撑、开放共享的基层管理服务平台。全面加强网络安全保障
体系和能力建设,坚决防范和打击新型网络犯罪。国防和军队建设
要加快机械化信息化智能化融合发展。

数字中国的建设是与网络强国的建设紧密相连的。《建议》要
求,加快数字化发展。发展数字经济,推进数字产业化和产业数字
化,推动数字经济和实体经济深度融合,打造具有国际竞争力的数字
产业集群。加强数字社会、数字政府建设,提升公共服务、社会治理
等数字化智能化水平。加强宏观经济治理数据库等建设,提升大数
据等现代技术手段辅助治理能力。推动公共文化数字化建设,实施
文化产业数字化战略。建立数据资源产权、交易流通、跨境传输和安
全保护等基础制度和标准规范,推动数据资源开发利用。扩大基础
公共信息数据有序开放,建设国家数据统一共享开放平台。保障国
家数据安全,加强个人信息保护。提升全民数字技能,实现信息服务
全覆盖。积极参与数字领域国际规则和标准制定。

《建议》还将数据列为"要素"之一,要求深化数据等要素市场化改革,健全要素市场运行机制,完善要素交易规则和服务体系。

《"十四五"规划和2035年远景目标纲要》明确要求:"迎接数字时代,激活数据要素潜能,推进网络强国建设,加快建设数字经济、数字社会、数字政府,以数字化转型整体驱动生产方式、生活方式和治理方式变革。"

六、交通强国

"要想富,先修路。"这是改革开放以来中国老百姓广泛流传的一句话。

每年的春节期间,庞大的回乡人流,更是陡然增加所有交通工具的压力。中国的交通运输不仅要保证平时比较稳定的运输量,而且要有足够的后备能力,在春运和其他节假日期间突然应对高出平时几倍十几倍的运输量。世界上没有任何国家能够承担起如此巨大的压力。当年,说起春运,无数人怨气冲天,但现在,社会的满意度已经大大提升。

中国的铁路客运周转量与货运量、公路客货运量及周转量、水运货运量与周转量、港口货物与集装箱吞吐量,均居世界第一。民航总周转量居世界第二。

交通运输在国民经济的发展中具有基础性、先导性和服务性的功能。改革开放以来,中国的交通运输事业得到了长足的进步,交通运输状况从"瓶颈制约""初步缓解"逐步发展到"基本适应"。中国已成为世界上的交通大国。

但是,新时代建设现代化强国的战略目标再次向交通运输提出了更高的要求。如何应对这个要求,就是党和国家必须面对的课题。

党的十九大提出建设交通强国的目标,指出要"加强水利、铁路、公路、水运、航空、管道、电网、信息、物流等基础设施网络建设"。这些建设中,好多个都属于交通运输的范畴。

交通强国的目标和要求是什么?

根据有关部门的规划,中国交通从 2020 年到本世纪中叶,将分"两步走"实现交通强国战略目标:第一步,从 2020 年到 2035 年,基本建成交通强国,进入世界交通强国行列;第二步,从 2035 年到本世纪中叶,全面建成交通强国,进入世界交通强国前列。"两步走"都是实现"交通强国",差别是一个进入"行列",一个进入"前列"。

建设交通强国,将着力打造构建"八大体系":

综合交通基础设施网络体系。统筹推进铁路、公路、水运、航空、邮政、物流等基础设施网络建设,全面建成布局完善、互联互通、绿色智能、耐久可靠的综合交通基础设施网络体系。

交通运输装备体系。加快构建自主研制、先进精良、绿色智能、标准协同的交通运输装备体系。

交通运输服务体系。全面建成安全便捷、优质高效、绿色智能、一体畅联的运输服务体系。

交通运输创新发展体系。加快建立以科技创新为引领、以智慧交通为主攻方向、以人才为支撑的创新发展体系。

交通运输现代治理体系。加快推进行业治理体系和治理能力现代化,积极构建政府、市场、社会等多方共建共治共享的现代治理体系。

交通运输开放合作体系。打造互联互通、互利共赢的开放合作体系。以"一带一路"建设为重点,建成遍及城乡、通达全国、连通世界的全球运输供应链,打造若干个与贸易强国、制造强国相适应的世界级交通枢纽和物流中心,有效支撑中国全球配置资源。

交通运输安全发展体系。着力构建有效维护行业安全运行、有效支撑国家总体安全的交通运输安全发展体系、交通运输支撑保障体系。

党的十九届五中全会《建议》要求,加快建设交通强国,完善综合运输大通道、综合交通枢纽和物流网络,加快城市群和都市圈轨道交通网络化,提高农村和边境地区交通通达深度。推进新型基础设施、新型城镇化、交通水利等重大工程建设,推进沿边沿江沿海交通等一批强基础、增功能、利长远的重大项目建设。维护交通等重要基础设施安全,有效遏制交通等重特大安全事故。

《"十四五"规划和 2035 年远景目标纲要》要求"建设现代化综合交通运输体系,推进各种运输方式一体化融合发展,提高网络效应和运营效率。"

七、贸易强国

经过改革开放 40 多年的发展,我国对外贸易取得举世瞩目的成就,2013 年时已跃居世界第一货物贸易大国。

对外贸易是我国开放型经济体系的重要组成部分和国民经济发展的重要推动力量。对外贸易对于推动我国经济社会发展、提高国家综合实力和国际影响力、加强与世界经济融合,发挥着不可取代的重要作用。

新形势下,世界经济仍处在国际金融危机后的深度调整期,全球总需求不振,大规模国际产业转移明显放缓,世界科技和产业革命孕育新突破,贸易保护主义持续升温。中国经济进入新时代,外贸发展既面临重要机遇期,出口竞争优势依然存在,也面临严峻挑战,传统竞争优势明显削弱,新的竞争优势尚未形成。企业创新能力亟待增强,品牌产品占比偏低,同质化竞争较为普遍。参与国际贸易规则制定的能力有待提升,外贸体制和营商环境需进一步改进。

为巩固外贸传统优势、加快培育竞争新优势,实现我国对外贸易持续健康发展,推动我国由贸易大国向贸易强国转变,2015 年 5 月,国务院正式发布《关于加快培育外贸竞争新优势的若干意见》,要求推动我国由贸易大国向贸易强国转变。"十三五"规划要求:"实施优进优出战略,推动外贸向优质优价、优进优出转变,加快建设贸易强国。"十九大又进一步提出:"拓展对外贸易,培育贸易新业态新模式,推进贸易强国建设。"

建设贸易强国的目标任务是:巩固贸易大国地位,推进贸易强国进程。努力提高新兴市场、中西部地区、一般贸易、服务贸易和品牌产品在我国外贸中的占比。力争到 2020 年,外贸传统优势进一步巩固,竞争新优势培育取得实质性进展。着力优化国际市场布局,推进市场多元化;着力优化国内区域布局,推动东中西部协调发展;着力优化外贸商品结构,提升出口附加值和技术含量;着力优化经营主体结构,促进各类企业共同发展;着力优化贸易方式,推进对外贸易转型升级。

按照"十三五"规划,要促进货物贸易和服务贸易融合发展,大力发展生产性服务贸易,服务贸易占对外贸易比重达到 16%以上。

巩固提升传统出口优势,促进加工贸易创新发展。优化对外贸易布局,推动出口市场多元化,提高新兴市场比重,巩固传统市场份额。鼓励发展新型贸易方式。发展出口信用保险。积极扩大进口,优化进口结构,更多进口先进技术装备和优质消费品。积极应对国外技术性贸易措施,强化贸易摩擦预警,化解贸易摩擦和争端。

按照国务院文件要求,要大力推动我国外贸由规模速度型向质量效益型转变,努力实现五个转变:一是推动出口由货物为主向货物、服务、技术、资本输出相结合转变;二是推动竞争优势由价格优势为主向技术、品牌、质量、服务为核心的综合竞争优势转变;三是推动增长动力由要素驱动为主向创新驱动转变;四是推动营商环境由政策引导为主向制度规范和营造法治化、国际化营商环境转变;五是推动全球经济治理地位由遵守、适应国际经贸规则为主向主动参与国际经贸规则制订转变。

在推动外贸结构调整方面,推动国际市场结构调整,推动国内区域协调发展,推动各类外贸经营主体协调发展,推动外贸商品结构调整,推动贸易方式优化,大力发展服务贸易。

在提升对外贸易国际竞争力方面,加快提升出口产品技术含量,加快培育外贸品牌,加快提高出口产品质量,加快建立出口产品服务体系,加快培育新型贸易方式,加强区域开放载体建设,加快建设对外贸易平台。

同时,还要全面提升与"一带一路"沿线国家经贸合作水平,努力构建互利共赢的国际合作新格局,营造法治化、国际化营商环境,深化外贸体制改革,完善政策体系,等等。

党的十九届五中全会《建议》把贸易强国建设纳入到国内国际

双循环的大格局中,要求立足国内大循环,发挥比较优势,协同推进强大国内市场和贸易强国建设,以国内大循环吸引全球资源要素,充分利用国内国际两个市场两种资源,积极促进内需和外需、进口和出口、引进外资和对外投资协调发展,促进国际收支基本平衡。完善内外贸一体化调控体系,优化国内国际市场布局、商品结构、贸易方式,提升出口质量,增加优质产品进口,实施贸易投资融合工程,构建现代物流体系。

要求建设更高水平开放型经济新体制。全面提高对外开放水平,推动贸易和投资自由化便利化,推进贸易创新发展,增强对外贸易综合竞争力。完善自由贸易试验区布局,赋予其更大改革自主权,稳步推进海南自由贸易港建设,建设对外开放新高地。稳慎推进人民币国际化,坚持市场驱动和企业自主选择,营造以人民币自由使用为基础的新型互利合作关系。发挥好中国国际进口博览会等重要展会平台作用。

维护多边贸易体制,积极参与世界贸易组织改革,积极参与多双边区域投资贸易合作机制,推动新兴领域经济治理规则制定,提高参与国际金融治理能力。实施自由贸易区提升战略,构建面向全球的高标准自由贸易区网络。

《"十四五"规划和2035年远景目标纲要》要求:"立足国内大循环,协同推进强大国内市场和贸易强国建设,形成全球资源要素强大引力场,促进内需和外需、出口和进口、引进外资和对外投资协调发展,加快培育参与国际合作和竞争新优势。"

八、海洋强国

海洋是人类文明的摇篮,随着时代的进步,海洋对人类社会的重要作用和价值愈益凸显,战略地位更加重要。

中国除了有 960 万平方公里的陆地国土面积外,还拥有 300 多万平方公里海域、1.8 万公里海岸线,是陆海兼备的国家,也是最大的发展中沿海国家。

中国在世界海洋有着广泛的战略利益。随着经济快速发展和对外开放不断扩大,中国的国家战略利益和战略空间不断向海洋拓展和延伸。从经济结构看,中国已发展成为高度依赖海洋的外向型经济,海洋运输对国家原材料、能源供给等具有非常重大的意义;从可持续发展角度看,海洋蕴藏着大量人类已知和未知的重要资源,可以为中国经济社会可持续发展提供广阔的发展空间。

进入 21 世纪以来,随着国际政治外交形势的风云变化,中国海洋权益面临错综复杂的形势,许多矛盾日益凸显,围绕资源争夺、岛礁主权、海域划界和通道安全的争端态势进一步加剧。

所以,海洋事业的发展关乎国家兴衰安危与民族生存发展。建设海洋强国、维护海洋权益是发展之要、民生之需,也是维护和拓展海洋权益的必然要求。

中国一直重视海洋事业的发展。随着综合国力的逐步增强,发展海洋事业、维护海洋权益的能力也不断提升。2008 年 2 月,国务院就曾批复《国家海洋事业发展规划纲要》。2013 年 1 月,国务院批复《国家海洋事业发展"十二五"规划》。

2012年,党的十八大报告首次明确提出"建设海洋强国"的目标,要求提高海洋资源开发能力,发展海洋经济,保护海洋生态环境,坚决维护国家海洋权益,建设海洋强国。在党代会报告中提出"海洋强国"的目标,说明在国家发展的大战略中,海洋已经上升至前所未有的战略高度。

随后的"十三五"规划,明确提出坚持陆海统筹,发展海洋经济,科学开发海洋资源,保护海洋生态环境,维护海洋权益,建设海洋强国。并对建设海洋强国的战略作出了具体部署。

党的十九大报告为建设海洋强国再一次吹响号角,要求坚持陆海统筹,加快建设海洋强国。

所谓海洋强国,就是指在海洋开发、海洋利用、海洋保护、海洋管控和海洋安全维护等方面都拥有强大综合实力的大国。

建设海洋强国,既是指国家凭借海洋自然地理条件和物质基础、通过合理开发利用海洋来促进国家的繁荣富强,又是指通过综合国力支撑来发展成为拥有强大海上综合力量,并由此利用海洋获得更多的国家利益。中国特色的海洋强国,应是在认知海洋、利用海洋、保护海洋等方面拥有强大综合实力的国家,既要开发利用海洋来实现国家富强,又要通过发展强大的海洋综合力量来保障国家安全和利益。

21世纪是海洋的世纪。壮大海洋经济、加强海洋资源环境保护、维护海洋权益,事关国家安全和长远发展。所以,建设海洋强国对于推动我国经济社会持续健康发展,维护国家主权、安全和发展利益,实现"两个一百年"的奋斗目标进而实现中华民族伟大复兴具有重大而深远的意义。我们必须着眼于中国特色社会主义事业全局,统筹国内国外两个大局,坚持陆海统筹,坚持走依海富国、以海强国、人海和谐、合作共赢的发展道路,通过和平、发展、合作、共赢方式,扎实推进海洋强国建设。

习近平总书记强调,要提高海洋资源开发能力,着力推动海洋经济向质量效益型转变;要保护海洋生态环境,着力推动海洋开发方式向循环利用型转变;要发展海洋科学技术,着力推动海洋科技向创新引领型转变;要维护国家海洋权益,着力推动海洋维权向统筹兼顾型转变。在新时代推进海洋强国建设,必须紧紧围绕这"四个转变",全面落实建设海洋强国战略任务,不断提升开发海洋、保护海洋、利用海洋、维护海洋权益的综合实力,进一步关心海洋、认识海洋、经略海洋,推动我国海洋强国建设不断取得新成就。

积极推动海洋经济持续健康发展。按照《关于促进海洋经济发展示范区建设发展的指导意见》,进一步优化区域产业布局,积极探索海洋经济创新发展新模式。引导海洋传统产业转型升级,促进海洋新兴产业快速发展,加快海洋经济提质增效步伐,提高海洋经济效益。提高海洋资源如海洋渔业、海洋油气、清洁能源、海洋旅游的开发能力,推动海洋经济向质量效益型转变;充分发挥交通先行作用,提高海上通道的交通运输效益,发挥其国际贸易的纽带作用;淘汰老旧船舶,规范水上交通秩序,推动沿海地区经济发展;加强陆海统筹,强化海洋经济向内陆地区的辐射与传导,扩大海洋经济受益区域,促进区域经济协调发展。健全完善海洋经济运行监测与评估体系,形成具有海洋特色的指标、指数和报告,增强公共服务能力,为政府宏观调控提供有力信息支撑。

大力推进海洋生态文明建设。深入实施生态管海、着力推动绿色发展,把海洋生态文明建设纳入海洋开发总体布局。强化海洋生态红线管控,优化海洋空间开发与保护格局,坚持陆海统筹的空间规划方式,强化海洋污染联防联控。构建遥感卫星、无人机、海面站、岸基站一体的海洋立体生态监控网络体系;加强海洋污染防控与整治,严格海洋工程建设项目环评审批,严控污染物入海总量,实施陆海一体化污染控制工程,降低海洋污染;强化海洋资源环境执法力度,建立"湾长制",逐级压紧压实党政领导干部的海洋生态环境和海洋资源保护职责;深入开展海洋生态整治修复,实现海洋生态系统良性循环,建立海洋生态补偿和生态损害赔偿制度。

着力提升海洋科技自主创新能力。跟踪和探索海洋领域重大科学问题,发展海洋科学技术,推动海洋科技创新引领。搞好海洋科技创新总体规划;鼓励国内外科研组织广泛联系与合作;针对海洋基础科学,开展自然科学专项计划研究;针对核心技术和关键共性技术,进行联合集中攻关研发;针对海洋行业应用技术,加强成果转化与推广力度。提高勘探开发海洋资源以及保护海岸带、海洋生态环境的水平,加强海水淡化、海冰淡化和海水直接利用新技术研究,进一步研发具有自主知识产权的深水油气勘探和安全开发技术等。

深度参与全球海洋事业发展和海洋治理。积极参与国际海洋事务,为海洋治理提供中国方案,争取获得更多制度性权利。加强与"一带一路"建设参与国的战略对接,以发展蓝色经济为主线,推动全方位务实合作,携手共创依海繁荣之路,实现人海和谐、共同发展。构建多层次的蓝色伙伴关系,在海洋环境保护、海洋科技创新与应用、海洋公共产品共享、海洋安全维护等领域开展深层次国际合作,不断扩大中国"蓝色朋友圈"。积极参与联合国海洋法非正式磋商,围绕国际社会关注的蓝色经济、极地、深海等,在全球性和区域性规则制定中发出中国声音、提供中国方案、贡献中国智慧。

坚决维护海洋权益和海洋安全。有效维护国家主权、安全、发展利益,确保海洋权益和海洋安全不受侵犯。坚持"主权属我、搁置争议、共同开发"的方针,推进互利友好合作,做好应对各种复杂局面的准备,不断提高维护海洋权益和海洋安全的综合能力,为海洋发展提供坚强力量支撑。秉持和平、主权、普惠、共治原则,把深海、极地、外空、互联网等领域打造成各方合作的新疆域,而不是相互博弈的竞技场。打破零和博弈的思维模式,寻求和扩大共同利益的汇合点。与其他国家共同构建合作共赢的伙伴关系,推动世界各国共享海洋。

党的十九届五中全会《建议》要求坚持陆海统筹,发展海洋经济,建设海洋强国。在发展的战略性新兴产业中,包括海洋装备等产业。提高海洋资源开发保护水平。

《"十四五"规划和2035年远景目标纲要》第三十二章"积极拓展海洋经济发展空间"要求:"坚持陆海统筹、人海和谐、合作共赢,协同推进海洋生态保护、海洋经济发展和海洋权益维护,加快建设海洋强国。"

九、文化强国

当今时代,文化越来越成为民族凝聚力和创造力的重要源泉、成为综合国力竞争的重要因素。改革开放以来,党和国家一直高度重视文化建设,坚持两手抓,两手都要硬,不断提高全社会精神文明水平。

2007 年,党的十七大要求"兴起社会主义文化建设新高潮","推动文化大发展大繁荣","激发全民族文化创造活力,提高国家文化软实力,使人民基本文化权益得到更好保障,使社会文化生活更加丰富多彩,使人民精神风貌更加昂扬向上"①。

2011 年 10 月,党的十七届六中全会审议通过《中共中央关于深化文化体制改革、推动社会主义文化大发展大繁荣若干重大问题的决定》,其最大亮点,就是提出了建设"文化强国"的长远战略。

党的十八大报告关于文化部分的标题就是"扎实推进社会主义文化强国建设",要求"坚持社会主义先进文化前进方向,树立高度的文化自觉和文化自信,向着建设社会主义文化强国宏伟目标阔步前进"②。

党的十九大继续要求"建设社会主义文化强国",并强调:"文化是一个国家、一个民族的灵魂。文化兴国运兴,文化强民族强。没有高度的文化自信,没有文化的繁荣兴盛,就没有中华民族伟大复兴。"③党的十九大还在中国特色社会主义道路、理论体系、制度之外,增加了中国特色社会主义文化,强调:"文化自信是一个国家、一个民族发展中更基本、更深沉、更持久的力量。""中国特色社会主义文化是激励全党全国各族人民奋勇前进的强大精神力量。全党要更

① 中共中央文献研究室编:《十七大以来重要文献选编》(上),中央文献出版社 2009 年版,第 26 页。

② 中共中央文献研究室编:《十八大以来重要文献选编》(上),中央文献出版社 2014 年版,第 24、26 页。

③ 中共中央党史和文献研究院编:《十九大以来重要文献选编》(上),中央文献出版社 2019 年版,第 29 页。

加自觉地增强道路自信、理论自信、制度自信、文化自信。"①

党的十九大还把中国特色社会主义文化建设列入习近平新时代中国特色社会主义思想和新时代坚持和发展中国特色社会主义的基本方略之中,明确规定,实施文化强国战略,就要以马克思主义为指导,坚守中华文化立场,立足当代中国现实,结合当今时代条件,发展面向现代化、面向世界、面向未来的,民族的科学的大众的社会主义文化,推动社会主义精神文明和物质文明协调发展。要坚持为人民服务、为社会主义服务,坚持百花齐放、百家争鸣,坚持创造性转化、创新性发展,不断铸就中华文化新辉煌。

在党的十九届五中全会召开前的教育文化卫生体育领域专家座谈会上,习近平总书记用"四个重要"对文化的作用和地位作了精辟概括,这就是:统筹推进"五位一体"总体布局、协调推进"四个全面"战略布局,文化是重要内容;推动高质量发展,文化是重要支点;满足人民日益增长的美好生活需要,文化是重要因素;战胜前进道路上各种风险挑战,文化是重要力量源泉。没有社会主义文化繁荣发展,就没有社会主义现代化。

第十四个五年规划开启了全面建设社会主义现代化国家的新征程,同时也开启了建成文化强国的新征程。党的十九届五中全会的《建议》把"建成文化强国、教育强国、人才强国、体育强国、健康中国,国民素质和社会文明程度达到新高度,国家文化软实力显著增强",包含在到 2035 年基本实现社会主义现代化的远景目标之内。

---

① 中共中央党史和文献研究院编:《十九大以来重要文献选编》(上),中央文献出版社 2019 年版,第 16 页。

这是自提出建设社会主义文化强国以来,党中央首次明确了建成文化强国的具体时间表。

《建议》规定"十四五"时期经济社会发展的主要目标之一,是"社会文明程度得到新提高。社会主义核心价值观深入人心,人民思想道德素质、科学文化素质和身心健康素质明显提高,公共文化服务体系和文化产业体系更加健全,人民精神文化生活日益丰富,中华文化影响力进一步提升,中华民族凝聚力进一步增强"。

"十四五"规划的目标高于全面建成小康社会的目标。如"十三五"的目标是"国民素质和社会文明程度显著提高","十四五"的目标是"社会文明程度得到新提高",即在"显著提高"的基础上又有"新提高"。同样,"公共文化服务体系基本建成,文化产业成为国民经济支柱性产业",在"十四五"中,发展为"公共文化服务体系和文化产业体系更加健全"。而"中华文化影响持续扩大",则发展为"中华文化影响力进一步提升,中华民族凝聚力进一步增强。"

全会《建议》专门用一个部分对文化建设进行了部署,提出了今后5年文化建设的基本思路,部署了三个方面的重点任务。

一是提高社会文明程度。要求做好一系列工作,实施一系列工程。其中有的是原已部署和开展的,要继续坚持下去。有的是新提出来的,则要抓紧落实和推进。2021年是中国共产党成立100周年。按照《建议》要求,我们要加强党史、新中国史、改革开放史、社会主义发展史教育,弘扬党和人民在各个历史时期奋斗中形成的伟大精神。网络在中国的快速发展,为建设文化强国提供了新的更广阔的平台和更便捷的工具。提高社会文明程度,就要加强网络文明建设,发展积极健康的网络文化,认真研究网络文明的发展规律,科学掌握网络文明建设的主动权。

二是提升公共文化服务水平。强调要全面繁荣新闻出版、广播影视、文学艺术、哲学社会科学事业,并对各个领域的文化建设、文化服务提出了明确的要求。建议规定要推进城乡公共文化服务体系一体建设,创新实施文化惠民工程,广泛开展群众性文化活动,推动公共文化数字化建设。同时,又要实施对中华民族有长远影响的一系列工程,加强国家重大文化设施和文化项目建设,推进国家版本馆、国家文献储备库、智慧广电等工程,加强文物古籍保护、研究、利用,强化重要文化和自然遗产、非物质文化遗产系统性保护,加强各民族优秀传统手工艺保护和传承。《建议》明确规定要建设长城、大运河、长征、黄河等国家文化公园,令人鼓舞。

三是健全现代文化产业体系。"十四五"时期,要加快建设现代化经济体系,同时也要加快建设和健全现代文化产业体系。坚持把社会效益放在首位、社会效益和经济效益相统一的原则,深化文化体制改革,完善文化产业规划和政策,加强文化市场体系建设,扩大优质文化产品的供给。加快发展新型文化企业、文化业态、文化消费模式。特别是随着科技和文化消费需求的发展,实施文化产业数字化战略,规范发展文化产业园区,推动区域文化产业带建设。《建议》要求推动文化和旅游融合发展,建设一批富有文化底蕴的世界级旅游景区和度假区,打造一批文化特色鲜明的国家级旅游休闲城市和街区,发展红色旅游和乡村旅游。这不仅将促进一系列新型文化产业的发展,而且能够更大程度满足广大人民群众的文化需求。

《"十四五"规划和2035年远景目标纲要》进一步部署和落实了《建议》提出的要求。

十、教育强国

改革开放以来,中国教育事业取得了举世瞩目的成就。教育规模显著扩大,发展速度迅速提高,已经成为世界教育大国。

2016 年,中国学前教育毛入园率为 77.4%,达到中高收入国家平均水平。小学净入学率为 99.92%、初中毛入学率为 104.0%,义务教育普及率高于高收入国家平均水平。高中阶段教育毛入学率为 87.5%,高于中高收入国家平均水平。高等教育毛入学率为 42.7%,超过中高收入国家平均水平。职业教育大力发展,每年为各行各业输送近 1000 万技术技能人才,开展各类培训上亿人次,为传统产业转型升级、新产业新业态发展壮大提供了有力支撑。中国教育事业在世界上的位置明显提升,已跨入中等偏上行列。

新时代新阶段,中国社会主要矛盾转化为人民日益增长的美好生活需要和不平衡不充分的发展之间的矛盾。体现在教育领域,就是人民群众对于高水平教育的渴望与教育发展不均衡不充分不全面的矛盾、世界最大规模的教育体系与相对短缺的优质教育资源的矛盾。教育还面临不少难题亟待破解,人民群众对教育怀有更高的期望,也有很多不满之处。因此,中国教育需要进一步从大国迈向强国。

2010 年 7 月,党中央、国务院召开新世纪第一次全国教育工作会议,颁布实施《国家中长期教育改革和发展规划纲要(2010—2020年)》,绘就了 2010 年至 2020 年教育改革发展的宏伟蓝图。胡锦涛在会上明确提出了建设教育强国的思想,要求:"推动教育事业在新的历史起点上科学发展,加快从教育大国向教育强国、从人力资源大国向人力资源强国迈进,为中华民族伟大复兴和人类文明进步作出更大贡献。"

党的十八大以来,习近平总书记多次指出,教育决定着人类的今天,也决定着人类的未来。教育是强国富民之本,是中华民族伟大复兴之本。一个国家的繁荣,不取决于国库之殷实、城堡之坚固、公共设施之华丽,而取决于公民所受教育如何。

2017年1月,国务院印发指导全国教育改革发展的纲领性文件《国家教育事业发展"十三五"规划》,确定了"十三五"教育改革发展的指导思想、基本原则、主要目标和主题主线,提出到2020年教育现代化取得重要进展,教育总体实力和国际影响力显著增强,推动我国迈入人力资源强国和人才强国行列,为实现中国教育现代化2030远景目标奠定坚实基础。

2017年,党的十九大报告对"优先发展教育事业"作出全面部署,明确提出:"建设教育强国是中华民族伟大复兴的基础工程,必须把教育事业放在优先位置,加快教育现代化,办好人民满意的教育。"这是"教育强国"第一次写入党代会报告。建设教育强国,成为建设现代化强国的重要组成部分,也是教育在中华民族伟大复兴中的新定位、新使命。

所谓教育强国,是指教育综合实力、培养能力、国际影响力和竞争力具有突出地位和强大世界影响的国家。中国特色教育强国的本质特征是,通过优先发展教育,建设一个教育综合实力和服务能力强大的国家,构建全体人民普遍享受优质基本公共教育服务的教育制度和具有中国特色、世界水平的现代教育,实现教育强国、教育富民,为社会主义现代化国家提供强有力的人力和智力支撑。

建设教育强国,要求未来 15 年至 20 年,中国教育综合实力持续增强,实现从教育大国向教育强国、从人力资源大国向人力资源强国的战略转变;实现更高水平的普及教育、惠及全民的公平教育和更加丰富的优质教育,构建体系完备的终身教育,提前 15 年实现教育现代化,建成教育强国。

为此,中国教育发展要实现两次跨越:第一步跨越,到 2020 年,全面落实教育规划纲要,基本实现教育现代化,基本形成学习型社会,进入人力资源强国行列,教育发展主要指标达到中等收入国家先进水平。

第二步跨越,到 2035 年,教育质量和教育竞争力、影响力全面提升。实现从追赶到超越的战略转变,跨入高人类发展指数国家行列,基本建成现代化教育强国、进入人力资源强国先进行列。

建设教育强国,是党和国家着眼于世界教育与人力资源发展趋势,着眼于中华民族伟大复兴所作出的政治抉择和战略选择。

建成教育强国,要求建成世界领先的教育体系、教育制度和教育发展模式,建设成为成熟的学习型社会,能够为全体公民提供普及性、高质量、包容性的公共教育服务,着力解决好发展不平衡不充分的问题,在更高水平上实现"幼有所育、学有所教";高等教育的综合实力持续增长,建成一批世界一流大学和一流学科,建设一支世界一流的现代化教师队伍,高等教育进入普及化阶段,具有高等教育文化程度者的规模达到世界第一;科技与教育密切结合、产学研深度融合,瞄准世界科技前沿,强化基础研究,实现前瞻性基础研究、引领性原创成果重大突破,在国家创新体系中发挥主力军作用;从整体上提高国民素质,新增劳动力受教育年限 2020 年达到 13.85 年左右,

2035 年达到 15 年左右,基本与 2035 年时发达国家新增劳动力受教育年限平均水平处于同一个起点,即进入世界第一梯队;人力资源开发进入高层次阶段,能够培养造就一大批具有国际水平的战略科技人才、科技领军人才、青年科技人才和高水平创新团队,为各行各业输送高素质技术技能人才;中国教育将更加开放,全面走向世界,与德、英、美、日一样,成为世界重要的教育中心之一,成为世界最重要的留学生目的地国家,积极参与国际教育事务管理、规则制定和国际化人才培养,在国际教育交流服务中发挥重要作用。

党的十九届五中全会《建议》把建成教育强国作为到 2035 年基本实现社会主义现代化远景目标的内容之一,要求"十四五"时期全民受教育程度不断提升。

《建议》对建设高质量教育体系作出了全面部署。一是全面贯彻党的教育方针,坚持立德树人,加强师德师风建设,培养德智体美劳全面发展的社会主义建设者和接班人。二是健全学校家庭社会协同育人机制,提升教师教书育人能力素质,增强学生文明素养、社会责任意识、实践本领,重视青少年身体素质和心理健康教育。三是坚持教育公益性原则,深化教育改革,促进教育公平,推动义务教育均衡发展和城乡一体化,完善普惠性学前教育和特殊教育、专门教育保障机制,鼓励高中阶段学校多样化发展。四是加大人力资本投入,增强职业技术教育适应性,深化职普融通、产教融合、校企合作,探索中国特色学徒制,大力培养技术技能人才。五是提高高等教育质量,分类建设一流大学和一流学科,加快培养理工农医类专业紧缺人才。六是提高民族地区教育质量和水平,加大国家通用语言文字推广力度。七是支持和规范民办教育发展,规范校外培训机构。八是发挥在线教育优势,完善终身学习体系,建设学习型社会。

此外,军队要贯彻新时代军事教育方针,完善三位一体新型军事人才培养体系,锻造高素质专业化军事人才方阵。

《"十四五"规划和2035年远景目标纲要》要求"建设高质量教育体系",包括"推进基本公共教育均等化","增强职业技术教育适应性","提高高等教育质量""建设高素质专业化教师队伍""深化教育改革"。

十一、人才强国

人才,是我们事业成败的关键。在社会的各种资源中,人才是最宝贵最重要的资源。当今世界,人才和人的能力建设,在综合国力竞争中越来越具有决定性的意义。因此,要进一步做好培养、吸引和用好各方面人才的工作,进一步在全党全社会形成尊重知识、尊重人才,促进优秀人才脱颖而出的良好风气。领导干部要有识才的慧眼、用才的气魄、爱才的感情、聚才的方法,知人善任,广纳群贤。通过各项工作,努力开创人才辈出的局面。

改革开放以来,党和国家十分重视人才工作,培养造就了各个领域的大批优秀人才,为推动社会主义现代化建设事业发挥了重要作用。相关的理念和政策也不断丰富、不断明确和不断发展。

党的十五大根据现代化建设的要求,提出要培养数以亿计的高素质的劳动者和数以千万计的专门人才,发挥我国巨大人力资源的优势。

进入新世纪新阶段,党中央国务院作出实施人才强国战略的重大决策,提出尊重劳动、尊重知识、尊重人才、尊重创造的重大方针,明确要努力形成广纳群贤、人尽其才、能上能下、充满活力的用人机制,把优秀人才集聚到党和国家的各项事业中来的战略任务。

2003 年 12 月,党中央专门召开全国人才工作会议,对人才工作进行全面部署,推动实施人才强国战略。会议讨论通过的《中共中央国务院关于进一步加强人才工作的决定》鲜明地提出,人才资源是第一资源。要坚持党管人才原则,坚持以人为本,充分开发国内国际两种人才资源,紧紧抓住经营管理人才和专业技术人才为主体的人才队伍建设,努力把各类优秀人才集聚到党和国家各项事业中来,为全面建成小康社会提供坚强的人才保证和广泛的智力支持。

2006 年 3 月,十届全国人大四次会议审议批准的"十一五"规划纲要明确提出,推进人才强国战略,促进人口大国向人力资本强国转变,为全面建设小康社会、加快推进社会主义现代化提供人才支撑。

2007 年 10 月,党的十七大将人才强国战略与科教兴国战略、可持续发展战略确立为经济社会发展的三大国家战略,并写进了党章。

胡锦涛 2011 年在庆祝中国共产党成立九十周年大会上的讲话,总结中国共产党 90 年的历史经验,把人才问题作为在新的历史条件下提高党的建设科学化水平的五大要求之一给予了特别的强调,指出:"人才是第一资源,是国家发展的战略资源。""中国特色社会主义道路能不能越走越宽广,中华民族能不能实现伟大复兴,要看能不能不断培养造就大批优秀人才,更要看能不能让各方面优秀人才脱颖而出、施展才华。"

党的十八大以来,以习近平同志为核心的党中央把加快建设人才强国摆到更加突出的位置。习近平总书记多次作出重要指示,提出一系列新思想、新观点、新论断,为加快建设人才强国进一步指明了方向。

习近平总书记反复强调,要树立强烈的人才意识,寻觅人才求贤若渴,发现人才如获至宝,举荐人才不拘一格,使用人才各尽其能;要择天下英才而用之;不唯地域引进人才,不求所有开发人才,不拘一格用好人才;人是科技创新最关键的因素,创新的事业呼唤创新的人才;创新驱动实质上是人才驱动。

习近平总书记要求,要用好用活人才,建立更为灵活的人才管理机制,打通人才流动、使用、发挥作用中的体制机制障碍;要着力破除束缚人才发展的思想观念,推进体制机制改革和政策创新;各级党委、政府要继续完善凝聚人才、发挥人才作用的体制机制,进一步调动优秀人才创新创业的积极性;为了加快形成一支规模宏大、富有创新精神、敢于承担风险的创新型人才队伍,要重点在用好、吸引、培养上下功夫。

进入新时代,党的十九大进一步强调:"人才是实现民族振兴、赢得国际竞争主动的战略资源。"因此,必须"加快建设人才强国"①。

加快建设人才强国,就要充分调动各方面创新要素、激发各类人才的积极性,在全社会大兴识才爱才敬才用才之风,在创新实践中发现人才、在创新活动中培育人才、在创新事业中凝聚人才,聚天下英才而用之,努力造就一大批能够把握世界科技大势、研判科技发展方向的战略科技人才,培养一大批善于凝聚力量、统筹协调的科技领军

---

① 中共中央党史和文献研究院编:《十九大以来重要文献选编》(上),中央文献出版社 2019 年版,第 45 页。

人才,培养一大批勇于创新、善于创新的企业家和高技能人才,为实现科技强国目标输送源源不断的创新人才。

按照这个规划,要做好三个大的方面的工作:

第一,建设规模宏大的人才队伍。推动人才结构战略性调整,突出"高精尖缺"导向,实施重大人才工程,着力发现、培养、集聚战略科学家、科技领军人才、社科人才、企业家人才和高技能人才队伍。培养一批讲政治、懂专业、善管理、有国际视野的党政人才。善于发现、重点支持、放手使用青年优秀人才。改革院校创新型人才培养模式,引导推动人才培养链与产业链、创新链有机衔接。

第二,促进人才优化配置。建立健全人才流动机制,提高社会横向和纵向流动性,促进人才在不同性质的单位和不同地域间有序自由流动。完善工资、医疗待遇、职称评定、养老保障等激励政策,激励人才向基层一线、中西部、艰苦边远地区流动。开展东部沿海地区与中西部地区、东北等老工业基地人才交流和对口支援,继续实施东部城市对口支持西部地区人才培训工程。

第三,营造良好的人才发展环境。完善人才评价激励机制和服务保障体系,营造有利于人人皆可成才和青年人才脱颖而出的社会环境。发挥政府投入引导作用,鼓励人才资源开发和人才引进。完善业绩和贡献导向的人才评价标准。保障人才以知识、技能、管理等创新要素参与利益分配,以市场价值回报人才价值,强化对人才的物质和精神激励,鼓励人才弘扬奉献精神。营造崇尚专业的社会氛围,大力弘扬新时期工匠精神。

党的十九届五中全会《建议》同样把建成人才强国作为到2035年基本实现社会主义现代化远景目标的内容之一,深入实施人才强国战略。

《建议》要求激发人才创新活力。贯彻尊重劳动、尊重知识、尊重人才、尊重创造方针,深化人才发展体制机制改革,全方位培养、引进、用好人才,造就更多国际一流的科技领军人才和创新团队,培养具有国际竞争力的青年科技人才后备军。健全国家人才体系。

为此,要健全以创新能力、质量、实效、贡献为导向的科技人才评价体系。加强学风建设,坚守学术诚信。深化院士制度改革。健全创新激励和保障机制,构建充分体现知识、技术等创新要素价值的收益分配机制,完善科研人员职务发明成果权益分享机制。加强创新型、应用型、技能型人才培养,实施知识更新工程、技能提升行动,壮大高水平工程师和高技能人才队伍。支持发展高水平研究型大学,加强基础研究人才培养。实行更加开放的人才政策,构筑集聚国内外优秀人才的科研创新高地。推动重点领域项目、基地、人才、资金一体化配置。

还要推动乡村人才振兴。大力培养技术技能人才。加快培养理工农医类专业紧缺人才。建立稳定的公共卫生事业投入机制,加强人才队伍建设。

在党的建设中,要以正确用人导向引领干事创业导向。完善人才工作体系,培养造就大批德才兼备的高素质人才。

还要坚持人才强军,完善三位一体新型军事人才培养体系,锻造高素质专业化军事人才方阵。

《"十四五"规划和 2035 年远景目标纲要》要求"激发人才创造活力",强调要"贯彻尊重劳动、尊重知识、尊重人才、尊重创造方针,深化人才发展体制机制改革,全方位培养、引进、用好人才,充分发挥人才第一资源的作用。"

十二、体育强国

2014 年 2 月,习近平主席出席在俄罗斯索契举行的第二十二届冬奥会开幕式,这是中国国家元首首次出席在境外举行的大型国际体育赛事开幕式。在这届冬奥会上,中国体育代表团获得 3 枚金牌、4 枚银牌、2 枚铜牌,居金牌榜第十二位。

同年的 9—10 月,中国体育代表团在韩国仁川举行的第十七届亚运会上,获得 151 枚金牌、108 枚银牌、83 枚铜牌,居金牌榜和奖牌榜第一位。

2016 年 8 月和 9 月,中国体育代表团在巴西里约热内卢举行的第三十一届奥运会上,获得 26 枚金牌、18 枚银牌、26 枚铜牌,居奖牌榜第二位;在第十五届残奥会上获得 107 枚金牌、81 枚银牌、51 枚铜牌,居金牌榜和奖牌榜第一位。

2015 年 7 月 31 日,国际奥委会第 128 次全会在马来西亚吉隆坡投票决定,将 2022 年冬奥会举办权交给北京。12 月 15 日,北京 2022 年冬奥会和冬残奥会组委会成立大会举行。张高丽强调,要贯彻绿色办奥、共享办奥、开放办奥、廉洁办奥要求,高质量高水平高效率做好冬奥会和冬残奥会筹办工作。

所有这些,都是中国体育取得的成绩。在重大国际体育赛事上拿金牌,对中国来说,已经是习以为常的事情了。除了金牌,全民体育、全民健身运动也广泛开展。中国人民的体质不断提升。

体育是社会发展和人类进步的重要标志,是综合国力和社会文明程度的重要体现。体育在提高人民身体素质和健康水平、促进人的全面发展,丰富人民精神文化生活、推动经济社会发展、激励全国各族人民弘扬追求卓越、突破自我的精神方面,都有着不可替代的重要作用。

改革开放以来,我国体育事业有了长足的进步和发展,特别是党的十八大以来,我国正由体育大国向体育强国迈进,体育强国的作用明显显现、越来越大。

习近平总书记在党的十九大报告中指出:"广泛开展全民健身活动,加快推进体育强国建设。"这是决胜全面建成小康社会、夺取新时代中国特色社会主义伟大胜利的重要工程。

加快推进体育强国建设,就要大力推动全民健身的群众体育、奥运争光的竞技体育、富民利民的体育产业、完善人格的体育文化等协调发展。切实把人民作为发展体育事业的主体,把极大满足人民健康需求、促进人的全面发展作为体育工作的出发点和落脚点,把竞技体育搞得更好、更快、更高、更强,不断提高运动健儿为国争光的能力,积极做好与北京冬奥会相关的各项筹办工作,努力举办一届精彩、非凡、卓越的奥运盛会。

建设体育强国,要不断推动群众体育和体育产业协调发展、推动城乡体育均衡发展、区域体育联动发展以及各少数民族体育事业的协同发展。2014 年国务院下发的《关于加快发展体育产业促进体育消费的若干意见》,将全民健身上升为国家战略。2016 年国务院令第 666 号修订《全民健身条例》,制定了全民健身计划。"十三五"规划中,要求:广泛开展全民健身运动,实施全民健身战略。加强群众健身活动场地和设施建设,推行公共体育设施免费或低收费开放。实施青少年体育活动促进计划,培育青少年体育爱好和运动技能,推广普及足球、篮球、排球、冰雪等运动,完善青少年体质健康监测体系。发展群众健身休闲项目,鼓励实行工间健身制度,实行科学健身指导。促进群众体育与竞技体育全面协调发展。鼓励社会力量发展体育产业。做好北京2022年冬季奥运会筹办工作。

党的十九届五中全会《建议》把建成体育强国作为到2035年基本实现社会主义现代化远景目标的内容之一。要求加快发展健康、养老、育幼、文化、旅游、体育、家政、物业等服务业,广泛开展全民健身运动,增强人民体质。筹办好北京冬奥会、冬残奥会。重视青少年身体素质和心理健康教育。

《"十四五"规划和2035年远景目标纲要》用一节部署了"建设体育强国"的任务和措施。

十三、美丽中国、法治中国、平安中国、健康中国

党的十九届五中全会《建议》中,还有一些专门领域的建设居于国家层面。但它们没有冠以"强"字,没有称之为"强国",而是用"某某中国"来称谓,如美丽中国、平安中国、健康中国和数字中国,等等。美丽中国、平安中国、健康中国似乎不宜称为强国。至于数字中国,从语意和内容上应该可以称为强国,但什么时候能成为强国,还需要研究。

无论怎么称谓,这几个领域的建设都是十分重要的,在"十四五"规划和2035年远景目标中占有重要的地位。学习贯彻党的十九

届五中全会精神,开启全面建设社会主义现代化国家新征程,也必须加强这些领域的建设。

到本世纪中叶的目标,是建成富强民主文明和谐美丽的社会主义现代化强国,其中一个重要的方面,就是美丽。党的十九届五中全会《建议》规定的到 2035 年基本实现社会主义现代化远景目标中,包括"美丽中国建设目标基本实现"。

美丽中国是与生态文明建设紧紧联系在一起的,是生态文明建设所要达到的目标。

2007 年,党的十七大第一次使用了"生态文明"的概念,强调必须坚持生产发展、生活富裕、生态良好的文明发展道路,在全社会牢固树立生态文明观念。

2012 年,党的十八大进一步把生态文明建设纳入中国特色社会主义事业"五位一体"总体布局,首次把"美丽中国"作为生态文明建设的宏伟目标。党的十八大还提出了"走向社会主义生态文明新时代"的预言和号召[1]。

于是,"美丽"一词,成了"生态文明"的代名词。建设美丽中国,不仅成为建设生态文明的目标,而且上升为建设社会主义现代化强国的战略目标。

习近平总书记强调:"我们既要绿水青山,也要金山银山。""绿水青山就是金山银山。"[2]"走向生态文明新时代,建设美丽中国,是

---

[1] 中共中央文献研究室编:《十八大以来重要文献选编》上,中央文献出版社 2014 年版,第 31、32 页。

[2] 中共中央文献研究室编:《习近平关于社会主义生态文明建设论述摘编》,中央文献出版社 2017 年版,第 21 页。

实现中华民族伟大复兴的中国梦的重要内容。"①

2015年4月,中共中央、国务院印发《关于加快推进生态文明建设的意见》,明确了生态文明建设的总体要求、目标愿景、重点任务、制度体系。9月18日,《生态文明体制改革总体方案》出台,明确了生态文明体制改革的"四梁八柱"。

5年中,中央审议通过40多项生态文明建设和环境保护具体改革方案,各地结合实际推出实施办法,生态文明建设的制度日臻完善。

国家出台了"1+6"生态文明体制改革的制度体系,提出到2020年,构建起由自然资源资产产权制度、国土空间开发保护制度等八项制度构成的产权清晰、多元参与、激励约束并重、系统完整的生态文明制度体系。

党的十九大把"坚持人与自然和谐共生"作为14条基本方略之一,强调建设生态文明是中华民族永续发展的千年大计。

"十四五"时期经济社会发展主要目标中,专门包括了一条:"生态文明建设实现新进步。"具体是,国土空间开发保护格局得到优化,生产生活方式绿色转型成效显著,能源资源配置更加合理、利用效率大幅提高,主要污染物排放总量持续减少,生态环境持续改善,生态安全屏障更加牢固,城乡人居环境明显改善。

《建议》中专门设置了一个部分"推动绿色发展,促进人与自然和谐共生"。强调要坚持绿水青山就是金山银山理念,坚持尊重自

---

① 中共中央文献研究室编:《习近平关于社会主义生态文明建设论述摘编》,中央文献出版社2017年版,第20页。

然、顺应自然、保护自然,坚持节约优先、保护优先、自然恢复为主,守住自然生态安全边界。深入实施可持续发展战略,完善生态文明领域统筹协调机制,构建生态文明体系,促进经济社会发展全面绿色转型,建设人与自然和谐共生的现代化。

为此,规定了加快推动绿色低碳发展、持续改善环境质量、提升生态系统质量和稳定性、全面提高资源利用效率四个方面的任务。

党的十八大以来,以习近平同志为核心的党中央明确提出全面依法治国,并将其纳入"四个全面"战略布局予以有力推进。党的十八届四中全会专门进行研究,作出《中共中央关于全面推进依法治国若干重大问题的决定》。党的十九大召开后,党中央组建中央全面依法治国委员会,从全局和战略高度定位法治、布局法治、厉行法治,对全面依法治国又作出一系列重大决策部署,全面推进科学立法、严格执法、公正司法、全民守法,推动我国社会主义法治建设发生历史性变革、取得历史性成就,开创了全面依法治国新局面。

党的十九届五中全会《建议》要求"推进法治中国建设"。坚持法治国家、法治政府、法治社会一体建设,完善以宪法为核心的中国特色社会主义法律体系,加强重点领域、新兴领域、涉外领域立法,提高依法行政水平,完善监察权、审判权、检察权运行和监督机制,促进司法公正,深入开展法治宣传教育,有效发挥法治固根本、稳预期、利长远的保障作用,推进法治中国建设。促进人权事业全面发展。

2020年11月16日至17日,中央召开全面依法治国工作会议。习近平总书记在讲话中对当前和今后一个时期推进全面依法治国要重点抓好的工作提出了11个方面的要求。

2021年1月,新华社公布了中共中央印发的《法治中国建设规划(2020—2025 年)》。

按照这一规划,建设法治中国的总体目标是:到 2025 年,党领导全面依法治国体制机制更加健全,以宪法为核心的中国特色社会主义法律体系更加完备,职责明确、依法行政的政府治理体系日益健全,相互配合、相互制约的司法权运行机制更加科学有效,法治社会建设取得重大进展,党内法规体系更加完善,中国特色社会主义法治体系初步形成。

到 2035 年,法治国家、法治政府、法治社会基本建成,中国特色社会主义法治体系基本形成,人民平等参与、平等发展权利得到充分保障,国家治理体系和治理能力现代化基本实现。

为此,必须全面贯彻实施宪法,坚定维护宪法尊严和权威;建设完备的法律规范体系,以良法促进发展、保障善治;建设高效的法治实施体系,深入推进严格执法、公正司法、全民守法;建设严密的法治监督体系,切实加强对立法、执法、司法工作的监督;建设有力的法治保障体系,筑牢法治中国建设的坚实后盾;建设完善的党内法规体系,坚定不移推进依规治党;紧紧围绕新时代党和国家工作大局,依法维护国家主权、安全、发展利益;加强党对法治中国建设的集中统一领导,充分发挥党总揽全局、协调各方的领导核心作用。

"平安中国建设达到更高水平",是到 2035 年基本实现社会主义现代化远景目标之一。《建议》专设了一部分:"统筹发展和安全,建设更高水平的平安中国"。其内容,首先是总体国家安全。其中直接涉及老百姓平常所理解的"平安"的,主要有:

保障人民生命安全。坚持人民至上、生命至上,把保护人民生命安全摆在首位,全面提高公共安全保障能力。完善和落实安全生产责任制,加强安全生产监管执法,有效遏制危险化学品、矿山、建筑施工、交通等重特大安全事故。强化生物安全保护,提高食品药品等关系人民健康产品和服务的安全保障水平。提升洪涝干旱、森林草原火灾、地质灾害、地震等自然灾害防御工程标准,加快江河控制性工程建设,加快病险水库除险加固,全面推进堤防和蓄滞洪区建设。完善国家应急管理体系,加强应急物资保障体系建设,发展巨灾保险,提高防灾、减灾、抗灾、救灾能力。

维护社会稳定和安全。正确处理新形势下人民内部矛盾,坚持和发展新时代"枫桥经验",畅通和规范群众诉求表达、利益协调、权益保障通道,完善信访制度,完善各类调解联动工作体系,构建源头防控、排查梳理、纠纷化解、应急处置的社会矛盾综合治理机制。健全社会心理服务体系和危机干预机制。坚持专群结合、群防群治,加强社会治安防控体系建设,坚决防范和打击暴力恐怖、黑恶势力、新型网络犯罪和跨国犯罪,保持社会和谐稳定。

当然,其他方面,也与老百姓的"平安"有紧密的联系。如粮食安全,能源和战略性矿产资源安全。水利、电力、供水、油气、交通、通信、网络、金融等重要基础设施安全,水资源安全利用,金融安全,生态安全,核安全,新型领域安全等都必须高度重视,坚决抓好。

2016年8月19—20日,全国卫生与健康大会举行。习近平强调,要把人民健康放在优先发展的战略地位,加快推进健康中国建设,努力全方位、全周期保障人民健康。10月,中共中央、国务院印发了《"健康中国2030"规划纲要》。

党的十九大以"实施健康中国战略"来统揽医疗卫生和医药卫生体制改革。强调人民健康是民族昌盛和国家富强的重要标志,并提出了一系列任务。

党的十九届五中全会《建议》把建成健康中国作为到 2035 年基本实现社会主义现代化远景目标的内容之一。"十四五"时期经济社会发展主要目标要求人民的身心健康素质明显提高,卫生健康体系更加完善。

《建议》的其他不少内容都与健康有关,如把"面向人民生命健康"作为深入实施科教兴国战略的四个"面向"之一。把生命健康、脑科学作为前沿领域的一部分,实施一批具有前瞻性、战略性的国家重大科技项目。加快发展健康、养老、育幼等服务业。促进消费向绿色、健康、安全发展。

推进健康中国建设,必须准确把握全面推进健康中国建设的思路和原则。坚持把保障人民健康放在优先发展的战略位置,坚持大卫生大健康的理念,坚持基本医疗卫生事业的公益性质,坚持以改革创新激发卫生健康事业活力,坚持补短板强弱项。

今后五年,要加快落实全面推进健康中国建设的重点任务,深入实施健康中国行动,深化医药卫生体制改革,构建强大的公共卫生体系,促进中医药传承创新发展,积极应对人口老龄化。

《"十四五"规划和 2035 年远景目标纲要》按照《建议》精神,对建设美丽中国、法治中国、平安中国、健康中国作出了进一步的部署。

第八章　规划包含的中国战略

　　中国规划是中国战略的体现、载体和平台,也是实施中国战略的重大举措和行为。改革开放以来,中国先后制定了不同层面、不同范围、科学严谨、汇为一体的众多战略。中国的发展进步,都是建立在正确的国家发展战略基础上的。这些战略,都在中国规划中得到充分的展开和具体的实施。十九届五中全会《建议》和《"十四五"规划和 2035 年远景目标纲要》中,包含了中国发展的一系列战略。这些战略有不同的层次,提出的时间也有不同。有的在《建议》和《纲要》中直接使用了"战略"一词,有的没有直接使用。所有这些战略,实际上构成了中国规划的骨架。贯彻落实十九届五中全会精神,贯彻实施"十四五"规划和到 2035 年的远景目标,必须清晰认识和准确把握好这些战略。

一、中国发展的总体战略——建设中国特色社会主义

　　如果阅读一下中国共产党的党代会文件,可以发现,从党的十三

302

大开始,到最靠近的党的十九大,七次党代会,每一次党代会报告的标题中,都有一个共同的范畴——中国特色社会主义。

十三大报告的题目是:《沿着有中国特色的社会主义道路前进》;十四大报告的题目是《加快改革开放和现代化建设步伐,夺取有中国特色社会主义事业的更大胜利》;十五大报告的题目是《高举邓小平理论伟大旗帜,把建设有中国特色社会主义事业全面推向二十一世纪》;十六大报告的题目是《全面建设小康社会,开创中国特色社会主义事业新局面》;十七大报告的题目是《高举中国特色社会主义伟大旗帜,为夺取全面建设小康社会新胜利而奋斗》;十八大报告的题目是《坚定不移沿着中国特色社会主义道路前进,为全面建成小康社会而奋斗》;十九大报告的题目是《决胜全面建成小康社会,夺取新时代中国特色社会主义伟大胜利》。

显然,每一次党代会,都是把中国特色社会主义作为主题和主线,围绕着中国特色社会主义来做文章的。

为什么中国特色社会主义在中国如此重要?因为它事实上是改革开放以来中国最根本的总体性的发展战略。

在革命、建设和改革的长期进程中,中国共产党始终纠结着如何处理与书本、与苏联、与共产国际、与社会主义阵营、与外部热战和冷战环境、与世界不同类型国家等各方面关系的复杂问题。逐步走向独立自主,也成为中国共产党发展进步的基本趋势。

改革开放中,经常会遇到一些困惑。农村的家庭联产承包责任制到底是社会主义还是资本主义?国有企业自主经营到底是社会主义还是修正主义?这类困惑的根本原因,是过去长时期没有完全搞清楚什么是社会主义、怎样建设社会主义。

总结历史的经验教训,1982 年 9 月,邓小平在十二大开幕词中明确宣告:"把马克思主义的普遍真理同我国的具体实际结合起来,走自己的道路,建设有中国特色的社会主义,这就是我们总结长期历史经验得出的基本结论。"①

这一结论和命题,明确宣告了我们要建设的社会主义,是独立自主的社会主义,是立足于中国国情的社会主义,是中国特色的社会主义。40 多年来,我们一直致力于建设的,就是中国特色的社会主义;我们所赖以成功的,也是中国特色的社会主义;我们所取得的成就,归根到底,都是中国特色社会主义的胜利。

习近平总书记指出:改革开放以来社会主义在中国开创的辉煌局面和取得的巨大成就充分证明,中国特色社会主义是深深植根于中国大地、符合中国国情、具有强大生命力的社会主义。在当代中国,只有中国特色社会主义能够发展中国、造福人民、振兴中华。

习近平总书记把建设中国特色社会主义,形象地比喻为一篇"大文章","邓小平同志为它确定了基本思路和基本原则,以江泽民同志为核心的党的第三代中央领导集体、以胡锦涛同志为总书记的党中央在这篇大文章上都写下了精彩的篇章。现在,我们这一代共产党人的任务,就是继续把这篇大文章写下去。"

党的十九大报告中,"中国特色社会主义"这一专用概念出现了71 次。连同党章,其使用的范围包括:中国特色社会主义伟大旗帜,中国特色社会主义进入新时代,新时代中国特色社会主义,习近平新

---

① 中共中央文献研究室编:《十二大以来重要文献选编》(上),人民出版社1986 年版,第 3 页。

时代中国特色社会主义思想,坚持和发展中国特色社会主义的基本方略,中国特色社会主义道路,中国特色社会主义理论体系,中国特色社会主义制度,中国特色社会主义文化,中国特色社会主义事业,中国特色社会主义伟大实践,中国特色社会主义共同理想,中国特色社会主义政治发展道路,中国特色社会主义法治道路,中国特色社会主义法治体系,中国特色社会主义法律体系,中国特色社会主义法治理论,中国特色社会主义参政党,中国特色社会主义文化发展道路,中国特色社会主义军事制度,建设中国特色社会主义,坚持和发展中国特色社会主义。

由此可见,中国特色社会主义贯穿于中国社会生活的所有方面、所有领域,已成为中国发展进步的主题和精髓,也成为指导中国发展、中国规划的根本战略和指导思想。所有的规划都是为了推动中国特色社会主义事业的发展,都是为了落实中国特色社会主义的总体战略。

1990 年 12 月 25 日,党的十三届七中全会确定制定与实施十年规划和“八五”计划必须遵循正确的指导方针,其中最重要的一条是:坚定不移地走建设有中国特色的社会主义道路。这是实现第二步战略目标的根本保证。全会认为,在邓小平同志倡导下,我们党从十一届三中全会开始,经过十二大和十三大,根据马克思主义普遍真理同中国具体实际相结合的原则,在深刻总结历史经验和当前实践经验的基础上,作出了我国处于社会主义初级阶段的科学论断,形成了以经济建设为中心、坚持四项基本原则、坚持改革开放的基本路线,以及一系列行之有效的方针政策。实践证明,有中国特色社会主义道路,是符合中国实际的强国富民之路。只要我们坚定不移地沿着这条道路走下去,并善于在实践中探索和总结,就一定能经受住各种风浪的考验,创造更加辉煌的业绩,进一步显示我国社会主义制度的强大生命力。

到党的十九届五中全会审议通过的《中共中央关于制定国民经济和社会发展第十四个五年规划和二〇三五年远景目标的建议》,贯穿的仍然是中国特色社会主义,服从和服务的仍然是坚持和发展中国特色社会主义的总战略、大战略。

规划《建议》和《纲要》确定的"十四五"时期经济社会发展的指导思想,首先要求高举中国特色社会主义伟大旗帜,以马克思列宁主义、毛泽东思想、邓小平理论、"三个代表"重要思想、科学发展观、习近平新时代中国特色社会主义思想为指导。"十四五"时期经济社会发展必须遵循的原则中,要求坚持和完善中国特色社会主义制度。

在各个方面和领域的发展中,也都要沿着中国特色社会主义道路来部署和前进。如走中国特色社会主义乡村振兴道路,推进中国特色社会主义政治制度自我完善和发展,完善以宪法为核心的中国特色社会主义法律体系。深入学习贯彻习近平新时代中国特色社会主义思想,坚持共产主义远大理想和中国特色社会主义共同理想,等等。

二、中国经济政治社会发展各方面的重要战略

在中国特色社会主义总体战略、中华民族伟大复兴战略目标、"三步走"战略步骤、"五位一体"总体布局、"四个全面"战略布局的统帅和统筹之下,党和国家还制定了经济政治社会发展各个方面的

一系列重要战略。有的战略,虽然是特定领域和方面的,但具有全局性的指导意义;有的直接涉及某一个领域,但也具有全局性的影响,如人才强国战略;有的直接针对某一个区域或领域,如京津冀协同发展战略,虽然不需要全国实行,但在全局发展中占有重要的地位。党的十九届五中全会的《建议》都有不同程度的涉及,有的具有非常重要的意义,所以我们在研读《建议》和"十四五"规划时,都需要高度重视。

1. 依法治国方略

中国共产党在历史上对法治建设做过一定的尝试和探索。但在改革开放以前,曾经走过很大的弯路。党的十一届三中全会以后,总结历史的经验教训,推动法治建设不断进步。1997 年,党的十五大把依法治国提到治国方略高度,明确提出建设社会主义法治国家的目标,2012 年,党的十八大提出"全面推进依法治国"。2014 年 10 月,党的十八届四中全会,在党的历史上第一次把法治建设作为中央全会的专门议题,讨论通过了《中共中央关于全面推进依法治国若干重大问题的决定》,对全面推进依法治国作出了系统部署。2017 年党的十九大,将"坚持全面依法治国"作为坚持和发展中国特色社会主义的一条基本方略。

依法治国,就是崇尚法律在国家生活中的权威,不仅将法律手段作为治理国家的最基本方式之一,而且要求治理国家的行为本身都要有法律依据,严格遵照法律的规定进行。要求广大人民在党的领导下,依照宪法和法律规定,通过各种途径和形式管理国家事务,管理经济文化事业,管理社会事务,保证国家各项工作都依法进行,逐步实现社会主义民主的制度化、法律化,使这种制度和法律不因领导人的改变而改变,不因领导人的看法和注意力的改变而改变。

实行依法治国,是社会文明和进步的重要标志,是社会主义民主的必然要求。把依法治国作为治理国家的基本方略,标志着中国共产党的执政方式发生了一个重大的转变。

全面推进依法治国,总目标是建设中国特色社会主义法治体系,建设社会主义法治国家。这就是,在中国共产党领导下,坚持中国特色社会主义制度,贯彻中国特色社会主义法治理论,形成完备的法律规范体系、高效的法治实施体系、严密的法治监督体系、有力的法治保障体系,形成完善的党内法规体系,坚持依法治国、依法执政、依法行政共同推进,坚持法治国家、法治政府、法治社会一体建设,实现科学立法、严格执法、公正司法、全民守法,促进国家治理体系和治理能力现代化。

随着这一方略的实施,中国社会正在法治的道路上前进。党的十八大以后,法治建设迈出重大步伐。科学立法、严格执法、公正司法、全民守法深入推进,法治国家、法治政府、法治社会建设相互促进,中国特色社会主义法治体系日益完善,全社会法治观念明显增强。国家监察体制改革试点取得实效,行政体制改革、司法体制改革、权力运行制约和监督体系建设有效实施。

党的十九届五中全会和《"十四五"规划和2035年远景目标纲要》在充分肯定"十三五"时期全面依法治国取得重大进展的基础上,将"基本建成法治国家、法治政府、法治社会"作为到2035年基本实现社会主义现代化远景目标的内容之一。在"十四五"时期,

"社会主义民主法治更加健全,社会公平正义进一步彰显"①。

　　作为"十四五"规划中的一项重要任务,《建议》和《纲要》要求坚持法治国家、法治政府、法治社会一体建设,完善以宪法为核心的中国特色社会主义法律体系,加强重点领域、新兴领域、涉外领域立法,提高依法行政水平,完善监察权、审判权、检察权运行和监督机制,促进司法公正,深入开展法治宣传教育,有效发挥法治固根本、稳预期、利长远的保障作用,推进法治中国建设。促进人权事业全面发展。

　　法治建设渗透在其他各个领域。如,要求提高决策科学化、民主化、法治化水平,建设职责明确、依法行政的政府治理体系;提高金融监管透明度和法治化水平,健全产权执法司法保护制度,持续优化市场化、法治化、国际化营商环境,加强反垄断和反不正当竞争执法司法,加快发展法律服务等服务业;促进内外贸法律法规、监管体制、经营资质、质量标准、检验检疫、认证认可等相衔接;强化绿色发展的法律和政策保障,健全自然资源资产产权制度和法律法规;依法保护外资企业合法权益,健全促进和保障境外投资的法律、政策和服务体系,坚定维护中国企业海外合法权益;依法平等保护民营企业产权和企业家权益,完善促进中小微企业和个体工商户发展的法律环境和政策体系,取缔非法收入;保障妇女儿童合法权益;健全党组织领导的自治、法治、德治相结合的城乡基层治理体系;健全国家安全法治体系,完善重要领域国家安全立法、制度、政策,加

---

　　①　《中共中央关于制定国民经济和社会发展第十四个五年规划和二〇三五年远景目标的建议》,人民出版社 2020 年版,第 5、9 页。

强国家安全执法,加强安全生产监管执法;坚持依法治军;坚持依法治港治澳,维护宪法和基本法确定的特别行政区宪制秩序,落实特别行政区维护国家安全的法律制度和执行机制;加强涉外法治体系建设,加强国际法运用,维护以联合国为核心的国际体系和以国际法为基础的国际秩序。

2. 从科教兴国战略到创新驱动发展战略

科教兴国战略,是党和国家从中国国情和现代化建设的实际出发,在分析世界经济与科学技术发展趋势的基础上,为实现现代化建设"三步走"宏伟目标作出的一项重大战略部署。

改革开放之后,邓小平提出"科学技术是第一生产力""实现四个现代化,科学技术是关键,基础在教育"等思想,为科教兴国战略的形成奠定了理论基础。1995 年 5 月,中共中央、国务院颁布《关于加速科学技术进步的决定》,首次提出在全国实施科教兴国战略。1996 年 3 月,八届全国人大四次会议正式批准的《国民经济和社会发展"九五"计划和二○一○年远景目标纲要》,将科教兴国作为一条重要的指导方针和发展战略上升为国家意志。

此后,党的十五大报告再次强调实施这一战略,指出要把加快科技进步放在经济社会发展的关键地位,使经济建设真正转到依靠科技进步和提高劳动者素质的轨道上来。党的十六大报告明确提出,要走新型工业化道路,大力实施科教兴国战略和可持续发展战略。党的十七大报告进一步指出,要更好实施科教兴国战略、人才强国战略、可持续发展战略,着力把握发展规律、创新发展理念、转变发展方式、破解发展难题,提高发展质量和效益,实现又好又快发展,为发展中国特色社会主义打下坚实基础。

科教兴国战略把科技、教育进步作为经济和社会发展的强大动力,是确保国民经济持续、快速、健康发展,增强国际竞争力的根本措施,对建设国家创新体系,促进科技创新与产业化,促进我国科技自主创新能力的提高,实现跨越式发展具有重要作用。

科教兴国战略的主要内容是:在科学技术是第一生产力思想的指导下,坚持教育为本,把科技和教育摆在经济、社会发展的重要位置,增强国家的科技实力及向现实生产力转化的能力,提高全民族的科技文化素质,把经济建设转移到依靠科技进步和提高劳动者素质的轨道上来,加快建设富强民主文明和谐美丽的社会主义现代化国家。

实施科教兴国战略,取得了明显成效。如载人航天、探月工程、载人深潜、超级计算机、高速铁路等都实现了重大突破。

实施科教兴国战略,就必须大力创新。创新,作为一个具有指导性、方针性、战略性的要求和范畴,从 20 世纪 90 年代以来,经历了一个逐步扩展的过程。

2012 年,党的十八大把"实施创新驱动发展战略"作为"加快完善社会主义市场经济体制和加快转变经济发展方式"①的重要内容和措施之一。强调要坚持走中国特色自主创新道路,提高原始创新、集成创新和引进消化吸收再创新能力,更加注重协同创新。

2015 年 3 月,中共中央、国务院印发《关于深化体制机制改革加

---

① 中共中央文献研究室编:《十八大以来重要文献选编》上,中央文献出版社 2014 年版,第 15、17 页。

快实施创新驱动发展战略的若干意见》。2016 年 1 月，中共中央、国务院又印发《国家创新驱动发展战略纲要》。

2017 年党的十九大，要求加快建设创新型国家，强调创新是引领发展的第一动力，是建设现代化经济体系的战略支撑。

创新驱动，就是将创新作为引领发展的第一动力，坚持科技创新与制度创新、管理创新、商业模式创新、业态创新和文化创新相结合，推动发展方式向依靠持续的知识积累、技术进步和劳动力素质提升转变，促进经济向形态更高级、分工更精细、结构更合理的阶段演进。

创新驱动的战略目标分"三步走"：第一步，到 2020 年，进入创新型国家行列；第二步，到 2030 年，跻身创新型国家前列；第三步，到 2050 年，建成世界科技创新强国。从"行列"到"前列"，再到"强国"，形成一个"三级跳"。

党的十九届五中全会要求"坚持创新驱动发展，全面塑造发展新优势"，深入实施科教兴国战略、人才强国战略、创新驱动发展战略，完善国家创新体系，加快建设科技强国，同时，还要以创新驱动、高质量供给引领和创造新需求。

为此，《建议》和《纲要》部署了一系列重大举措和工作：强化国家战略科技力量，提升企业技术创新能力，激发人才创新活力，完善科技创新体制机制。

3. 可持续发展战略

1992 年，中国政府向联合国环境与发展大会提交了《中华人民共和国环境与发展报告》，阐述了中国关于可持续发展的基本立场和观点。1994 年，中国政府制定并批准通过了《中国 21 世纪议程——中国 21 世纪人口、环境与发展白皮书》，确立了中国可持续发展的总体战略框架和各个领域的主要目标。1995 年党的十四届五中全会提出，要把实现可持续发展作为一项重大战略。

1997 年，党的十五大进一步明确将可持续发展战略作为我国经济发展的战略之一。此后的历次党代会、人大会议，都突出强调了可持续发展战略的实施和要求。2012 年党的十八大，进一步把生态文明建设纳入中国特色社会主义事业"五位一体"总体布局。到 2017 年党的十九大，习近平总书记进一步强调建设生态文明是中华民族永续发展的千年大计，并把"坚持人与自然和谐共生"作为 14 条基本方略之一。

为了实施可持续发展战略，党中央、国务院制定了一系列适合中国国情的方针政策，正确处理和协调环境与发展二者之间的关系。大力开展了江河污染治理、国土资源整治、荒漠化治理、防护体系建设、生物多样性保护等工程。发展循环经济，把可持续发展的理念和要求渗透到经济建设和其他各方面建设事业中，大力倡导和建设生态文明。

实施可持续发展战略涉及经济社会发展的各个领域、各个方面、各个环节，必须从社会主义现代化建设全局的高度，准确认识经济社会发展中出现的新矛盾和新问题，正确处理经济发展与人口、资源、环境的关系，统筹考虑当前发展和长远发展的需要，坚持生产发展、生活富裕、生态良好的文明发展道路，建设资源节约型、环境友好型社会，建设美丽中国。

党的十九届五中全会和《"十四五"规划和 2035 年远景目标纲要》要求深入实施可持续发展战略，完善生态文明领域统筹协调机制,构建生态文明体系,促进经济社会发展全面绿色转型,建设人与自然和谐共生的现代化。

4. 区域协调发展总体战略

区域协调发展总体战略,是改革开放以来党和国家推进实施的重要发展战略。

20 世纪 80 年代,邓小平提出"两个大局"的思想,即东部沿海地区加快对外开放,率先发展起来;东部发展到一定时期,要帮助中西部地区加快发展。邓小平在 1992 年初设想,在 20 世纪末达到小康水平的时候,要突出地提出和解决地区发展差距的问题。党的十四届五中全会根据这一思想,及时把"坚持区域经济协调发展,逐步缩小地区发展差距"作为一个重要方针提了出来。

1999 年,党中央作出抓紧实施西部大开发的战略决策。2003 年 10 月,中共中央、国务院下发《关于实施东北地区等老工业基地振兴战略的若干意见》,明确提出了振兴东北地区等老工业基地的指导思想、方针任务和政策措施。2006 年 4 月,中共中央、国务院《关于促进中部地区崛起的若干意见》强调,促进中部地区崛起,是我国新阶段总体发展战略布局的重要组成部分。

在此基础上,党和国家进一步统筹不同地区的发展战略,提出了区域发展总体战略。党的十六大、十七大都提出了相应的要求和部署。

区域协调发展总体战略的基本内容,就是要积极推进西部大开发,振兴东北地区等老工业基地,促进中部地区崛起,鼓励东部地区率先发展,继续发挥各个地区的优势和积极性,通过健全市场机制、合作机制、互助机制、扶持机制,逐步扭转区域发展差距拉大的趋势,形成东中西相互促进、优势互补、共同发展的新格局。

区域协调发展总体战略,除了对全国不同区域的发展进行统筹协调外,还采取了一个跨区域的重大战略举措——划分不同类型的主体功能区,按照主体功能定位调整完善区域政策和绩效评价,规范空间开发秩序,形成合理的空间开发结构。

党的十八大以来,以习近平同志为核心的党中央高度重视区域协调发展问题,要求采取有效措施,创新区域发展政策,完善区域发展机制,促进区域协调、协同、共同发展,努力缩小区域发展差距。区域协调发展总体战略持续向前深入推进,取得了显著的成绩。

党的十九届五中全会要求坚持实施区域重大战略、区域协调发展战略、主体功能区战略,健全区域协调发展体制机制,完善新型城镇化战略,构建高质量发展的国土空间布局和支撑体系。

一是构建国土空间开发保护新格局。立足资源环境承载能力,发挥各地比较优势,逐步形成城市化地区、农产品主产区、生态功能区三大空间格局,形成主体功能明显、优势互补、高质量发展的国土空间开发保护新格局。

二是推动区域协调发展。推动西部大开发形成新格局,推动东北振兴取得新突破,促进中部地区加快崛起,鼓励东部地区加快推进现代化。支持革命老区、民族地区加快发展,加强边疆地区建设,推进兴边富民、稳边固边。推进其他一系列区域战略。更好促进发达地区和欠发达地区、东中西部和东北地区共同发展。

三是推进以人为核心的新型城镇化。实施城市更新行动,推进城市生态修复、功能完善工程,统筹城市规划、建设、管理,合理确定城市规模、人口密度、空间结构,促进大中小城市和小城镇协调发展。

《"十四五"规划和 2035 年远景目标纲要》第九篇"优化区域经济布局,促进区域协调发展"中,对优化国土空间开发保护格局、深入实施区域重大战略、深入实施区域协调发展战略、积极拓展海洋经济发展空间,作出了专门的部署。

5. 从扶贫开发战略到脱贫攻坚

改革开放以来,党和国家为解决部分地区贫困人口的温饱问题,有计划、有组织地进行了大规模的扶贫开发,极大地改变了中国农村的面貌。

1978 年,我国农村有贫困人口 2.5 亿。针对这种状况,党的十一届三中全会制定了一系列加快农业发展的政策措施。此后,农村改革极大地促进了农业生产的发展,使农村贫困现象大幅度缓解。到 1985 年,没有解决温饱的贫困人口减少到 1.25 亿人。

自 1986 年起,党和国家采取一系列重大措施:成立专门扶贫工作机构,安排专项资金,制定专门的优惠政策,并对传统的救济式扶贫进行改革,确定了开发式扶贫的方针。中国的扶贫工作进入新的历史时期。到 1993 年,农村贫困人口减少到 8000 万人。

1994 年 4 月,国家制定了《国家八七扶贫攻坚计划》,提出力争用 7 年左右的时间,基本解决 8000 万贫困人口的温饱问题。中国的扶贫开发进入攻坚阶段。根据我国政府当时的贫困标准,到 2000 年底,国家"八七"扶贫攻坚目标基本实现,农村绝对贫困人口减少到约 3000 万人。2001 年 5 月,我国政府制定并颁布了《中国农村扶贫开发纲要(二〇〇一——二〇一〇年)》,提出低收入标准,进一步明确了 2001—2010 年扶贫开发总的奋斗目标。经过努力,到 2007 年底,我国绝对贫困人口减少到约 1400 万,低收入人口减少到约 2800 万。

2008 年 10 月,党的十七届三中全会通过的《中共中央关于推进农村改革发展若干重大问题的决定》,明确提出实行新的扶贫标准,对农村低收入人口全面实施扶贫政策,不再实行对绝对贫困和低收入人口区别对待的政策,扶贫对象覆盖 4007 万。

党的十八大以来,以习近平同志为核心的党中央把扶贫开发摆到治国理政的重要位置,提升到事关全面建成小康社会、实现第一个百年奋斗目标的新高度,打响了一场新的脱贫攻坚战。党的十八届五中全会提出了贫困人口全部脱贫、贫困县全部摘帽的目标任务。中央召开扶贫开发工作会议,中共中央、国务院印发关于打赢脱贫攻坚战的决定,对"十三五"脱贫攻坚作出全面部署。"十三五"规划第一次把脱贫攻坚作为五年规划纲要的重要内容,第一次把贫困人口脱贫作为五年规划的约束性指标,第一次由省区市党政一把手向中央签署《脱贫攻坚责任书》,并层层立下军令状。习近平总书记提出精准扶贫、精准脱贫的要求,并把精准扶贫、精准脱贫作为脱贫攻坚的基本方略。

脱贫攻坚的总体目标是:到 2020 年,稳定实现农村贫困人口不愁吃、不愁穿,义务教育、基本医疗和住房安全有保障;实现贫困地区农民人均可支配收入增长幅度高于全国平均水平,基本公共服务主要领域指标接近全国平均水平;确保现行标准下农村贫困人口实现脱贫,贫困县全部摘帽,解决区域性整体贫困。

党的十九届五中全会要求,接续推进脱贫地区发展。健全防止返贫监测和帮扶机制,做好易地扶贫搬迁后续帮扶工作,加强扶贫项目资金资产管理和监督,推动特色产业可持续发展。健全农村社会保障和救助制度。在西部地区脱贫县中集中支持一批乡村振兴重点帮扶县,增强其巩固脱贫成果及内生发展能力。

随着脱贫攻坚战略任务的完成,《"十四五"规划和 2035 年远景目标纲要》进一步要求巩固提升脱贫攻坚成果,提升脱贫地区整体发展水平,实现巩固拓展脱贫攻坚成果同乡村振兴有效衔接。

三、十八大后新实施的发展战略

1. 乡村振兴战略

改革开放以来,从 1982 年至 1986 年,中共中央连续 5 年发布以农业、农村和农民为主题的中央一号文件。从 2004 年至 2020 年,又连续 17 年发布以"三农"为主题的中央一号文件,对"三农"的改革和发展进行部署和改革。

2005 年 10 月,党的十六届五中全会提出建设社会主义新农村的任务。

党的十八大之后,党和国家进一步加强"三农"建设。2017 年 10 月 18 日,习近平总书记在党的十九大报告中明确提出实施乡村振兴战略。2018 年的中央一号文件,就是《中共中央国务院关于实施乡村振兴战略的意见》。5 月 31 日,中共中央政治局召开会议,审议《国家乡村振兴战略规划(2018—2022 年)》。9 月,中共中央、国务院印发了《乡村振兴战略规划(2018—2022 年)》,并发出通知,要求各地区各部门结合实际认真贯彻落实。

2018 年 9 月 21 日，中共中央政治局就实施乡村振兴战略进行第八次集体学习。习近平总书记在主持学习时强调，乡村振兴战略是党的十九大提出的一项重大战略，是关系全面建设社会主义现代化国家的全局性、历史性任务，是新时代"三农"工作总抓手。

实施乡村振兴战略，就是坚持农业农村优先发展，按照产业兴旺、生态宜居、乡风文明、治理有效、生活富裕的总要求，建立健全城乡融合发展体制机制和政策体系，统筹推进农村经济建设、政治建设、文化建设、社会建设、生态文明建设和党的建设，加快推进乡村治理体系和治理能力现代化，加快推进农业农村现代化，走中国特色社会主义乡村振兴道路，让农业成为有奔头的产业，让农民成为有吸引力的职业，让农村成为安居乐业的美丽家园。

实施乡村振兴战略的目标任务是：到 2020 年，乡村振兴取得重要进展，制度框架和政策体系基本形成；到 2035 年，乡村振兴取得决定性进展，农业农村现代化基本实现；到 2050 年，乡村全面振兴，农业强、农村美、农民富全面实现。

党的十九届五中全会要求，坚持把解决好"三农"问题作为全党工作重中之重，走中国特色社会主义乡村振兴道路，全面实施乡村振兴战略，强化以工补农、以城带乡，推动形成工农互促、城乡互补、协调发展、共同繁荣的新型工农城乡关系，加快农业农村现代化。

为此，要提高农业质量效益和竞争力。实施乡村建设行动。深化农村改革。实现巩固拓展脱贫攻坚成果同乡村振兴有效衔接。

《"十四五"规划和 2035 年远景目标纲要》更加具体地提出和部署实施了乡村振兴战略的措施政策。

2. 军民融合发展战略

党和国家历来重视推进经济建设和国防建设协调发展。2008年3月,胡锦涛提出要走出一条中国特色军民融合式发展路子。

党的十八大以来,以习近平同志为核心的党中央在国家总体战略中兼顾发展和安全,把军民融合发展确立为兴国之举、强军之策,作出一系列重大决策。

2015年3月,习近平总书记出席十二届全国人大三次会议解放军代表团全体会议时明确提出,把军民融合发展上升为国家战略,强调要深入实施军民融合发展战略,努力开创强军兴军新局面。

2016年7月,中共中央、国务院、中央军委印发《关于经济建设和国防建设融合发展的意见》,首次从中央层面明确了军民融合发展的重点。相应,国务院、中央军委颁布实施《经济建设和国防建设融合发展"十三五"规划》,勾画出"十三五"时期军民融合发展的蓝图。

2017年1月,为了加强军民融合发展的集中统一领导,决定成立中央军民融合发展委员会,由习近平总书记担任主任。

党的十九大把军民融合发展战略和科教兴国战略等一起作为必须坚持的国家战略,明确要求坚持富国和强军相统一,强化统一领导、顶层设计、改革创新和重大项目落实,深化国防科技工业改革,形成军民融合深度发展格局,构建一体化的国家战略体系和能力。

把军民融合发展上升为国家战略,是党中央从国家安全和战略全局出发做出的重大决策,是在全面建成小康社会进程中实现富国和强军相统一的必由之路。

航天领域是军民融合的典型。2017年,国防科工局党组在《加

快推进航天强国建设,航天事业发展再创辉煌》的文章中表示:"坚
决贯彻落实军民融合发展战略。以体制改革为动力,以机制创新
为抓手,加强航天军民融合顶层设计,推动军民航天在战略规划、
系统建设、运行管理、资源共享、法规政策、标准规范、国际合作等
方面全要素、多领域、高效益的深度融合。鼓励支持和有序引导社
会优势资源、优势力量参与航天发展,积极发展低成本商业运载火
箭、商业卫星等航天制造业,着力培育'互联网+卫星应用'新业
态,做大做强做优航天战略性新兴产业,为经济转型升级提供强大
动力。"

党的十九届五中全会要求,促进国防实力和经济实力同步提
升。同国家现代化发展相协调,搞好战略层面筹划,深化资源要素
共享,强化政策制度协调,构建一体化国家战略体系和能力。推动
重点区域、重点领域、新兴领域协调发展,集中力量实施国防领域
重大工程。优化国防科技工业布局,加快标准化通用化进程。完
善国防动员体系,健全强边固防机制,强化全民国防教育,巩固军
政军民团结。

《"十四五"规划和2035年远景目标纲要》进一步提出了军民融
合发展的各方面要求和措施。

3. 就业优先战略

就业是最大的民生,也是经济社会发展最基本的支撑,事关经济
发展和民生改善大局。

改革开放以来,党和国家一直在着力提高经济效益的同时,采取
各种办法解决群众就业问题。面对国内经济增速换挡和国际环境日

益复杂的局面,党的十八大明确提出推动实现更高质量的就业,实施就业优先战略和更加积极的就业政策,并把实现就业更加充分作为全面建成小康社会的重要目标,进一步明确了"劳动者自主就业、市场调节就业、政府促进就业和鼓励创业"的新时期就业方针。

2015年,国务院在《关于进一步做好新形势下就业创业工作的意见》中,要求把就业作为重中之重,坚持实施就业优先战略和更加积极的就业政策,坚决打好稳定和扩大就业的硬仗。坚持扩大就业发展战略,发展吸纳就业能力强的产业,发挥小微企业就业主渠道作用,积极预防和有效调控失业风险。

2015年,国务院还印发了《关于大力推进大众创业万众创新若干政策措施的意见》,制定了鼓励"双创"的一系列政策。同年10月19日,首届全国大众创业万众创新活动周启动。国务院总理李克强出席活动周启动仪式并考察主题展区,强调要坚持创新驱动,扎实推进"双创",不断激发市场活力潜力和社会创造力。

党的十九大进一步要求实施就业优先战略和积极就业政策,实现更高质量和更充分就业。

党的十九届五中全会要求,强化就业优先政策。千方百计稳定和扩大就业,坚持经济发展就业导向,扩大就业容量,提升就业质量,促进充分就业,保障劳动者待遇和权益。健全就业公共服务体系、劳动关系协调机制、终身职业技能培训制度。更加注重缓解结构性就业矛盾,加快提升劳动者技能素质,完善重点群体就业支持体系,统筹城乡就业政策体系。扩大公益性岗位安置,帮扶残疾人、零就业家庭成员就业。完善促进创业带动就业、多渠道灵活就业的保障制度,支持和规范发展新就业形态,健全就业需求调查和失业监测预警机制。

《"十四五"规划和 2035 年远景目标纲要》第四十七章"实施就业优先战略"中,对强化就业优先政策、健全就业公共服务体系、全面提升劳动者就业创业能力作出了部署。

4. 健康中国战略

小康不小康,基础在健康。推进健康中国建设,是全面建成小康社会、基本实现社会主义现代化的重要基础,是全面提升中华民族健康素质、实现人民健康与经济社会协调发展的国家战略,

2016 年 8 月,全国卫生与健康大会举行。习近平总书记强调,要把人民健康放在优先发展的战略地位,加快推进健康中国建设,努力全方位、全周期保障人民健康。10 月,中共中央、国务院印发《"健康中国 2030"规划纲要》。全面制定了健康中国战略。

党的十九大深刻指出,"人民健康是民族昌盛和国家富强的重要标志",同时,就"实施健康中国战略"作出了一系列部署。

党的十九届五中全会《建议》对"全面推进健康中国建设"作出了新的部署。如果细致地分解开来,一共包括 11 个方面:

一是把保障人民健康放在优先发展的战略位置,坚持预防为主的方针,深入实施健康中国行动,完善国民健康促进政策,织牢国家公共卫生防护网,为人民提供全方位全周期健康服务。

二是改革疾病预防控制体系,强化监测预警、风险评估、流行病学调查、检验检测、应急处置等职能。

三是建立稳定的公共卫生事业投入机制,加强人才队伍建设,改善疾控基础条件,完善公共卫生服务项目,强化基层公共卫生体系。

四是落实医疗机构公共卫生责任,创新医防协同机制。完善突

发公共卫生事件监测预警处置机制,健全医疗救治、科技支撑、物资保障体系,提高应对突发公共卫生事件能力。

五是坚持基本医疗卫生事业公益属性,深化医药卫生体制改革,加快优质医疗资源扩容和区域均衡布局,加快建设分级诊疗体系,加强公立医院建设和管理考核,推进国家组织药品和耗材集中采购使用改革,发展高端医疗设备。

再往后,六是支持社会办医,推广远程医疗。七是坚持中西医并重,大力发展中医药事业。八是提升健康教育、慢病管理和残疾康复服务质量,重视精神卫生和心理健康。九是深入开展爱国卫生运动,促进全民养成文明健康生活方式。十是完善全民健身公共服务体系。十一是加快发展健康产业。

与此相应,还要优化生育政策,提高优生优育服务水平,发展普惠托育服务体系,降低生育、养育、教育成本。健全基本养老服务体系,发展普惠型养老服务和互助性养老,支持家庭承担养老功能。构建居家社区机构相协调、医养康养相结合的养老服务体系,健全养老服务综合监管制度。

《"十四五"规划和 2035 年远景目标纲要》在"全面推进健康中国建设"中,突出强调了构建强大公共卫生体系、深化医药卫生体制改革、健全全民医保制度、推动中医药传承创新、建设体育强国、深入开展爱国卫生运动六个方面的要求,作出了有关部署,还包括实施六大全民健康保障工程。

5. 食品安全战略

民以食为天,食以安为先。食品安全关乎人民健康和生命,责任重于泰山。

2008年9月,由于发生三鹿牌婴幼儿奶粉事件,国务院启动国家重大食品安全事故Ⅰ级响应,对该事件进行了严肃处理。随后2009年2月全国人大通过了《中华人民共和国食品安全法》。2010年2月,国务院设立食品安全委员会。2012年6月,国务院印发《关于加强食品安全工作的决定》。

党的十八大以来,以习近平同志为核心的党中央高度重视食品安全问题,重拳严治,以保障人民"舌尖上的安全"。2015年4月24日,十二届全国人大常委会第十四次会议通过修订后的《中华人民共和国食品安全法》。中央关于"十三五"规划的建议更是将食品安全问题提到国家战略高度,提出实施食品安全战略。"十三五"规划就此作出部署:"实施食品安全战略。完善食品安全法规制度,提高食品安全标准,强化源头治理,全面落实企业主体责任,实施网格化监管,提高监督检查频次和抽检监测覆盖面,实行全产业链可追溯管理。开展国家食品安全城市创建行动。"

2017年2月,国务院印发《"十三五"国家食品安全规划》和《"十三五"国家药品安全规划》。要求以最严谨的标准、最严格的监管、最严厉的处罚、最严肃的问责,全面实施食品安全战略,着力推进监管体制机制改革创新和依法治理,着力解决人民群众反映强烈的突出问题,推动食品安全现代化治理体系建设,促进食品产业发展,推进健康中国建设。

党的十九大进一步要求:"实施食品安全战略,让人民吃得放心。"

党的十九届五中全会要求,提高食品药品等关系人民健康产品和服务的安全保障水平。

《"十四五"规划和2035年远景目标纲要》要求"深入实施食品安全战略,加强食品全链条质量安全监管,推进食品安全放心工程建设攻坚行动,加大重点领域食品安全问题联合整治力度。"

6. 从人口发展战略到积极应对人口老龄化国家战略

党的十八大以来,根据我国人口发展变化趋势,党中央、国务院审时度势,作出调整完善生育政策的重大决策部署。与此同时,国家在统筹人口与经济社会发展,积极应对老龄化,大力提升人口素质,扎实推进新型城镇化,促进人口长期均衡发展等方面,也做出了一系列规定,从而使我国人口发展进入了新阶段。

"十三五"规划要求完善人口发展战略,建立健全人口与发展综合决策机制。"十三五"规划末,全国总人口控制在14.2亿人左右。2016年12月,国务院印发《国家人口发展规划(2016—2030年)》,提出到2030年,全国总人口达到14.5亿人左右,人口与经济社会、资源环境的协调程度进一步提高。

党的十九大从国家整体发展战略的高度要求"加强人口发展战略研究"。

根据2016年国务院印发的《国家人口发展规划(2016—2030年)》,中国人口发展战略的主要目标是:

到2020年,全面两孩政策效应充分发挥,生育水平适度提高,人口素质不断改善,结构逐步优化,分布更加合理。到2030年,人口自身均衡发展的态势基本形成,人口与经济社会、资源环境的协调程度进一步提高。

人口总量。总和生育率逐步提升并稳定在适度水平,2020 年全国总人口达到 14.2 亿人左右,2030 年达到 14.5 亿人左右。

党的十九届五中全会要求,实施积极应对人口老龄化国家战略。制定人口长期发展战略,优化生育政策,增强生育政策包容性,提高优生优育服务水平,发展普惠托育服务体系,降低生育、养育、教育成本,促进人口长期均衡发展,提高人口素质。积极开发老龄人力资源,发展银发经济。推动养老事业和养老产业协同发展,健全基本养老服务体系,发展普惠型养老服务和互助性养老,支持家庭承担养老功能,培育养老新业态,构建居家社区机构相协调、医养康养相结合的养老服务体系,健全养老服务综合监管制度。

《"十四五"规划和 2035 年远景目标纲要》把人口战略的重点放在了"应对人口老龄化"上,与《建议》一样,使用了"积极应对人口老龄化国家战略"的名称,并且突出"一老一小",要求以"一老一小"为重点改善人口服务体系,促进人口长期均衡发展。还使用了"释放生育政策潜力"这样的表述,以推动实现适度生育水平。

7. 国家安全战略

国家安全是安邦定国的重要基石,是全国各族人民根本利益所在,是关系一个国家生存和发展的基本问题。

党的十八大以来,以习近平同志为核心的党中央高度重视国家安全问题,把国家安全放在"四个全面"的战略布局中加以运筹,主持制定了国家安全战略,强调国家安全是安邦定国的重要基石。

2014 年 1 月 24 日,中共中央决定设立国家安全委员会,由习近平总书记任主席。国家安全委员会负责国家安全工作的决策和议事协调,研究制定、指导实施国家安全战略和有关重大方针政策,统筹协调国家安全重大事项和重要工作,推动国家安全法治建设。

2015 年 1 月 23 日,中共中央政治局会议审议通过《国家安全战略纲要》。制定和实施《国家安全战略纲要》,是有效维护国家安全的迫切需要,是完善中国特色社会主义制度、推进国家治理体系和治理能力现代化的必然要求。同年 7 月,十二届全国人大常委会第十五次会议通过了《中华人民共和国国家安全法》。

党的十九大把"坚持总体国家安全观"作为基本方略之一。要求有效维护国家安全;完善国家安全战略和国家安全政策,坚决维护国家政治安全,统筹推进各项安全工作;健全国家安全体系,加强国家安全法治保障,提高防范和抵御安全风险能力;严密防范和坚决打击各种渗透颠覆破坏活动、暴力恐怖活动、民族分裂活动、宗教极端活动;加强国家安全教育,增强全党全国人民国家安全意识,推动全社会形成维护国家安全的强大合力。

2019 年 1 月,中央在中央党校举办省部级主要领导干部坚持底线思维着力防范化解重大风险专题研讨班。习近平总书记在讲话中强调,面对波谲云诡的国际形势、复杂敏感的周边环境、艰巨繁重的改革发展稳定任务,必须始终保持高度警惕,既要高度警惕"黑天鹅"事件,也要防范"灰犀牛"事件;既要有防范风险的先手,也要有应对和化解风险挑战的高招;既要打好防范和抵御风险的有准备之战,也要打好化险为夷、转危为机的战略主动战。

党的十九届五中全会要求,坚持总体国家安全观,实施国家安全战略,维护和塑造国家安全,统筹传统安全和非传统安全,把安全发展贯穿国家发展各领域和全过程,防范和化解影响我国现代化进程的各种风险,筑牢国家安全屏障。

为此,要加强国家安全体系和能力建设。完善集中统一、高效权威的国家安全领导体制,健全国家安全法治体系、战略体系、政策体系、人才体系和运行机制,完善重要领域国家安全立法、制度、政策。健全国家安全审查和监管制度,加强国家安全执法。加强国家安全宣传教育,增强全民国家安全意识,巩固国家安全人民防线。坚定维护国家政权安全、制度安全、意识形态安全,全面加强网络安全保障体系和能力建设。严密防范和严厉打击敌对势力渗透、破坏、颠覆、分裂活动。

要确保国家经济安全。加强经济安全风险预警、防控机制和能力建设,实现重要产业、基础设施、战略资源、重大科技等关键领域安全可控。实施产业竞争力调查和评价工程,增强产业体系抗冲击能力。确保粮食安全,保障能源和战略性矿产资源安全。维护水利、电力、供水、油气、交通、通信、网络、金融等重要基础设施安全,提高水资源集约安全利用水平。维护金融安全,守住不发生系统性风险底线。确保生态安全,加强核安全监管,维护新型领域安全。构建海外利益保护和风险预警防范体系。

《“十四五”规划和 2035 年远景目标纲要》在“国家经济安全保障”中,把若干领域的安全保障上升为战略,如粮食安全战略、能源资源安全战略、金融安全战略。

8.“一带一路”倡议

“一带一路”,是“丝绸之路经济带”和“21 世纪海上丝绸之路”的简称,是党的十八大后扩大对外开放的重要倡议和举措。但标准的表述,只谓"倡议",不称"战略"。

2013 年 9 月,习近平主席访问哈萨克斯坦,在纳扎尔巴耶夫大学发表演讲时建议用创新的合作模式,共同建设"丝绸之路经济带",以点带面,从线到片,逐步形成区域大合作。2013 年 10 月 3 日,习近平主席在印度尼西亚国会发表演讲,提出共同建设"21 世纪海上丝绸之路"的倡议。

2014 年 12 月,中共中央、国务院印发《丝绸之路经济带和 21 世纪海上丝绸之路建设战略规划》,对推进"一带一路"建设工作作出全面部署。2015 年 3 月,国家发改委、外交部、商务部经国务院授权发布《推动共建丝绸之路经济带和 21 世纪海上丝绸之路的愿景与行动》,全面阐述了"一带一路"倡议的内涵。

2017 年 5 月 14 日至 15 日,中国在北京成功地举办了"一带一路"国际合作高峰论坛。来自 29 个国家的国家元首、政府首脑与会,来自 130 多个国家和 70 多个国际组织的 1500 多名代表参会,覆盖了五大洲各大区域。会议通过《"一带一路"国际合作高峰论坛圆桌峰会联合公报》,并发表"一带一路"国际合作高峰论坛成果清单。

2019 年 4 月 25 日至 27 日,中国在北京成功主办了第二届"一带一路"国际合作高峰论坛。其间举行了高峰论坛开幕式、领导人圆桌峰会、高级别会议、12 场分论坛和 1 场企业家大会。包括中国在内,38 个国家的元首和政府首脑等领导人以及联合国秘书长和国际货币基金组织总裁共 40 位领导人出席圆桌峰会。来自 150 个国家、92 个国际组织的 6000 余名外宾参加了论坛。圆桌峰会一致通过了联合公报。各方达成了 283 项务实成果,签署了 640 多亿美元的项目合作协议。

党的十九届五中全会要求,推动共建"一带一路"高质量发展。坚持共商共建共享原则,秉持绿色、开放、廉洁理念,深化务实合作,加强安全保障,促进共同发展。推进基础设施互联互通,拓展第三方市场合作。构筑互利共赢的产业链供应链合作体系,深化国际产能合作,扩大双向贸易和投资。坚持以企业为主体,以市场为导向,遵循国际惯例和债务可持续原则,健全多元化投融资体系。推进战略、规划、机制对接,加强政策、规则、标准联通。深化公共卫生、数字经济、绿色发展、科技教育合作,促进人文交流。

另外,有所关联的,还要支持特别行政区打造"一带一路"功能平台,实现经济多元可持续发展。支持台商台企参与"一带一路"建设。

《"十四五"规划和 2035 年远景目标纲要》抓住"加强发展战略和政策对接""推进基础设施互联互通""深化经贸投资务实合作""架设文明互学互鉴桥梁"四个重点,部署了一系列举措、政策和项目。

9. 京津冀协同发展战略

党的十八大以后,习近平总书记提出了京津冀协同发展战略。2015 年 6 月,中共中央、国务院颁布《京津冀协同发展规划纲要》,从战略意义、总体要求、定位布局、有序疏解北京非首都功能、推动重点领域率先突破、促进创新驱动发展、统筹协同发展相关任务、深化体制机制改革、开展试点示范、加强组织实施等方面,描绘了京津冀协同发展的蓝图。

根据规划,京津冀整体定位是"以首都为核心的世界级城市群、区域整体协同发展改革引领区、全国创新驱动经济增长新引擎、生态修复环境改善示范区"。北京市是"全国政治中心、文化中心、国际交往中心、科技创新中心";天津市是"全国先进制造研发基地、北方国际航运核心区、金融创新运营示范区、改革开放先行区";河北省是"全国现代商贸物流重要基地、产业转型升级试验区、新型城镇化与城乡统筹示范区、京津冀生态环境支撑区"。

2017年3月28日,中共中央、国务院发出通知,决定设立河北雄安新区。4月1日对外公布。习近平总书记强调,建设北京城市副中心和雄安新区两个新城,是千年大计、国家大事。

2018年11月,中共中央、国务院明确要求以疏解北京非首都功能为"牛鼻子",推动京津冀协同发展,调整区域经济结构和空间结构,推动河北雄安新区和北京城市副中心建设,探索超大城市、特大城市等人口经济密集地区有序疏解功能、有效治理"大城市病"的优化开发模式。

京津冀协同发展战略实施以来,从规划纲要到跨行政区的京津冀"十三五"规划,再到12个专项规划,京津冀协同发展规划体系不断落实落细。北京市四套班子已经迁入副中心办公。雄安新区的建设正在按照《国务院关于河北雄安新区总体规划(2018—2035年)》抓紧推进。

党的十九届五中全会要求推进京津冀协同发展。

《"十四五"规划和2035年远景目标纲要》围绕加快推动京津冀协同发展,进一步提出了"紧抓疏解北京非首都功能'牛鼻子',构建功能疏解政策体系,实施一批标志性疏解项目"等政策、要求和举措。

10.长江经济带发展战略

长江,是中国和亚洲的第一大河,世界第三大河。改革开放以来,长江流域得到更快发展,成为我国综合实力最强、战略支撑作用最大的区域之一。

党的十八大以来,党中央、国务院审时度势,谋划中国经济新棋局,作出了依托黄金水道推动长江经济带发展,打造中国经济新支撑带的重大战略决策。

2016年3月25日,中共中央政治局会议审议通过了《长江经济带发展规划纲要》。5月30日,中共中央、国务院印发《长江经济带发展规划纲要》。

长江经济带的战略定位是打造成为具有全球影响力的内河经济带、东中西互动合作的协调发展带、沿海沿江沿边全面推进的对内对外开放带、生态文明建设的先行示范带。

长江经济带建设的任务,具体包括保护和修复长江生态环境,建设综合立体交通走廊,创新驱动产业转型,新型城镇化,构建东西双向、海陆统筹的对外开放新格局等。

推动长江经济带发展遵循5条基本原则:一是江湖和谐、生态文明;二是改革引领、创新驱动;三是通道支撑、协同发展;四是陆海统筹、双向开放;五是统筹规划、整体联动。

切实保护好长江的生态系统,是一件关系千秋万代的大事情。长江经济带发展的基本思路是生态优先、绿色发展,而不是又鼓励新一轮的大干快上。共抓大保护,不搞大开发,这是长江经济带战略区别于其他战略的最重要的要求。

2018年4月26日,习近平总书记在武汉主持召开深入推动长江经济带发展座谈会并发表重要讲话。11月,中共中央、国务院要求充分发挥长江经济带横跨东中西三大板块的区位优势,以共抓大保护、不搞大开发为导向,以生态优先、绿色发展为引领,依托长江黄金水道,推动长江上中下游地区协调发展和沿江地区高质量发展。

在长江经济带发展战略带动下,沿江各地区加快改革创新,狠抓政策落实,经济发展取得了新的成就。特别是坚持绿色发展,谱写了大保护的新篇章。

十九届五中全会要求推进长江经济带发展。

《"十四五"规划和2035年远景目标纲要》要求"全面推动长江经济带发展","坚持生态优先、绿色发展和共抓大保护、不搞大开发,协同推动生态环境保护和经济发展,打造人与自然和谐共生的美丽中国样板"。

11. 自由贸易区战略

党的十七大把自由贸易区建设上升为国家战略,党的十八大提出要加快实施自由贸易区战略。党的十八届三中全会提出要以周边为基础加快实施自由贸易区战略,形成面向全球的高标准自由贸易区网络。

2013年8月,国务院正式批准设立上海自由贸易试验区。上海自由贸易试验区运行以来,取得较好效果,得到广泛好评。于是中央决定继续实施一系列深化改革举措,把上海自贸区成功经验逐步推广至全国。

2015年11月《中共中央关于制定国民经济和社会发展第十三个五年规划的建议》要求,加快实施自由贸易区战略,推进区域全面经济伙伴关系协定谈判,推进亚太自由贸易区建设,致力于形成面向全球的高标准自由贸易区网络。

2015 年 11 月 9 日,习近平总书记在主持召开中央全面深化改革领导小组第十八次会议时强调,加快实施自由贸易区战略,要坚持使市场在资源配置中起决定性作用和更好发挥政府作用,坚持统筹考虑和综合运用国内国际两个市场、两种资源,坚持与推进共建"一带一路"和国家对外战略紧密衔接,坚持把握开放主动和维护国家安全,逐步构筑起立足周边、辐射"一带一路"、面向全球的高标准自由贸易区网络。要把握好扩大开放和深化改革、全面参与和重点突破、科学评估和防控风险等重大关系,重点在提高货物贸易开放水平、扩大服务业对外开放、放宽投资准入、推进规则谈判、提高贸易便利化水平、推进规制合作、加强经济技术合作等方面深化改革,完善体制机制,健全政策体系,建设高水平自由贸易区。

《中华人民共和国国民经济和社会发展第十三个五年规划纲要》作出部署:加快实施自由贸易区战略,逐步构筑高标准自由贸易区网络。努力同"一带一路"沿线国家和地区商建自由贸易区,加快区域全面经济伙伴关系协定、中国-海合会、中日韩自贸区等谈判,推动与以色列、加拿大、欧亚经济联盟和欧盟等建立自贸关系以及亚太自贸区相关工作。全面落实中韩、中澳等自由贸易协定和中国-东盟自贸区升级议定书。继续推进中美、中欧投资协定谈判。

至 2017 年,自贸试验区试点已扩大至广东、天津、福建、辽宁、浙江、河南、湖北、重庆、四川、陕西等地。

2018 年 4 月 13 日,习近平总书记在庆祝海南建省办经济特区 30 周年大会上郑重宣布,党中央决定支持海南全岛建设中国(海南)

自由贸易试验区。

党的十九届五中全会的《建议》,又进一步提出了实施"自由贸易区提升战略",增加了"提升"两个字。

《"十四五"规划和2035年远景目标纲要》进一步强调"构建高标准自由贸易区网络",实施自由贸易区提升战略,优化自由贸易区布局,提升自由贸易区建设水平,积极考虑加入全面与进步跨太平洋伙伴关系协定,推动商签更多高标准自由贸易协定和区域贸易协定。

12. 规划《建议》提出的其他战略

除了上述战略外,《建议》和《纲要》中直接提到的战略还有:扩大内需战略,藏粮于地、藏粮于技战略,区域重大战略、新型城镇化战略,文化产业数字化战略,应对人口老龄化国家战略,人口长期发展战略,国家安全战略,新时代军事战略体系。其中有的是早先已经提出,有的是刚刚提出,需要我们认真学习和研究。

四、争取良好外部环境的国际战略

为了给中国的发展争取一个良好的国际环境,改革开放以来,中国逐步调整外交政策,形成和不断完善了新时期的国际战略。这种战略,从属于国家发展战略,为国家发展战略服务。同时,又是要确保中国的国家安全,从属于国家安全战略。

中华人民共和国成立以来,党和国家制定实施了一系列重要的外交政策,也形成了以和平共处五项原则为代表的一系列重要原则,实际上在国际问题上有很多重要的战略思想。但是,长期以来,我们的正式文件一般都称外交政策、对外政策,而不称外交战略、对外战略,更少用国际战略。从党的十二大、十三大,到十四大、十五大的报告,都没有正式使用过"对外战略""国际战略"这样的字眼。

针对这个问题,我早在 20 世纪 90 年代就做过分析,提过建议。2002 年 5—7 月,我曾经在新华社的《瞭望》周刊第 21—25、28、29、30 期上,围绕着"怎样认识和把握当今的国际战略形势",每期发表一篇长篇文章,连续发了 8 篇,系统地论述了我对国际战略形势和我国国际战略的看法。

其中,在《怎样把握和推进我国新世纪的国际战略》一文中,我指出,尽管我们早就有着非常丰富的战略思想,但,新世纪的中国,还是迫切需要将"对外政策"正式上升到"对外战略"或"国际战略"的层面。从战略的层面分析形势,从战略的层面规划未来,从战略的层面联结内政外交,从战略的层面指导一切对外政策和对外活动。当然,也包括正式使用国际战略这样一个重要的概念,正式规范中国国际战略的基本内容。

何以提出这个问题? 其原因在于,今天我们所处的整个世界已经发生了很大的变化,我们在国际舞台上维护利益和发挥作用的方式也有了相当的改变,相应地,对我们整个对外活动的要求也进一步提高了。

第一,随着科学技术的迅速发展、交通和通讯方式的巨大改进、经济全球化的日益推进,整个世界已经越来越紧密地联系在一起。

第二,在新形势下,中国对外活动的方式,已经不是仅仅对国际事务作出直接的反应,而是要主动对国际事务发生影响。

第三,在新形势下,不仅外交的内涵正在扩展,而且内政与外交的关系更加紧密,日益构成为相互联动的统一整体。

在这样的情况下,整个国家的对外事务有了更高程度的系统性、整体性、主动性和长远性。国家的发展、安全乃至生存,与国际环境有着紧密的联系。整个对外活动的方向、政策、策略都要服从和服务于基本国策。对外事务的活动方向与国内经济、政治、文化、科技、军事等所有领域的政策方向,都要密切配合,互相促进。这样,我们在国际舞台上的活动,就已经不是一般的外交政策问题,而应该是与国内事务紧密结合,面向世界各个领域、各个区域,具有全局性特点的整体战略。这样的战略,要求有更广泛的外延,有更高层次的内涵,有全局性、整体性的谋划,有主动进取的精神,有所有相关领域的联系和配合,有更丰富多样的手段和方式。这样的战略,已经远远不是政策性的问题,而是辐射于世界的战略性问题。新世纪中国所需要的国际战略,就应该是这样更高层次的战略。

那么,新世纪我国的国际战略应该包含哪些内容呢?对此我提出了系统的观点。

首先,新世纪中国国际战略的中心目标应该是什么?

根据中国的基本国情和战略需要,根据我们党在社会主义初级阶段的基本路线和基本纲领,根据我国新世纪全面建设小康社会、加快推进现代化的发展战略,根据 21 世纪中国最大的国家利益,我认为,新世纪中国国际战略的中心目标应该是:为我国社会主义现代化建设争取良好的国际环境;维护中国的安全和国家利益;推进世界的和平、发展与进步事业。

围绕这个中心目标,中国的国际战略应该包括:第一,把坚持独立自主原则,适应新的形势更好地维护国家的利益、主权和安全,作为我们新世纪国际战略的根本基点。第二,把维护世界和平,促进共同发展,推动建立国际经济、政治和文明三种新秩序,作为我们新世纪国际战略的基本主张。第三,把积极发展同世界不同类型国家的友好关系,特别是改善和发展大国关系,建立均衡、稳定的世界战略格局,作为我们新世纪国际战略的基本布局。第四,把全方位扩大对外开放,趋利避害,积极参与经济和科技全球化进程,拓展经济发展的空间,作为我们新世纪国际战略的重点。

其中一个重要和突出的方面,是加强在国际舞台的交往与合作,更加积极地参与国际组织的活动,参与或召集各种国际会议,参与制定各种国际规则,更加广泛地展开首脑外交、会议外交、礼仪外交、电话外交、政党外交、民间外交、非政府组织外交等,广交朋友,扩展中国的国际影响力。包括更加积极主动地参与国际组织的活动,更加积极主动地参与和推动国际问题和热点问题的解决,更加积极主动地开展多种形式的国际交往活动,更加主动地向世界推介中国,塑造中国在世界上的良好形象。

现在,将近20年过去了。当年的这些观点和建议,不仅有很强的前瞻性,而且即使到今天仍然没有过时。

当然,个人建议不等于国家意志。要不要使用国际战略甚至全球战略这个概念,需要党和国家统筹考虑。实际上制定什么样的国际战略,也是党和国家的顶层设计。

从党的十六大到十九大的报告中,仍然始终没有出现"国际战略""外交战略"这样的用语。

但是事实上,我们党和国家在国际关系和对外政策上的战略思想是非常丰富的。改革开放以来,我们确认和平与发展是当代世界的主题,坚持独立自主的和平外交政策,坚定不移走和平发展道路,推动构建和谐世界,开创了中国外交的新局面,为中国的改革开放和现代化建设赢得了良好的国际环境。

党的十八大以来,习近平总书记从战略全局上谋划中国外交,形成了习近平外交思想。习近平总书记的许多讲话中,先后使用了许多与战略相关联的词汇,如外交战略思想、外交布局、战略谋划、战略定力、中国特色大国外交、统筹国际国内两个大局、"保持战略主动,具备战略眼光,树立全球视野","坚持走和平发展道路的战略思想","和平发展战略思想","坚持战略谋划和全球布局",等等。

习近平总书记明确指出:"不论国际形势如何变幻,我们要保持战略定力、战略自信、战略耐心,坚持以全球思维谋篇布局,坚持统筹发展和安全,坚持底线思维,坚持原则性和策略性相统一,把维护国家安全的战略主动权牢牢掌握在自己手中。"①

这些思想,无不具有高度的战略性。所以,即使不公开使用"国际战略"一词,我们也可以确认,中国具有非常系统和完整的国际战略。特别是十八大以来这样的战略日益扩展,更加丰富。

党的十八大宣告:"中国将继续高举和平、发展、合作、共赢的旗帜,坚定不移致力于维护世界和平、促进共同发展。"

国际战略包括互利共赢的开放战略。党的十八大指出:"中国将始终不渝奉行互利共赢的开放战略,通过深化合作促进世界经济

---

① 中共中央党史和文献研究院编:《习近平关于中国特色大国外交论述摘编》,中央文献出版社 2020 年版,第 70 页。

强劲、可持续、平衡增长。"

党的十九大宣告："中国将高举和平、发展、合作、共赢的旗帜,恪守维护世界和平、促进共同发展的外交政策宗旨,坚定不移在和平共处五项原则基础上发展同各国的友好合作,推动建设相互尊重、公平正义、合作共赢的新型国际关系。"

"我们呼吁,各国人民同心协力,构建人类命运共同体,建设持久和平、普遍安全、共同繁荣、开放包容、清洁美丽的世界。""中国坚定奉行独立自主的和平外交政策","中国积极发展全球伙伴关系","中国坚持对外开放的基本国策","中国秉持共商共建共享的全球治理观,倡导国际关系民主化"。

在此基础上,党的十九届五中全会明确规定,"十四五"期间,要积极营造良好外部环境。高举和平、发展、合作、共赢旗帜,坚持独立自主的和平外交政策,推进各领域各层级对外交往,推动构建新型国际关系和人类命运共同体。推进大国协调和合作,深化同周边国家关系,加强同发展中国家团结合作,积极发展全球伙伴关系。坚持多边主义和共商共建共享原则,积极参与全球治理体系改革和建设,加强涉外法治体系建设,加强国际法运用,维护以联合国为核心的国际体系和以国际法为基础的国际秩序,共同应对全球性挑战。积极参与重大传染病防控国际合作,推动构建人类卫生健康共同体。

同时,还要积极参与全球经济治理体系改革。坚持平等协商、互利共赢,推动二十国集团等发挥国际经济合作功能。维护多边贸易体制,积极参与世界贸易组织改革,推动完善更加公正合理的全球经济治理体系。积极参与多双边区域投资贸易合作机制,推动新兴领域经济治理规则制定,提高参与国际金融治理能力。实施自由贸易区提升战略,构建面向全球的高标准自由贸易区网络。

五、正确处理发展战略与安全战略的辩证关系

发展与安全是一个国家必须同时解决的两个问题。

2002 年,我在《瞭望》周刊发表的 8 篇长文中,有一篇就是《怎样认识和维护我国的国家安全》。开宗明义我就指出:

国家安全,是关系一个国家生存与发展的基本问题。改革开放以来,我国的国际地位不断提高,国家安全环境在总体上有很大改善。但在新形势下,也面临着许多新的安全问题。中国在历史上失去过太多的安全,所以,对安全问题特别关注、特别警觉。每当我们的周边有什么风吹草动之时,每当西方大国对我们施压之际……我们都不能不思考国家的安全问题。正因为如此,如何认识和维护我国的国家安全,就成为把握当今国际战略形势、制定我国国际战略的一个非常重要的课题。

我认为,现代国家的安全是全局性、综合性的问题。现代的安全观念也已经是一个超出国土安全之上,包括经济安全、政治安全、文化安全、信息安全、环境安全、社会安全等在内的综合性大安全观念。所以,要维护我国的国家安全,必须站在全局的高度,全方位地做好安全防卫工作。

如何看待改革开放以来我国的安全形势?当时我作了三点总体上的评价:一是大的安全环境有所改善,二是不安全的因素有所增加,三是深层次的难关还没有渡过。

具体来说：

国土安全是一个国家最大的安全。目前我们这方面的安全是有保障的。但台湾问题是我国国土安全的最大隐患。钓鱼岛和南海岛礁问题也影响我国的国土安全,在这些地方发生某种军事冲突的危险是存在的,但我不认为会发生大规模的战争,这类问题也不可能靠战争来解决。唯一明智的办法是各方继续搁置争议,并通过谈判寻求解决某些急迫问题的现实办法。

从经济安全来说,随着对外开放的扩大,中国与外部世界的经济联系越来越广泛和紧密。中国经济的发展和走向,将不再完全由我们自己来决定和把握,而要经常受到外部很多条件和因素的影响。这样的安全问题已经越来越多。我们不能因此而对外回归封闭政策,但也需要在全球化进程中进一步加强安全防范。

从社会安全来说,自 80 年代末 90 年代初以来,受世界范围恐怖活动的影响,我国境内外的一些民族分裂主义势力、宗教狂热分子以及敌对势力内外勾结,加紧在我新疆、西藏等边境民族地区进行分裂活动、宗教渗透和恐怖主义活动,对我国的社会和政治安全构成威胁。邪教势力、跨国犯罪、非法移民、毒品走私等非传统的安全因素,在我国内也有增长的趋势。它们与传统安全因素相交织,对我国社会的安全带来了一定的影响。

文化、环境、资源,都是国家发展中非常重要的方面和条件。这些问题在不同的时期会有不同的表现,往往会随着发展的进程而不断变化。通过 30 多年的发展,我们已经掌握了解决这些问题的有利条件,因此目前和未来,总体是趋于向好态势,但也存在着不少安全问题,需要我们给予高度的关注。

从信息安全来说,中国信息化的速度令人瞩目,但信息安全的问题也相伴而来,并已成为我们各种安全中最薄弱的一个环节。

比较起来,其实政治安全才是我们最大的安全,政治风险始终是我们最大的风险。中华民族,从来不怕外来的侵略和压力。但如果在内外各种因素的作用下,政治安全发生问题,带给中国的变化、冲击,甚至灾难,将是巨大的。经过 30 多年的改革开放,我们已经找到了中国特色社会主义道路,建立了中国特色社会主义制度,我们在政治上总体是安全的。但我们党和国家一再强调四个危险(精神懈怠的危险、能力不足的危险、脱离群众的危险、消极腐败的危险)、四个考验(执政考验、改革开放考验、市场经济考验、外部环境考验),就是要提醒我们注意这方面的危险。

怎样解决我国的安全防范和安全保障问题?以习近平同志为核心的党中央制定了一整套安全战略,采取了日益严密的安全措施。十九大提出了明确的要求。十九届五中全会又作了进一步的部署。

习近平总书记在对《建议》所作的说明中指出:"我们越来越深刻地认识到,安全是发展的前提,发展是安全的保障。当前和今后一个时期是我国各类矛盾和风险易发期,各种可以预见和难以预见的风险因素明显增多。我们必须坚持统筹发展和安全,增强机遇意识和风险意识,树立底线思维,把困难估计得更充分一些,把风险思考得更深入一些,注重堵漏洞、强弱项,下好先手棋、打好主动仗,有效防范化解各类风险挑战,确保社会主义现代化事业顺利推进。"[①]

---

① 《中共中央关于制定国民经济和社会发展第十四个五年规划和二○三五年远景目标的建议》,人民出版社 2020 年版,第 55—56 页。

所以,规划《建议》设置专章对统筹发展和安全、加快国防和军队现代化等作出了战略部署,强调要坚持总体国家安全观,加强国家安全体系和能力建设,筑牢国家安全屏障。

在未来的"十四五"期间,我们必须非常用心和妥善地处理好发展与安全的关系。

首先,发展是安全的基础,要安全就必须首先抓好发展。

我们始终强调发展是第一要务,为什么? 就因为发展是解决其他一切问题的基础。不发展,其他什么问题都难以解决。

从安全的角度来说,国家安全的根本在于增强自己的综合国力。

比如,军事力量对于维护国家安全是直接和重要的。但在当代世界,军事力量的提升必须依赖于经济实力、科技水平和人才素质等等。没有这些方面的雄厚基础,很难开发出最先进的武器装备,很难提高军队的现代化作战水平,也很难打赢高技术条件下的局部战争。综合国力上不去,光是单独地加强军事力量,这种力量的基础是不稳固的,也是难以持久的。

比如,信息安全是我们目前的薄弱环节,根本的原因就在于我们的硬件制造和软件开发水平不如别人。芯片买别人的,软件用别人的,飞机坐别人的,……这些都固然有其必然和便利之处,完全靠自己制造的年代早已过去,但无论如何,这样一来,安全问题也就相伴而生。别人有意地安装几个窃听装置,有意地在网络上设置几个后门,如果我们连发现都发现不了,更遑论彻底改变受制于人的局面? 国家安全又怎能有根本的保障?

所以,制定和实施我们的安全战略,必须始终坚持以经济建设为中心,集中力量推进现代化建设,全面提升我们的经济、政治、科技、教育、文化、人才、资源实力。立足于固本强基,把自己的基础打牢、打扎实。这应该是我们最重要、最根本的国家战略。其他任何安全战略,都要处理好与这一最根本的国家战略的关系,支持这一战略,支撑这一战略,服从这一战略,维护这一战略。在坚持国家战略的基础上实施安全战略;通过安全战略来保证国家战略的实施。任何安全措施,都要立足于为国家的整体发展创造良好的国际环境,都要有助于解决国家发展面临的困难和问题,而不是相反。

同时,安全是发展的保障,在发展的同时必须保障自己的安全

综合国力的提升是一个过程。在这过程中,我们时时处处都会遇到安全问题。所以,强调增强综合国力,不是就忽视国家安全的保障和建设。就安全战略本身来说,我们需要有针对性地解决好最迫切、最重要的一些问题,在各个方面加强国家的安全保障。

在经济方面,要认真研究经济全球化条件下中国经济与世界经济的双向互动关系,力求更多地掌握世界经济的运行规律,因势利导,运筹帷幄,既充分利用国际的市场和资源,发展我们的经济,同时又防范国际经济风险带来的冲击。在与世界经济体系相衔接的过程中,要在国际规则允许的情况下,设置必要的防火墙,以防止"城门失火,殃及池鱼"。

在政治方面,要加强我们的政治建设和制度建设。稳步有序地推进社会主义民主政治的进程,扩大人民民主,尊重和保障人权。坚持依法治国的方略,加紧完善法律体系,建设社会主义法治国家,保证国家和社会生活的各个方面都严格运行在法制的轨道上。通过不断完善和巩固我们的基本政治制度,来获得最大限度的政治安全。同时,正确应对外部影响,加强国家价值体系的建设,增强人们对于

国家制度体系的信念和信心,打击各种破坏活动,保证国家政治和社会各方面的稳定、安全。

在军事方面,要深化国防和军队改革,推进军事管理革命,加快军兵种和武警部队转型建设,壮大战略力量和新域新质作战力量,打造高水平战略威慑和联合作战体系。加快武器装备现代化,聚力国防科技自主创新、原始创新,加速战略性前沿性颠覆性技术发展,加速武器装备升级换代和智能化武器装备发展。构建一体化国家战略体系和能力。推动重点区域、重点领域、新兴领域协调发展,集中力量实施国防领域重大工程。优化国防科技工业布局,加快标准化通用化进程。完善国防动员体系,健全强边固防机制

在社会安全、信息安全、文化安全、环境安全、资源安全等方面,也要采取积极的措施,有针对性地加强薄弱环节,消除各种漏洞,提高国家的整体安全系数。比如,在社会方面,加强社会治安的综合治理,开展国际合作,共同打击跨国犯罪活动,防范和打击邪教和恐怖主义等活动。在文化方面,积极而又稳步地加强国际文化交流,大力弘扬中国文化精华,以我为主,为我所用,抵制腐朽文化和价值观的侵蚀。在资源和环境方面,参与保护资源和环境的国际合作,在开发的同时注意战略资源的储备,加强环境保护和治理,防止发达国家向我国转移污染。

六、中国发展战略的主要特点

中国规划气势恢宏,中国战略高瞻远瞩。两者相辅相成,共同推动着中国特色社会主义事业和现代化建设不断前进。

如同中国规划有鲜明的中国特色一样,中国的发展战略也有很多重要的特点。

1. 具有非常明显的长远性、战略性、稳定性,对国家发展和安全起着明显的导向和规范作用

中国制定的最根本最主要的发展战略,都有明确的长远目标。时间范围长达 100 年、70 年、50 年、20 年、10 年,然后再进一步落实到 5 年、1 年。确定和规范的是国家整体以及各方面长远发展的战略问题,包括发展的目标、任务、步骤、措施、方式、原则、要求等。由于中国的政治制度是相对稳定的,中国共产党一直处于执政地位,因此,这些战略的稳定性也比较强。虽然随着领导集体的更替,对某些战略也会加以调整、变动,但总体上它们还是具有相当程度的连续性。

这些战略,都会以适当方式固定下来。如形成法律,制定文件、作为规划经人大批准执行等。因而,会非常深入地渗透到所有各方面的工作中去,对国家的发展和安全起着非常重要和明显的导向和规范作用。其他一切工作都要体现这些战略、执行这些战略,一般不能违反这些战略的要求。因此这些战略发挥的作用是很大很广泛的。

2. 已经与市场经济紧密结合在一起,与计划经济时代的计划有了很大差别

中国在改革开放前也有不少发展战略,有的是成功的,有的是失

败的。过去中国的经济是计划经济。所制定的计划发挥了很大作用,但也存在着不少缺陷,有的计划没有完成。改革开放之后,中国逐步发展市场经济。到目前社会主义市场经济已经在中国建立起来,并正在进一步完善之中。这是中国经济社会的历史性变革。因此,改革开放以来中国的发展战略是以建立和完善社会主义市场经济为基础,并与这种市场经济紧密结合在一起的。

比如,中国的五年计划,从 1980 年到 1985 年的"六五"计划开始,将计划的名称从过去的国民经济发展计划改为经济和社会发展计划。并逐步将指令性计划改为指导性计划。各种发展战略的内容,都要着力于发展市场经济,而不是限制市场经济。所有指标的设定,都做了不同程度的调整,以便反映市场经济发展的状况。而且与社会进步的要求相适应,更加体现以人为本的原则,更加突出社会民生和幸福指数,更加体现社会的全面进步。

所以,这些发展战略与计划经济时代的战略已经有了巨大的甚至根本的差别。

3. 不同领域不同层面的战略配套协调,构成了庞大和完备的战略体系

如前所述,中国的发展战略有长期战略,也有中期战略、近期战略;既有宏观战略,也有中观战略;既有涵盖各个方面的综合性、全局性的战略,也有各个领域各个方面的带有一定专门性、专业性的战略。中央有全国性的战略,地方有省、自治区、直辖市一级的战略,也有市县一级的战略。所以,中国的发展战略构成了一个庞大和完备的战略体系。

这些战略,有大小和层次之分。一般来说,专门性和专业性的战略要服从综合性、全局性的战略;地方性的战略要按行政区划的归属从属于更高层级乃至中央政府的战略;具体的小战略要服从和服务于宏观的大战略。它们在战略的目标、任务、原则、举措、指导思想上必须在总体上保持一致。

因而,这些战略,规模是宏大的,范围是广泛的,时段是贯通的,精神是统一的。因而,称之为战略体系是当之无愧的。

4. 贯彻落实的手段方式丰富多样,有大量具体的措施加以保证

在与外方人士交流时,他们非常关心中国的一些战略决策能否落实,地方对中央的意见会不会顶着不办,怎样保证中央政令畅通,怎样防止经济过热,等等。

加拿大有一位人士座谈时说:"加拿大政府在保护环境问题上制定了很多规划,但是尽说空话,没有实际行动。中国政府也一样。"我对此回答说:我很赞成你的关于保护环境不仅要有规划、更要有行动的主张。但说中国政府尽说空话,没有实际行动,这不是事实。于是我就向他们介绍了很多具体情况。包括要求把建设资源节约型、环境友好型社会的战略落实到每一个单位、每一个家庭。加快了环境立法、依法治理。提出节能减排目标、把环保工作成效作为考察干部重要标准,对严重污染事件责任人实行问责,等等。

事实上,中国贯彻落实这些战略的办法是非常多的。如:以中共中央、国务院或办公厅的名义下发文件;召开各种类型的工作会议加以部署;制定法律或政府法规、地方规章;部署任务要求完成,部署范

围根据需要确定,甚至可以一级一级直至最基层;召开会议进行汇报;以多种方式加以督查;有重要情况随时报告;组织培训班或利用党校干校进行学习,统一思想,研究问题;组织召开不同类型的研讨会、交流会;及时发现问题给予批评教育甚至处分;利用卫星发现某些问题,及时进行约谈;召开总结会议,对先进典型给予表彰;运用媒体大力宣传,及时报道,宣扬或表彰,形成舆论氛围;发挥人大代表、政协委员和其他公众人士的咨询、监督等作用。

每次中央全会之后,中办、国办都会专门发文件,将全会《决定》中的部署分解为几十个具体事项,一一落实到中央有关部门,要求有关部门保证落实。效果很好。

5. 各级部门和领导干部具有非常普遍的战略意识,执行力非常强

改革开放以来,党和国家越来越强调战略问题,制定并实施了一系列发展战略,各级各地党政部门都要认真执行这些战略;对各种战略都进行广泛的学习、宣传;各级党校和干部学院都安排学习战略课程;中共中央要求领导干部必须具备世界眼光、战略思维;中央党校(国家行政学院)安排三基本五当代课程和中国国情课程;各领域和各地方也要根据自己的实际情况制定本部门本地区的发展战略和发展规划。所以,现在各级党政部门和领导干部的战略意识都很强,既有执行的意识,也有制定自己战略的意识。

中国共产党和中国政权机关组织程度很高,有一整套严密的党纪政纪法纪。全党全国的动员力、号召力和指挥力都非常强。各级干部的执行力也非常强。所以,能够确保党和国家的重大战略得到

认真的执行。

有没有偷工减料、消极敷衍的现象？任何时候都有。但总体来说，中国官员的执行上级指示的意识和态度在世界上都是很强的。谁要敷衍消极，都有一整套办法加以对付和处理。从总体上来说，自行其是、不听指挥的现象比较少。

就此，我要澄清一点，前几年，有人说"政令不出中南海"。这是夸大其词。我作为一位专家型的副部级领导干部，参与过中南海内很多问题的研究，也负责过本部门的很多工作，并且与中央和地方的官员有很多接触。根据我的了解和切身体验，我可以负责任地说，所谓"政令不出中南海"的说法是毫无根据的。中南海对于全国各地各部门的掌控能力是非常强的。没有几个干部敢不把中南海的指令当回事。中南海的权威，在中国是无可置疑的。

为了确保战略部署和目标任务的完成，每个部门、每个单位都要对每年主要工作进行计划，制定不同类型的工作要点。

对可能发生的各种意外事件，也制定了大量应急预案。国务院应急办至少制定了一百多个不同类型的应急预案。当我介绍给美国兰德公司听时，他们称：真是叹为观止！

第九章 治国理政的独特方式

制定和实施以五年计划（规划）为主的中国规划，是中国共产党治国理政的独特方式。它既坚持了中国共产党的领导，又坚持了人民当家作主的原则；既符合广大人民群众的根本利益，又确保了计划（规划）的科学性、合理性；既满足了人民群众的现实利益和需要，又符合长远的发展目标和国家整体利益；既统筹了宏观全局，又突出了问题导向；既是在进行顶层设计，又坚持了问计于民；既体现了政府的宏观调控，又发挥了市场对资源配置的决定性作用。所以，中国规划是中国特色社会主义制度和治理体系优越性的集中体现。

一、一套完整程序

党和国家在制定第一个五年计划时，采取边学习、边制定、边实施的办法，比较顺利地完成了编制任务，也形成了初步的编制程序。以后，在实践中继续探索。其间，由于受"左"的错误和政治运动的影响，编制工作出现过一些波折，也出现过不规范的情形。但改革开放之后，党和国家各项工作走上规范化、科学化、法治化的轨道，五年计划(规划)和其他规划的编制工作也日趋成熟,逐步形成了一整套计划(规划)编制的程序和方法。虽然这种程序还没有形成严格的法律,但已经比较规范,成为中国共产党治国理政的一套独特的方式。

不同时期五年计划(规划)的编制有一些不同的程序和特点,但一般都是在中共中央的领导下,由国务院负责起草,具体工作主要由计划委员会(后为发展和改革委员会)承担。其间,中共中央对计划(规划)起草工作要多次研究,特别是要通过党代会或中央全会审议通过关于五年计划(规划)的建议,最后提交全国人大审议通过。

以"十二五"规划为例,根据国家发改委有关负责人以及专家的介绍,稍作梳理,整个规划编制主要分为四个阶段:

第一个阶段,组织研究基本思路。根据国务院的部署,国家发改委开展对经济社会发展中的一系列重大问题的前期研究,确定了41个重大问题,采取委托、招聘的方式,组织70家研究机构参与,最后形成了500万字的研究报告。在此基础上,向国务院提交了"十二五"规划纲要的基本思路的文稿。

第二个阶段,中共中央研究和形成建议。从当年4月份开始,在中央领导亲自主持下,成立中共中央关于"十二五"规划建议的起草组,在前期研究成果的基础上,又深化对一些重大问题的研究,然后广泛听取方方面面的意见,历时半年多,制定了《中共中央关于国民经济和社会发展第十二个五年规划的建议》,提出"十二五"时期经济社会发展的指导思想、主要目标、战略任务和重大举措。交付中央全会讨论通过。

第三个阶段,编制纲要(草案)。中央《建议》出台之后,国务院成立 12 个部门参加的规划纲要起草组,具体编制"十二五"规划纲要,形成《纲要》文本初稿。

第四个阶段,将《纲要》交付全国人大审议批准。通过后正式颁布实施。

如果进一步细化,可以分为 12 个步骤。

第一个步骤,中期评估(2008 年 3 月至 2008 年 12 月)。中期评估是《"十一五"规划纲要》第 48 章首次明文规定的重要程序,意即在前一个五年规划实施过半时,组织几方进行检查评估,及时发现突出问题,提出解决办法,同时也为制定下一个五年规划做准备。根据国务院赋予的职能,国家发改委于 2008 年 3 月组织开展了对"十一五"规划的中期评估,然后起草《"十一五"规划实施情况中期评估报告》,并于 2008 年 12 月由国家发改委主任向十一届全国人大常委会议作报告。

第二个步骤,前期研究(2008 年底至 2009 年底)。包括进行基础调查、信息搜集、课题研究以及纳入规划重大项目的论证等前期工作。在中期评估的基础上,2008 年底至 2009 年初,国家发改委提出包含 8 大领域 39 个题目的"十二五"规划前期重大问题,向全社会公开招标,加上直接委托研究、发改委系统内部研究,选题大约有数百个之多,参与专家数千人,研究人员达上万人,形成几百万字的研究报告。这些研究成果直接为起草《"十二五"规划纲要》服务。

第三个步骤,形成"十二五"规划《基本思路》(2009 年 12 月至2010 年 2 月)。根据前期研究成果,国家发改委起草基本思路意见稿,在征求各方面(各地区、各部门及专家)意见之后,向党中央国务院汇报。中央政治局常委会详细讨论基本思路,达成政治共识后,向各方通报,以统一认识。

第四个步骤,中共中央组织起草《中共中央关于国民经济和社会发展第十二个五年规划的建议》(2010年2月至2010年10月)。这一步骤实际上包含很多环节,主要有:

中央政治局决定开始起草《建议》;在中央政治局常委会直接领导下,成立起草组,负责起草规划《建议(草案)》;起草组先集中学习、研究有关材料,随后组成专题调研组分赴各地调研;中央下发通知,征求各地各部门意见,起草组汇总这些意见报告中央;在此基础上起草送审《提纲》;根据中央领导人对送审《提纲》的指示,以及各方面的意见,开始起草《建议》;中央政治局常委听取汇报,中央政治局对《建议》进行讨论;与此同时,中央政治局常委和其他委员分赴各地进行专题调研,广泛听取各地方、各部门党委(党组)、党内老同志和党内精英的意见;然后,在中央政治局常委会、中央政治局会议多次讨论,形成《建议》征求意见稿,下发一定范围内组织讨论,各地各部门均提交修改建议报告报中央,同时广泛征求各民主党派与全国工商联负责人、无党派人士意见;起草组吸收修改后,由中央政治局会议讨论通过,然后正式提交十七届五中全会。

第五个步骤,中央全会通过《建议》。2010年10月召开党的十七届五中全会,由国务院总理代表中央政治局作《关于制定国民经济和社会发展第十二个五年规划建议的说明》,全会审议和通过《中共中央关于制定国民经济和社会发展第十二个五年规划的建议》,并正式对外公布。党中央的《建议》提出规划的主要目标、指导方针、重要原则、重点战略和主要任务,为制定"十二五"规划纲要明确方向,奠定基础。

第六个步骤，制定《国民经济和社会发展第十二个五年规划纲要》文本（2010 年 10 月至 2011 年 2 月）。在《建议》起草期间，国家发改委既参与党中央《建议》起草工作，也同步起草《纲要》草案。在党中央《建议》正式公布之后，形成《纲要》文本初稿。并于 2010 年 12 月在全国发展改革工作会议上，与各地方、各部门、各行业协会进行沟通，直接听取意见，与此同时进行不同规划之间的衔接和协调。

第七个步骤，国家规划专家委员会论证（2010 年 10 月至 2011 年 1 月）。2005 年 10 月，国务院明文规定，实行编制规划的专家论证制度，正式成立国家规划专家委员会，由经济界、科技界、企业界和其他知名专家组成。五年规划草案形成后，国家发展和改革委员会多次组织专家委员会专家进行详细讨论、专业咨询和专题论证，然后正式向国务院提交论证报告，并随同《纲要》一起报送全国人民代表大会，作为审议《纲要》的重要参考。

第八个步骤，广泛征求内外部意见。这一步骤中很多征求意见的环节，在起草中共中央建议过程中就已实施。有的则是在中央全会之后实施。

在制定"十一五"规划时，国务院提出了建立健全规划编制的公众参与制度。规定除涉及国家秘密内容外，规划编制部门应当公布规划草案或者举行听证会，听取公众意见。为此，在国家发展和改革委员会门户网站开辟了建言献策专栏，公开征集公民意见。同时，由国家发改委征求香港和澳门特别行政区的意见；由全国人大财经委员会、全国政协召开有关会议，听取《纲要》的汇报，直接提出修改意见；由中共中央主持召开民主党派等方面的座谈会。

第九个步骤，国务院反复研究，形成和确定《纲要（草案）》。按照中央全会的《建议》,国务院负责《国民经济和社会发展第十二个五年规划纲要》的编制工作。其间,国务院召开"十二五"规划座谈会,直接听取各地区、各部门领导的意见;直接向党中央、国务院各部门书面征求意见;召开老同志座谈会听取意见;由国务院总理多次主持召开专家、企业家、工人、农民等方面的座谈会。在此基础上,由国务院常务会议和国务院全体会议对《纲要(草案)》进行审议。

第十个步骤,中共中央批准《纲要(草案)》提交全国人大审议。国务院将《纲要(草案)》报告党中央。中央政治局常委会和中央政治局先后召开会议进行审定。同意后,正式提交十一届全国人大四次会议审议。

第十一个步骤,全国人大审议并批准《纲要(草案)》(2011 年 3月)。这是《中华人民共和国宪法》第六十二条赋予全国人民代表大会的第十一项职权。在此之前,由全国人大财政经济委员会等对《纲要(草案)》进行初审;由各地区人大常委会组织全国人大代表提前审议《纲要》。《纲要(草案)》提交全国人大后,首先由全国人大专门委员会提前进行审议;在召开全国人大之前,人大常委会组织全国人大代表提前审议;随后召开十一届全国人大四次会议,由国务院总理在向大会提交的《政府工作报告》中对《纲要(草案)》做说明,全国人大代表和全国政协委员分别讨论,提出修改意见,最后由全国人大审议并正式批准《纲要》。

第十二个步骤,正式公布《中华人民共和国国民经济和社会发展第十二个五年规划纲要》。

在先后经历以上 12 个步骤,用了长达两年半的时间后,才制定了一个全国五年规划纲要。实际情况比以上所述还要更为复杂、更为细致。

党的十九届五中全会通过的《中共中央关于制定国民经济和社会发展第十四个五年规划和二〇三五年远景目标的建议》,也经历了类似的过程,但又有新的创新,增加了某些环节。

2020年3月,中央政治局决定,党的十九届五中全会审议"十四五"规划建议,成立文件起草组,由习近平总书记担任组长,李克强、王沪宁、韩正担任副组长,有关部门和地方负责同志参加,在中央政治局常委会领导下承担建议稿起草工作。

3月30日,党中央发出《关于对党的十九届五中全会研究"十四五"规划建议征求意见的通知》,在党内外一定范围征求意见。4月13日,文件起草组召开第一次全体会议,建议稿起草工作正式启动。

习近平总书记就"十四五"规划编制明确提出一系列要求,强调要把加强顶层设计和坚持问计于民统一起来,鼓励广大人民群众和社会各界以各种方式为"十四五"规划建言献策。从7月下旬到9月下旬,习近平总书记先后主持召开企业家座谈会、扎实推进长三角一体化发展座谈会、经济社会领域专家座谈会、科学家座谈会、基层代表座谈会、教育文化卫生体育领域专家代表座谈会,当面听取各方面对制定"十四五"规划的意见和建议。

特别是8月16日至29日,按照习近平总书记的指示,"十四五"规划编制工作开展网上征求意见。广大人民群众踊跃参与,留言100多万条,有关方面从中整理出1000余条建议。网上征求对规划起草的意见,发改委开展过,但在中央全会文件起草历史上还是第一次。

文件起草组广泛听取各方面意见和建议,反复进行讨论修改,认真做好建议稿起草工作。

根据中央政治局会议决定,8 月 10 日,建议稿下发党内一定范围征求意见,包括征求党内部分老同志意见,还专门听取了各民主党派中央、全国工商联负责人和无党派人士代表意见。

文件起草组逐条分析各方面意见和建议,做到了能吸收的尽量吸收,对建议稿增写、改写、精简文字共计 366 处,覆盖各方面意见和建议 546 条。这是我国党内民主和社会主义民主的生动实践。

建议稿起草期间,中央政治局常委会召开 3 次会议、中央政治局召开 2 次会议分别进行审议,形成了提交五中全会审议的建议稿。党的十九届五中全会的主要议题,就是审议《中共中央关于制定国民经济和社会发展第十四个五年规划和二〇三五年远景目标的建议》。

考虑到中央的建议通过后,还要根据建议制定“十四五”规划,两个文件之间要有合理分工。所以,《建议》在内容上重点是确立发展理念,明确发展的方向、思路、重点任务、重大举措,而一些具体的工作部署则留给纲要去规定,以更好体现和发挥建议的宏观性、战略性、指导性。

围绕着中央全会的建议,中国共产党形成了一整套特殊的操作和治理方式。这些方式未必都载入宪法和法律并成为法定的制度,但都是按照党的执政理念在实践中逐步形成,并成为一定的惯例的。

规划《建议》经中央全会讨论通过后,就由国务院按照《建议》要求起草《规划纲要》,然后提交全国人大审议。这时又有一套严格的程序和方式。党中央和国务院有关部门已经对“十四五”经济社会发展问题开展前期研究,中央财办和国家发改委托国家高端智库等 60 多家研究机构和有关部门,就 37 个重大课题开展了研究,形成了 130 多份研究报告。全国人大、全国政协组织开展了专题研究讨论,形成了系列调研报告。按照中央全会的《建议》编制规划是政府的职责和重要任务。为此,国务院成立了"十四五"规划《纲要草案》编制工作领导小组。在这一过程中,既要加强党的领导,又要发挥各部门的作用,还要广泛听取各方面特别是社会公众的意见;既要做好国家规划的编制工作,还要相应做好地方规划、专项规划的编制工作,并使各种规划有机衔接。

2021 年 3 月召开的全国人大四次全会,主要任务就是审议通过《国民经济和社会发展第十四个五年规划和二〇三五年远景目标》。

改革开放以来,五年计划(规划)的编制越来越趋于规范、科学,程序和环节越来越细密、规整。这样一套运作程序和方式,在世界上是独一无二的,充分体现了中国共产党的执政理念和执政方式,体现了中国共产党民主集中制的原则,体现了人民群众对国家政治生活的参与,体现了社会主义协商民主的原则,归结起来,充分体现了中国特色社会主义的国家治理方式和治理能力。

经过几十年的实践,我们在制定五年计划和发展规划方面,已经有了一整套程序、规则、方式、方法。但仔细琢磨,还是有需要改进的地方。许多年前,我就多次提出,应该根据新的形势要求,进一步提高科学化水平。

比如,要完善规划、计划制定的程序和方法,坚持社会参与、专家研究、科学论证等各项制度。要充分发扬民主,广泛听取各方面的意见,协调好利益关系,处理好各种复杂的矛盾。组织不同类型的专家进行充分的研究论证,允许提出不同的意见。对各个重大项目要反

复推敲,尽最大努力消除决策失误的可能性。在制定国家五年规划
的基础上,要相应制定好其他各类规划,进一步建立健全三级三类的
规划管理体系。按行政层级分别制定国家级规划、省(区、市)级规
划、市县级规划,按对象和功能类别分别制定总体规划、专项规划、区
域规划。严格各项规划的范围和领域,完善规划编制的协调、衔接和
管理机制,使各类规划协调一致,形成合力。

令人欣慰的是,这些建议,在近年来编制规划的过程中,已经得
到体现。这当然不会是因为听了我的意见,但不管出于什么原因,只
要得到改进,都是值得肯定的。

二、坚持党的领导

中国共产党是中国的执政党。由于五年计划(规划)等各种规
划关系着我国经济和社会发展的大局,决定着社会主义现代化建设
的进程,因此,领导制定五年计划(规划)和其他规划,就始终是中国
共产党治国理政的一项战略性任务。新中国成立以来的所有五年计
划(规划),都是根据中国共产党的理念、路线、战略、方针,在中共中
央统一领导下制定的。改革开放以来,逐步形成一种规范的程序,由
中共中央先组织起草关于五年计划(规划)的《建议》,国务院根据这
个《建议》,形成五年计划(规划)的草案,然后提交给全国人大按照
法定程序进行审议,表决通过,最后正式公布,予以实行。

所以,从起草中共中央的《建议》开始,就体现了中国共产党对
治国理政重大事项和重大决策的领导。

例如,《中共中央关于制定国民经济和社会发展第十二个五年

规划的建议(草案)》,就是在中央政治局常委会直接领导下研究制定的。时任总书记胡锦涛主持中央政治局常委会和中央政治局会议,对《建议》稿进行了多次讨论,对一些重大问题作出重要指示。文件起草工作一开始,就对"十二五"规划的主题、主线、主要任务和重大举措征求全党意见。在提交这次全会审议前,又广泛征求了各地区、各部门党委(党组)、党内老同志和十七大代表的意见,听取了各民主党派、全国工商联负责人、无党派人士以及专家学者的意见。《建议》的形成过程,是科学决策、民主决策的过程,是统一全党认识、形成社会共识的过程。

党的十八大之后,"十三五"规划纲要的编制则是在以习近平同志为核心的党中央领导下,国务院按照党的十八届五中全会精神,通过发扬民主、集思广益、科学编制完成的。

首先是中央政治局决定,党的十八届五中全会审议"十三五"规划建议,成立由习近平总书记担任组长,李克强、张高丽担任副组长,有关部门和地方负责同志参加的文件起草组,在中央政治局常委会领导下承担建议稿起草工作。

2015年1月28日,党中央发出《关于对党的十八届五中全会研究"十三五"规划建议征求意见的通知》,在党内一定范围征求意见和建议。2月10日,文件起草组召开第一次全体会议,建议稿起草工作正式启动。

习近平总书记十分关心"十三五"规划纲要编制工作。早在2015年3月全国两会期间,习近平总书记同人大代表、政协委员共商国是时说:"我正在集中思考'十三五'规划。从时间上说,'十三五'规划,是实现全面小康的规划,是实现第一个百年目标的规划。"

2015 年 5 月至 7 月间，习近平总书记访农家、进企业、走园区、察民情、问良策，先后到经济发达的华东地区、扶贫攻坚任务繁重的中西部地区以及加快振兴发展的东北老工业基地，就谋划好"十三五"时期经济社会发展进行调研考察，对做好"十三五"规划编制工作进行指导。

习近平总书记指出，"十三五"时期是我国经济社会发展非常重要的时期，各级党委和政府要明大势、看大局，深刻把握国际国内发展基本走势，把我们所处的国内外发展环境和条件分析透，把我们前进的方向和目标理清楚，把我们面临的机遇和挑战搞明白，坚持立足优势、趋利避害、积极作为，系统谋划好"十三五"时期经济社会发展。

习近平总书记强调，"十三五"时期是我们确定的全面建成小康社会的时间节点，全面建成小康社会最艰巨最繁重的任务在农村，特别是在贫困地区。各级党委和政府要把握时间节点，努力补齐短板，科学谋划好"十三五"时期扶贫开发工作，确保贫困人口到 2020 年如期脱贫。

2015 年 10 月 26 日至 29 日，党的十八届五中全会在北京举行。全会深入分析了"十三五"时期我国发展环境的基本特征，提出了"十三五"时期我国发展的指导思想。全会审议通过了《中共中央关于制定国民经济和社会发展第十三个五年规划的建议》。习近平总书记就《建议（讨论稿）》向全会作了说明。

"十三五"规划《建议》体现了"四个全面"战略布局和"五位一体"总体布局，反映了党的十八大以来党中央的决策部署，顺应了我国经济发展新常态的内在要求，有很强的思想性、战略性、前瞻性、指导性。

2016 年 1 月 18 日，习近平总书记在省部级主要领导干部学习贯彻十八届五中全会精神专题研讨班开班式上发表重要讲话强调，"十三五"及今后一个时期，我国仍处于发展的重要战略机遇期，经济发展长期向好的基本面没有变。我们要坚持以经济建设为中心，坚持发展是硬道理的战略思想，变中求新、新中求进、进中突破，推动我国发展不断迈上新台阶。

五年计划（规划）制定的一个极其重要的流程，是由中共中央首先领导制定和提出关于五年规划的《建议》，国务院再提交全国人大会议进行审议。以前也有由中共中央直接向全国人大提交计划或建议的。至于中共中央以什么方式讨论通过这个建议，在不同历史时期有所不同，总体上大同小异。

例如，第一个五年计划草案是由 1955 年 3 月召开的党的全国代表会议讨论并原则通过的。《关于发展国民经济的第二个五年计划的建议的报告》是 1956 年 9 月由党的第八次全国代表大会正式通过的。

1980 年，也就是第五个五年计划的最后一年，国务院曾拟订出从 1981 年到 1985 年的第六个五年计划的基本轮廓和主要指标。当时，还缺乏编制出一个比较完备的五年计划的客观条件。到 1982 年，党的十二大确定了我国经济建设的战略目标、战略重点和战略步骤，要求在不断提高经济效益的前提下，从 1981 年到 20 世纪末的 20 年内力争实现工农业年总产值翻两番；要求从 1983 年到 1987 年的五年间争取实现国家财政经济状况的根本好转，也就是说要求全国各行业、各企业普遍显著提高经济效益，在保证经济文化建设费用逐

步增加和人民生活逐步改善的条件下,实现财政收支平衡。由此,为
"六五"计划的编制指明了方向。

按照这样的方向,国务院在抓紧经济调整的同时,对经济工作进
行了认真的调查研究,组织各有关方面对"六五"计划的一些重大问
题作了多次研究和讨论,将"六五"计划的草案编制完毕。根据党的
十二大的精神,"六五"计划期间,主要是继续贯彻执行调整、改革、
整顿、提高的方针,进一步解决过去遗留下来的阻碍经济发展的各种
问题,取得实现财政经济状况根本好转的决定性胜利,并且为"七
五"计划期间国民经济和社会发展奠定更好的基础,创造更好的
条件。

从1983年开始,国务院开始编制1986年至1990年的"七五"计
划。1985年9月,先是由党的十二届四中全会原则通过《中共中央
关于制定国民经济和社会发展第七个五年计划的建议(草案)》,然
后提交随后召开的中国共产党全国代表会议审议通过。由党的两次
重要会议特别是党的全国代表会议讨论《建议》,这在改革开放以来
是仅有的一次。《建议》明确提出了"七五"计划的指导思想、主要任
务和一系列适应新形势的方针政策。国务院根据中共中央的《建
议》,对计划安排作了进一步深入研究,反复进行综合平衡和各种计
算,同时征求各部门、各地方的意见。前前后后经过三年多的工作,
"七五"计划草案制定完毕,然后由六届全国人大四次会议审议
批准。

《中共中央关于制定国民经济和社会发展十年规划和"八五"计
划的建议》是1990年12月十三届七中全会审议通过,然后将规划和
计划提交给1991年3月的七届全国人大四次会议审议通过的。全

会强调,十年规划和"八五"计划的顺利实施,关键在于加强和改善党的领导。必须下大力量搞好党的自身建设,提高党员的素质。广大干部特别是领导干部,要努力学习马克思主义,认真执行十三届六中全会的决议,全心全意为人民服务,继承和发扬党的理论联系实际、密切联系群众、批评和自我批评的优良传统,坚持民主集中制的原则,坚持"从群众中来、到群众中去"的工作方法,保持与人民群众的血肉联系,增强党的凝聚力和战斗力。

到1995年,党的十四届五中全会审议通过了关于1995年至2000年的"九五"计划和2010年远景目标纲要的建议。然后于1996年3月由八届全国人大四次会议审议通过了这个计划和纲要。此后,每届中央的五中全会的主要议程,都是审议通过关于制定五年计划的建议。2020年《中共中央关于制定国民经济和社会发展第十四个五年规划和二〇三五年远景目标的建议》,也是依循惯例,由十九届五中全会审议通过的。

由党的中央全会讨论通过关于五年计划(规划)的建议,充分体现了中国共产党在中国特色社会主义事业中的领导核心作用。五年计划(规划),是规划部署经济社会发展任务的基本方式和重要手段,其任务和内容主要是对五年和更长时段内全国重大建设项目、生产力分布、国民经济和社会发展重要比例关系等作出规划,为国民经济和社会发展规定目标、方向和任务。中国共产党按照党的指导思想和基本路线,科学分析一定时期的国际国内形势,深刻把握时代发展趋势和广大人民的利益和愿望,通过制定计划(规划)建议的方式,确定每5年经济社会发展的基本思路、主要目标以及特定时期的远景目标,制定经济和社会发展的指导方针、主要任务和重大举措,形成一系列重大的发展战略,就从整体上规划和确定了一定时期国家发展的方向、步骤和主要措施。中国共产党的执政理念通过这样的建议化为宏大的蓝图,然后再转化为全社会一致的行动,使整个国家和社会稳步有序地朝着现代化的目标前进。

为什么自十四届五中全会以来,党的历届五中全会都将审议中共中央关于制定五年计划(规划)的建议列入议程呢?这是由党和国家工作大局和中央全会的日益规范化决定的。改革开放前,五年计划制定的时间不够及时,审议通过的时间也就不很规范。但改革开放后,五年计划(规划)都在开始执行之年就制定完成并且审议通过。作为制定和通过过程中的重要一环,中央全会的召开时间和议题设置也日益规范化。从"三五"时期开始,每个年代即每10年都要制定和实施两个五年计划(规划),且都从逢一、逢六的年份开始执行。每个五年计划(规划)都要在交付全国人大审议的前一年,由中央全会审议和提出建议。这个全会并不必定是五中全会,有时会是四中全会,有时会是七中全会。但自1995年以来,按照日益规范化的工作安排,都恰逢五中全会。所以,审议通过中共中央关于制定五年规划的建议就成了五中全会的主要任务。这也就成了一个惯例。

当然,党的中央全会通过的还不是五年计划(规划)本身,而是关于制定五年计划(规划)的建议。按照宪法和法律的规定,五年计划(规划)必须履行规范的法律程序,由全国人大批准。习近平总书记说:"党中央的建议主要是管大方向、定大战略的。综合考虑各方面因素,建议稿对'十四五'和到2035年经济发展目标采取了以定性表述为主、蕴含定量的方式。编制规划《纲要》时可以在认真测算基础上提出相应的量化目标。"①

五年计划(规划)不仅由党中央领导制定,而且为党的主张转化为国家意志提供了重要途径。中国共产党在治国理政过程中的思想和主张,通过关于五年计划(规划)的建议全面表述出来,又在五年计划(规划)中得到充分体现。经全国人民代表大会批准后,五年计划(规划)向全社会公布实施,党的主张即转化为国家意志和全民行动。

例如,党的十八届五中全会提出创新、协调、绿色、开放、共享的发展理念,并指出牢固树立并切实贯彻新发展理念,是关系我国发展全局的一场深刻变革。"十三五"规划《纲要》深入贯彻落实新发展理念,用理念创新引领发展方式转变,并贯穿于发展的各领域和全过程。在谋篇布局、指标设置、战略任务、政策举措等方面,充分体现新发展理念的要求。在提出各领域发展任务和重大举措时,特别注重系统全面落实新发展理念。所以说,五年计划(规划)集中体现了党的路线方针和国家发展战略目标,是党的意志、国家意志和人民期待的有机统一。

不仅计划(规划)的编制严格遵循党的领导的原则,各种计划(规划)的实施,同样始终贯彻和体现着党的全面领导。

2020年4月21日,习近平总书记到陕西省安康市平利县老县镇,在茶园考察脱贫攻坚情况。有记者拍下了一张"五级书记"同框的照片。画面中,习近平总书记走向正在工作的茶农,

---

① 《中共中央关于制定国民经济和社会发展第十四个五年规划和二〇三五年远景目标的建议》,人民出版社2020年版,第54页。

身旁是陕西省委书记、安康市委书记、平利县委书记、蒋家坪村支部书记。

这张"五级书记"同框的照片,刚好反映了脱贫攻坚中"五级书记抓脱贫"的体制,是十八大后全面加强党的领导的集中体现。在脱贫攻坚战中,在党中央的集中统一领导下,建立健全了中央统筹、省负总责、市县抓落实的工作机制,实行脱贫攻坚一把手负责制,省、市、县、乡、村五级书记一起抓,动员和凝聚全党全国全社会力量,推动形成政府、市场、社会协同推进的大扶贫格局,创造了我国扶贫脱贫史上前所未有的成就。实践证明,坚持党的集中统一领导,确保党始终总揽全局、协调各方,充分发挥中国特色社会主义集中力量办大事的制度优势,既是打赢打好脱贫攻坚战的坚强政治保证,也是全面建成小康社会的制胜法宝。

经过多年的探索,特别是党的十八大以来,我们党已经形成了一整套领导经济社会发展的体制机制。比如,中央全会每五年对今后一个时期的经济社会发展作出系统部署;中央政治局常委会、中央政治局定期研究分析经济社会形势,决定重大事项;中央财经委员会及时研究经济社会发展重大问题,中央全面深化改革委员会及时研究经济社会领域重大改革;其他中央决策议事协调机构对涉及经济社会发展的相关重大工作进行顶层设计、总体布局、统筹协调、整体推进,督促落实。

按照党中央要求,各地区加强党委领导经济社会发展的体制机制建设,党委集体讨论决定经济社会发展规划、重大政策措施、工作总体部署以及关系国计民生的重要事项,党领导经济社会发展的制度化规范化水平不断提高。

《"十四五"规划和 2035 年远景目标纲要》进一步强调,贯彻党把方向、谋大局、定政策、促改革的要求,深入学习贯彻习近平新时代中国特色社会主义思想,增强"四个意识"、坚定"四个自信"、做到"两个维护",不断提高政治判断力、政治领悟力、政治执行力,把党的领导贯穿到规划实施的各领域和全过程,确保党中央重大决策部署贯彻落实。

三、坚持改革开放

改革开放是党和人民大踏步赶上时代的重要法宝,是坚持和发展中国特色社会主义的必由之路,是决定当代中国命运的关键一招,也是决定实现"两个一百年"奋斗目标、实现中华民族伟大复兴的关键一招。

改革开放是在不断实施一个又一个五年计划(规划)的过程中推进的。五年计划(规划)本身,也是在改革开放的进程中实现凤凰涅槃的。十一届三中全会以来的每一个五年计划(规划),都贯穿着改革开放的精神,落实着改革开放的任务,推进着改革开放的进程。

按照习近平总书记的概括,40 多年来,党和人民解放思想、实事求是,大胆地试、勇敢地改。从实行家庭联产承包责任制、乡镇企业异军突起、取消农业税牧业税和特产税,到农村承包地"三权"分置、打赢脱贫攻坚战、实施乡村振兴战略;从兴办深圳等经济特区、沿海沿边沿江沿线和内陆中心城市对外开放,到加入世界贸易组织、共建"一带一路"、设立自由贸易试验区、谋划中国特色自由贸易港、成功举办中国国际进口博览会;从"引进来"到"走出去";从搞好国营大中小企业、发展个体私营经济,到深化国资国企改革、发展混合所有制经济;从单一公有制到公有制为主体、多种所有制经济共同发展和坚持"两个毫不动摇";从传统的计划经济体制,到前无古人的社会主义市场经济体制,再到使市场在资源配置中起决定性作用和更好发挥政府作用;从以经济体制改革为主,到全面深化经济、政治、文化、社会、生态文明体制和党的建设制度改革,党和国家机构改革、行政管理体制改革、依法治国体制改革、司法体制改革、外事体制改革、社会治理体制改革、生态环境督察体制改革、国家安全体制改革、国防和军队改革、党的领导和党的建设制度改革、纪检监察制度改革;一系列重大改革扎实推进,各项便民、惠民、利民举措持续实施,使改革开放成为当代中国最显著的特征、最壮丽的气象。

改革开放的所有这些内容、成就,都可以在40多年来一个个五年计划(规划)中看到。

在制定"七五"计划时,党和国家回顾"六五"计划的进程,明确指出:我们坚决摒弃"以阶级斗争为纲"的错误理论和实践,巩固和发展安定团结的政治局面,坚定不移地把全部工作重心转到社会主义现代化建设上来,努力推进社会主义物质文明和精神文明的建设,并坚持从实际出发制定各项政策,这是整个国民经济持续、稳定、协调发展的根本保证和重要前提。

就经济工作来说,"六五"期间实行了以下具有深远历史意义的战略转变,这也是取得各项成就的根本原因。

在经济和社会的发展战略上,从片面追求工业特别是重工业产值产量的增长,开始转向以提高经济效益为中心,注重农轻重协调发展,注重经济、科技、教育、文化、社会的全面发展。在制定"六五"计

划的时候,提出要切实改变长期以来在"左"的思想指导下形成的高
积累、高速度、低效率和人民生活水平提高很慢的状况,真正从我国
实际情况出发,走出一条速度比较实在、经济效益比较好、人民可以
得到更多实惠的新路子,并且提出了以提高经济效益为中心的10项
经济建设方针。编制经济发展计划,既强调挖掘潜力,调动各方面的
积极性,又强调根据国力的可能和留有适当余地,注意保持财政、信
贷、物资、外汇的基本平衡。在重视经济发展的同时,注意把经济同
科学技术、文化教育及社会各方面的发展密切联系起来,互相促进,
使经济建设、科学技术、文化教育和各项社会事业都出现了蓬勃发展
的好形势。

在经济体制上,从管得过多、统得过死的僵化体制,开始转向适
应在公有制基础上有计划发展商品经济要求的、充满生机和活力的
新体制。经济体制改革首先在农村取得重大突破,家庭联产承包责
任制的全面推行以及其他一系列改革措施的实施,极大地解放了农
村生产力,使农村经济开始向专业化、商品化、现代化转变。城市的
改革,紧紧围绕搞活企业这个中心环节,在计划、财政、税收、价格、金
融、商业、劳动工资等方面都进行了程度不同的改革,使城市经济生
活出现了前所未有的活跃局面。企业自我改造、自我发展的能力逐
渐增强,社会主义市场不断扩大,多种所有制形式和经营方式显著发
展,各种形式的横向经济联系日益加强,整个国民经济的运行机制发
生了有利于搞活经济的许多变化,有效地调动了广大职工群众的积
极性和创造精神。经过"六五"期间的实践,特别是经过中共中央作
出《关于经济体制改革的决定》以后一年多的实践,建立有中国特色
的社会主义经济体制的轮廓越来越明晰了,路子越来越清楚了。

在对外经济关系上,从封闭半封闭开始转向积极利用国际交换的开放型经济。冲破了"左"的思想和自给自足的经济观念的束缚,克服了把自力更生和对外开放对立起来的错误认识,在利用国内国外两种资源、开拓国内国外两个市场、学会组织国内建设和发展对外经济关系两套本领方面,取得了显著成效。正确地坚持对外开放政策,可以取别人之长补我之短,加快我国现代化建设的进程,不但不会妨碍而且只会增强我们自力更生的能力。

这些重大的转变以及取得的成就,如果用我们现在的眼光来看,当然仅仅是初步的,但这是改革开放迈开步伐后走出的坚实一步。事实证明了改革开放的必要性。所以,在制定"七五"计划时,进一步突出了改革开放的方针和要求。强调要圆满实现"七五"期间的建设任务,关键在于继续进行深入系统的经济体制改革,进一步理顺各方面的经济关系,充分调动广大企业和全体劳动者的积极性和创造性。改革的意义不仅在于当前,更重要的是对于 90 年代的经济振兴和繁荣,对于 20 世纪末宏伟目标的全面实现,以至对于 21 世纪前50 年在经济上、技术上接近和赶上世界发达国家的水平,都具有决定性的作用和影响。所有的地方、部门和企业,都要坚持把改革放在首位,使改革和建设相互适应、相互促进地向前发展,争取在今后五年或者更长一些的时间内,基本上奠定有中国特色的、充满生机和活力的社会主义经济体制的基础。

"七五"计划确定的"七五"期间的经济体制改革,主要内容在三个方面。一是进一步增强企业特别是全民所有制大中型企业的活力,使它们真正成为相对独立的经济实体,成为自主经营、自负盈亏的社会主义商品生产者和经营者。二是进一步发展社会主义的商品市场,逐步完善市场体系。三是国家对企业的管理逐步由直接控制为主转向间接控制为主,建立新的社会主义宏观经济管理制度。

对于计划的作用,认为国家计划是从宏观上引导和控制国家经济正确发展的主要依据。要进一步改革计划体制,适当缩小指令性计划的比重,扩大指导性计划和市场调节的范围,把计划工作的重点逐步转到主要运用经济政策和价格、税收、信贷、利率、汇率、工资等经济杠杆,对宏观经济进行全面管理与调节的轨道上来。

这些改革的措施现在看来,也是初步的。但正是有这些最初迈出的步伐,才有了 40 多年积累起来的历史性的飞跃。

到 1991 年 3 月,国务院总理在人大会议所作的《关于国民经济和社会发展十年规划和第八个五年计划纲要的报告》,进一步肯定,80 年代我国社会经济生活中最引人注目的是经济体制改革和对外开放。这是过去 10 年所发生的最深刻的变化,也是取得上述巨大成就的最基本的推动力。以实行家庭联产承包责任制为主要内容的农村改革的成功,推动了农业和整个国民经济的发展,也推动了其他领域的改革。在城市,以搞活企业为中心,相应进行了计划、财政、税收、金融、物资、商业、外贸、价格、劳动工资等方面的改革。在改革经济体制的同时,科技、教育体制和政治体制也进行了改革。

通过改革,经济体制格局发生了重大变化:从单一的公有制结构,逐步变化为以公有制为主体、多种经济成分并存的所有制结构;从单一的分配制度,逐步变化为以按劳分配为主体、其他分配方式为补充的分配制度;过分集中的计划经济体制,逐步变化为计划经济与市场调节相结合的体制。经济体制改革调动了各方面的积极性,促进了社会生产力的发展。

　　与此同时,对外开放政策的实施,使我国经济大踏步走上世界舞台。我们先后创办了深圳、珠海、汕头、厦门和海南五个经济特区,开放了大连、天津、上海、广州等十四个沿海城市,开辟了 13 个经济技术开发区和长江三角洲、珠江三角洲、闽南三角地区,以及山东半岛、辽东半岛经济开放区。1990 年中央又决定开发和开放上海浦东新区。对内陆周边国家的开放逐步展开。对外开放为我国经济注入了新的活力。

　　"七五"期间改革开放的成就,进一步增强了推动改革开放的决心。党的十三届七中全会通过的《中共中央关于制定国民经济和社会发展十年规划和"八五"计划的建议》,要求继续坚定不移地推进改革开放。强调我们的改革是社会主义制度的自我完善和发展,目的是为了促进生产力的发展和社会的全面进步,充分发挥社会主义制度的优越性。要在总结 80 年代改革开放经验的基础上,依据生产力发展的要求,使改革不断深化,开放进一步扩大。以家庭联产承包为主的责任制,适应现阶段我国农村生产力水平,必须作为一项基本制度长期稳定下来,并不断加以完善。在此基础上,积极发展社会化服务体系,健全和完善统分结合的双层经营体制,逐步壮大集体经济实力。要继续增强企业特别是国营大中型企业的活力,认真贯彻落实已经颁布的搞活企业的法律、法规和政策。要围绕建立新的经济体制的目标,协调配套地搞好企业、流通、价格、财政、税收、金融、计划、投资和劳动工资等方面的体制改革,并加强宏观调控体系的建设。要保持对外开放政策的稳定性和连续性,把经济特区办得更好,巩固和发展现有的经济技术开发区、开放城市和开放地带。在深化经济体制改革的同时,积极推进政治体制改革,努力建设有中国特色的社会主义民主政治。

党的十八大以来,习近平总书记提出全面深化改革的要求,并在五年规划和其他规划中对改革开放进行顶层设计,坚定不移地把改革开放推向前进。2015 年 11 月 9 日,在主持召开中央全面深化改革领导小组第十八次会议时,习近平总书记强调,党的十八届五中全会通过的《中共中央关于制定国民经济和社会发展第十三个五年规划的建议》,是指导我国改革发展的纲领性文件。我国发展走到今天,发展和改革高度融合,发展前进一步就需要改革前进一步,改革不断前进也能为发展提供强劲动力。在全面贯彻党的十八届五中全会精神过程中,要发挥改革的突破性和先导性作用,增强改革创新精神,提高改革行动能力,着力推进国家治理体系和治理能力现代化,着力推进各方面制度更加成熟更加定型,依靠改革为科学发展提供持续动力。

党的十九届五中全会对全面深化改革、构建高水平社会主义市场经济体制作出了新的部署,要求坚持和完善社会主义基本经济制度,充分发挥市场在资源配置中的决定性作用,更好发挥政府作用,推动有效市场和有为政府更好结合。

要求激发各类市场主体活力。毫不动摇巩固和发展公有制经济,毫不动摇鼓励、支持、引导非公有制经济发展。深化国资国企改革,做强做优做大国有资本和国有企业。加快完善中国特色现代企业制度,深化国有企业混合所有制改革。健全管资本为主的国有资产监管体制,深化国有资本投资、运营公司改革。推进能源、铁路、电信、公用事业等行业竞争性环节市场化改革。依法平等保护民营企业产权和企业家权益,破除制约民营企业发展的各种壁垒,完善促进中小微企业和个体工商户发展的法律环境和政策体系。

要求完善宏观经济治理。健全以国家发展规划为战略导向，以财政政策和货币政策为主要手段，就业、产业、投资、消费、环保、区域等政策紧密配合，目标优化、分工合理、高效协同的宏观经济治理体系。完善宏观经济政策制定和执行机制，重视预期管理，提高调控的科学性。加强国际宏观经济政策协调，搞好跨周期政策设计，提高逆周期调节能力。推进统计现代化改革。

要求建立现代财税金融体制。加强财政资源统筹，加强中期财政规划管理，增强国家重大战略任务财力保障。深化预算管理制度改革，强化对预算编制的宏观指导。推进财政支出标准化，强化预算约束和绩效管理。明确中央和地方政府事权与支出责任，健全省以下财政体制。完善现代税收制度，健全地方税、直接税体系，优化税制结构，适当提高直接税比重，深化税收征管制度改革。健全政府债务管理制度。建设现代中央银行制度，完善货币供应调控机制，稳妥推进数字货币研发，健全市场化利率形成和传导机制。构建金融有效支持实体经济的体制机制。深化国有商业银行改革，支持中小银行和农村信用社持续健康发展，改革优化政策性金融。全面实行股票发行注册制，建立常态化退市机制，提高直接融资比重。推进金融双向开放。完善现代金融监管体系，提高金融监管透明度和法治化水平，完善存款保险制度，健全金融风险预防、预警、处置、问责制度体系。

要求建设高标准市场体系。健全市场体系基础制度，形成高效规范、公平竞争的国内统一市场。实施高标准市场体系建设行动。健全产权执法司法保护制度。实施统一的市场准入负面清单制度。

继续放宽准入限制。健全公平竞争审查机制,加强反垄断和反不正当竞争执法司法,提升市场综合监管能力。深化土地管理制度改革。推进土地、劳动力、资本、技术、数据等要素市场化改革。健全要素市场运行机制,完善要素交易规则和服务体系。

要求加快转变政府职能。建设职责明确、依法行政的政府治理体系。深化简政放权、放管结合、优化服务改革,全面实行政府权责清单制度。持续优化市场化法治化国际化营商环境。实施涉企经营许可事项清单管理,加强事中事后监管,对新产业新业态实行包容审慎监管。健全重大政策事前评估和事后评价制度,畅通参与政策制定的渠道,提高决策科学化、民主化、法治化水平。推进政务服务标准化、规范化、便利化,深化政务公开。深化行业协会、商会和中介机构改革。

对其他领域的改革,也提出了很多要求。

四、总揽大局大势

中国的五年计划(规划)都是战略性的规划,所以,党和国家制定计划(规划)的一个重要特点,是总揽中国和世界的发展大局,深刻把握时代和社会发展的大趋势,把中国计划(规划)建立在顺应时代潮流、努力赶上时代上。尽管早期对这种战略态势的把握也有不准确之处,但经过总结历史的经验教训,特别是进一步确立了解放思想、实事求是的思想路线后,对大局大势的把握更加准确。

从第一个五年计划开始,制定五年计划一个坚定不移的重要思想,就是从大局和整体上处理好各种复杂的关系,实现计划的综合平衡。毛泽东在《论十大关系》中,提出要辩证看待和处理积累与消费,国家、集体与个人,重工业、轻工业与农业,沿海建设与内地建设,汉族与少数民族,经济建设与国防建设等关系。陈云也指出:"经济建设和人民生活必须兼顾,必须平衡。"①毛泽东强调对国家、集体和个人三个方面的利益也要予以兼顾,指出:"把什么东西统统都集中在中央或省市,不给工厂一点权力,一点机动的余地,一点利益,恐怕不妥。"②在国防建设方面,"一五"计划中军政费用占国家预算全部支出的30%,中央考虑在"二五"计划中降到20%左右。毛泽东指出:"只有经济建设发展得更快了,国防建设才能够有更大的进步。"③后来,党和国家制定五年计划时,一直把综合平衡作为一个重大的原则来坚持。事实上,凡是综合平衡做得好的,五年计划就比较成功,综合平衡出现问题的,五年计划的执行就会出现波折。

如何认识和把握国际形势,对能否科学地制定五年计划有着重大的影响。"四五"计划时期,国际形势比较复杂。党和国家领导人估计很可能爆发世界大战。因此制定"四五"计划的基本出发点就是准备早打、大打、打核大战。"四五"计划的主要任务是集中力量建设大三线强大的战略后方;加速农业机械化的进程;狠抓钢铁、军工、基础工业和交通运输的建设;大力发展新技术,赶超世界先进水平。大量东部企业迁往三线地区,布局上实行"山、散、洞"。这样的部署,促进了中西部地区生产力的配置,进一步改变了全国区域发展不平衡的状况。但这种对国际大局的判断受到"左"的错误思想的

---

① 《陈云文选》第3卷,人民出版社1995年版,第29页。
② 《毛泽东文集》第7卷,人民出版社1999年版,第29页。
③ 《毛泽东文集》第7卷,人民出版社1999年版,第27页。

影响,并不完全符合实际,因而当时经济建设的部署并不完全符合经济发展的规律,导致所耗经费的巨大、经济效益的低下,造成了很多历史遗留问题。

改革开放之后,党和国家科学看待国际形势,确认和平与发展已经成为时代主题。中国外交战略的基本出发点是为我国的现代化建设创造一个更好的国际环境。因此,大幅度地调整外交政策,取得了良好的效果。

国务院在全国人大六届四次会议上的报告明确概括了三中全会以来我国独立自主的和平外交政策的主要内容和基本原则:第一,从本国人民和世界人民的长远利益和根本利益出发,把反对霸权主义、维护世界和平、发展各国友好合作和促进共同经济繁荣,作为自己对外工作的根本目标。第二,主张世界上所有国家不论大小、富贫、强弱一律平等,坚决反对以大欺小,以富压贫,以强凌弱。第三,在任何时候和任何情况下都坚持独立自主,对一切国际问题都根据其本身的是非曲直决定自己的态度和对策。第四,决不依附于任何一个超级大国,也决不同它们任何一方结盟或建立战略关系。第五,信守互相尊重主权和领土完整、互不侵犯、互不干涉内政、平等互利、和平共处五项原则,并努力在这个基础上同世界各国建立、恢复和发展正常关系,和睦相处,友好合作,而不以社会制度和意识形态的异同来决定亲疏、好恶。第六,中国属于第三世界,坚持把加强和发展同第三世界国家的团结与合作作为我国对外工作的一个基本立足点。第七,反对军备竞赛,反对把这种竞赛扩展到外层空间。第八,坚持长期实行对外开放,在平等互利的基础上不断扩大和发展同各国的经济、贸易、技术交流与合作。第九,遵循联合国宪章的宗旨和原则,支持联合国组织根据宪章精神所进行的各项工作,积极参加联合国及其各专门机构开展的有利于世界和平与发展的活动。第十,重视各国人民之间的交往。中国政府鼓励和支持各群众团体、民间组织和各界人士开展同各国在经济、文化、教育、科技、新闻、卫生、体育等各个方面的交流与合作,加强各国人民之间的了解和友谊。

所有这些对外政策的基本原则,指导了"七五"计划的制定,也为"七五"计划的实施创造了良好的国际环境。

"十一五"时期,我国处在复杂多变的国际环境之中,既面临重要的机遇,也遇到严峻的挑战。党和国家要求我们以宽广的世界眼光,统筹国际国内两个大局。党的十七大指出,当代中国同世界的关系发生了历史性变化,中国的前途命运日益紧密地同世界的前途命运联系在一起。中国将始终不渝走和平发展道路,始终不渝奉行互利共赢的开放战略,坚持在和平共处五项原则的基础上同所有国家发展友好合作。

根据这一判断和原则,"十一五"规划要求坚持对外开放基本国策,在更大范围、更广领域、更高层次上参与国际经济技术合作和竞争,更好地促进国内发展与改革,切实维护国家经济安全。

"十一五"的五年中,党和国家比较充分地利用了国际环境所提供的机遇,同时,也遇到一系列外部摩擦和挑战。特别是受到了由美国次贷危机引发的国际金融危机。面对外部严重冲击,党和国家迅速采取有效措施,加大宏观调控的力度,推出一系列产业振兴计划,着力扩大内需,保持国内经济快速平稳增长,从而最大限度减小了国际金融危机对我国发展造成的损害。中国作为一个负责任的大国,高举和平、发展、合作旗帜,积极参与和推动世界经济治理机制改革,同世界不同类型的国家加强合作,也努力维护我国的发展利益。中国在危机中的表现,对世界作出了特殊的贡献,得到了广泛的赞誉。中国的综合国力进一步增强,在国际上的地位进一步提高。

实践证明,在经济全球化深入发展的背景下,中国与世界的双向互动日益加强。要始终保持中国的发展势头,就必须进一步树立全球视野,善于进行双向思维,更加注重统筹国际国内两个大局,真正做到内外兼顾,互利共赢。

把握大局大势,必须确立科学的发展理念,掌握和处理好发展理念的各种辩证关系。胡锦涛提出的科学发展观,科学地回答了我们需要什么样的发展和怎样发展的问题。

在 2015 年 10 月党的十八届五中全会上,习近平总书记强调实现"十三五"时期发展目标,破解发展难题,厚植发展优势,必须牢固树立并切实贯彻创新、协调、绿色、开放、共享的发展理念。2016 年 1月,在省部级主要领导干部学习贯彻十八届五中全会精神专题研讨班上,习近平总书记强调,要深入学习领会创新、协调、绿色、开放、共享的新发展理念,推动"十三五"时期我国经济社会持续健康发展,确保如期实现全面建成小康社会奋斗目标。新发展理念也成为"十四五"规划的重要指导思想。坚持新发展理念,是关系我国发展全局的一场深刻变革。新发展理念是"十三五""十四五"乃至更长时期我国发展思路、发展方向、发展着力点的集中体现,必须贯穿于经济社会发展的各领域各环节。

把握大局大势,必须用系统观念统筹五年规划。党的十九届五中全会的规划《建议》提出,"十四五"时期经济社会发展必须遵循坚持系统观念的原则。党的十八大以来,党中央坚持系统谋划、统筹推进党和国家各项事业,根据新的实践需要,形成一系列新布局和新方略,带领全党全国各族人民取得了历史性成就。在这个过程中,系统观念是具有基础性的思想和工作方法。

全面建成小康社会后,我们将开启全面建设社会主义现代化国家新征程,我国发展环境面临深刻复杂变化,发展不平衡不充分问题仍然突出,经济社会发展中矛盾错综复杂,必须从系统观念出发加以谋划和解决,全面协调推动各领域工作和社会主义现代化建设。

坚持系统观念,就必须加强前瞻性思考、全局性谋划、战略性布局、整体性推进,统筹国内国际两个大局,办好发展安全两件大事,坚持全国一盘棋,更好发挥中央、地方和各方面积极性,着力固根基、扬优势、补短板、强弱项,注重防范化解重大风险挑战,实现发展质量、结构、规模、速度、效益、安全相统一。

在制定专项规划、区域规划、空间规划以及地方规划时,要坚持全国一盘棋,切实增强大局意识和系统观念,找准切入点和着力点,把指导方针的各项要求贯彻到相关规划中去,形成定位准确、边界清晰、功能互补、统一衔接的国家规划体系。要健全政策协调和工作协同机制,完善规划实施监测评估机制,确保党中央关于"十四五"发展的决策部署落到实处。

五、立足现实国情

党的思想路线要求我们,任何工作都必须坚持实事求是,一切从实际出发。要按照事物的本来面目去认识世界。使认识和实际相符合,主观与客观相统一。制定任何战略、任何政策、任何措施,都要符合国情,符合实际。在当代中国,也就是要一切从社会主义初级阶段的实际出发。既不要超越现实,也不要落后于现实。"一定要和实际相结合,要分析研究实际情况,解决实际问题。按照实际情况决定工作方针。"[1]

制定五年计划(规划),能不能真正做到实事求是,从国情出发,从实际出发,关系到五年计划(规划)的成败,关系到国家发展的大局。

"二五"计划是经过党的八大讨论通过的,也是唯一由党代会进行讨论的五年计划。但是,进入 1958 年以后,随着对"反冒进"的批判特别是"大跃进"和人民公社化运动的发动,"二五"计划的制定受到严重干扰,主要经济指标按长官意志多次调整修改,工业增长速度与农业增速分别增加为"一五"实际增速的 3 倍与 7 倍,主要工农业产品指标达到 1952 年的 10 倍左右。一时造成"共产"风、浮夸风、高指标和瞎指挥盛行。

这种完全脱离实际、超越现实的倾向,使计划的编制和实施失去了科学依据,也失去了真实完成的可能。这一时期的工业增长大起大落,农业增长倒退。1957 年工业产值 704 亿元,1960 年为 1650 亿元,年增长率高达 32.8%,但随后的两年就开始大幅倒退,1962 年为850 亿元,只比 1957 年略高。农业产值除 1958 年略有增长外,其他逐年减少,1962 年为 430.3 亿元,与 1957 年相比年均减少 4.3%。在"二五"计划前三年的"大跃进"时期,工业产值增加了 1.3 倍,而农

---

[1] 《邓小平文选》第 2 卷,人民出版社 1994 年版,第 114 页。

业产值则减少了 23%, 并酿成了三年困难时期的悲剧。

"二五"计划甚至最终未能形成正式文件颁布。最后两年"二五"计划的执行实际上已经中断, 而代之以对国民经济实行"调整、巩固、充实、提高"的方针。

1975 年, 国务院讨论和规划"五五"和"六五"时期的经济发展。同年, 召开了多次计划工作的务虚会, 研究和确定经济工作的路线、方针、政策, 并草拟了《1976 — 1985 年发展国民经济十年规划纲要(草案)》。1978 年初对原来的纲要作了修订。

这时的国家形势虽有好转, 但在经济工作中急于求成, 提出了许多不切实际的高指标, 如"1980 年基本实现农业机械化", 10 年内搞"十来个大庆""十来个鞍钢", 兴建 120 个大型项目, 等等。于是, 进一步加重了原来已经严重失调的比例关系, 重演了历史上曾经发生过的"冒进", 给经济发展带来了困难。

1978 年 12 月, 党的十一届三中全会作出了把工作重心转移到社会主义现代化建设上来的战略决策, 提出了解决国民经济重大比例严重失调的要求, 制订了关于加快农业发展的决定。1979 年 4 月, 中共中央工作会议正式提出"调整、改革、整顿、提高"的方针(新八字方针), 并从这一年开始对国民经济进行调整, 根据现实对计划指标作了较大幅度的削减, 开始扭转经济形势继续恶化的局面。经过调整, 农业战胜自然灾害, 粮食产量创造最高纪录, 多种经营发展得更快; 轻工业的发展超过重工业, 重工业的内部结构有了变化; 通过提高农副产品收购价格和增加职工工资等一系列政策和措施, 人民生活得到较大改善。

"十一五"时期是全面建设小康社会的关键时期, 具有承前启后的历史地位,既面临难得机遇,也存在严峻挑战。党和国家实事求是地分析了"十一五"期间的国际国内形势、任务和条件,确认我国具备保持经济平稳较快发展和社会和谐进步的有利条件。但在前进道路上还存在不少困难和问题。我国正处于并将长期处于社会主义初级阶段,生产力还不发达,制约发展的一些长期性深层次矛盾依然存在:耕地、淡水、能源和重要矿产资源相对不足,生态环境比较脆弱,经济结构不合理,解决"三农"问题任务相当艰巨,就业压力较大,科技自主创新能力不强,影响发展的体制机制障碍亟待解决。"十五"时期在快速发展中又出现了一些突出问题:投资和消费关系不协调,部分行业盲目扩张、产能过剩,经济增长方式转变缓慢,能源资源消耗过大,环境污染加剧,城乡、区域发展差距和部分社会成员之间收入差距继续扩大,社会事业发展仍然滞后,影响社会稳定的因素还较多。国际环境复杂多变,影响和平与发展的不稳定不确定因素增多,发达国家在经济科技上占优势的压力将长期存在,世界经济发展不平衡状况加剧,围绕资源、市场、技术、人才的竞争更加激烈,贸易保护主义有新的表现,对我国经济社会发展和安全提出了新的挑战。

在这样一个战略机遇与矛盾凸显并存的关键时期,党和国家认为,我们必须有高度的历史责任感、强烈的忧患意识和宽广的世界眼光,准确把握我国发展的阶段性特征,立足科学发展,着力自主创新,完善体制机制,促进社会和谐,全面提高我国的综合国力、国际竞争力和抗风险能力,开创社会主义经济建设、政治建设、文化建设、社会建设的新局面,为后十年顺利发展打下坚实基础,奋力把中国特色社会主义事业推向前进。

中国国情的一个重大特点,是发展不平衡,包括区域之间的不平衡、城乡之间的不平衡等。在决胜全面建成小康社会的全局性工作中,各个不同的领域都有特殊的重要性。比较起来,解决贫困问题是一个重要的短板。正如大家熟知的"水桶理论",整个水桶的木板再好,只要有一块木板短了一截,那桶里的水只能装到这块短板的高度。因此,决胜全面建成小康社会,如何补上这块短板,就是一个重大的战略问题。

改革开放之后,党和国家坚持以经济建设为中心,大力解放和发展生产力,不断提高了广大人民群众的生活水平。针对大量贫困人口,又特别采取了一系列政策和措施,实施了扶贫开发战略,取得了巨大的成就。

党的十八大以后,以习近平同志为核心的党中央把扶贫开发摆到治国理政的重要位置,提升到事关全面建成小康社会、实现第一个百年奋斗目标的新高度,打响了一场新的脱贫攻坚战。习近平总书记指出,全面建成小康社会,最艰巨最繁重的任务在农村、特别是在贫困地区。没有农村的小康,特别是没有贫困地区的小康,就没有全面建成小康社会。

2015 年 10 月 26 日至 29 日,十八届五中全会审议通过的《中共中央关于制定国民经济和社会发展第十三个五年规划的建议》,明确将"我国现行标准下农村贫困人口实现脱贫,贫困县全部摘帽,解决区域性整体贫困"作为"十三五"规划的战略目标之一。这是第一次把脱贫攻坚作为五年规划纲要的重要内容,也是第一次把贫困人口脱贫作为五年规划的约束性指标。11 月 29 日,中共中央、国务院印发了《关于打赢脱贫攻坚战的决定》。党的十九大进一步分析了扶贫形势,要求作为决胜全面建成小康社会补短板的关键一仗,坚决打赢脱贫攻坚战。2018 年 6 月 15 日,中共中央、国务院印发《关于打赢脱贫攻坚战三年行动的指导意见》。

党的十八大以来我国脱贫攻坚力度之大、规模之广、影响之深前所未有,扶贫工作取得了决定性进展。

六、汇聚智慧共识

中国规划关系到党和国家事业发展的全局,需要解决大量复杂的问题,制定很多重要的战略,确定经济社会发展的方向和路径。如此复杂的问题,单靠少数人、一个人是绝对不行的,只有最大限度集中全党全社会的智慧,才能不断提高五年计划(规划)等各项规划的科学化水平,保证计划(规划)切实可行、发挥作用。从这个意义上说,每一个五年计划(规划),特别是改革开放以来的所有五年计划(规划),从编制、审查、批准到贯彻实施的整个过程,都是一个听取民意、集中民智、集思广益、凝聚共识的过程。

20 世纪 50 年代,国务院科学规划委员会党组在向中共中央所作的《关于征求〈一九五六——一九六七年科学技术发展远景规划纲要(修正草案)〉意见的报告》中,不仅汇报了规划纲要的制定过程和主要内容,而且还特别汇报了制定过程中在一些重大问题上的不同意见,以及如何取得一致、达成共识的情况。

报告汇报:规划工作中一些比较重要的争论,经过这次讨论已基本取得一致意见。

第一,是发展科学的方针问题。规划"纲要"提出的"重点发展,迎头赶上"的方针,少数人曾有不同意见。如有人建议改为"重点发展,推动全面,加强基础,迎头赶上",也有人提出了其他修改意见。我们认为"重点发展,迎头赶上"的方针是正确的,不应改变。

第二,重点问题。整个规划提出的任务有五十七项,大多数科学家同意从中综合提出十二个重点。这些重点是:(1)原子能的和平利用。(2)无线电电子学中的新技术(指超高频技术、半导体技术、电子计算机、电子仪器和遥远控制)。(3)喷气技术。(4)生产过程自动化和精密仪器。(5)石油及其他特别缺乏的资源的勘探,矿物原料基地的探寻和确定。(6)结合我国资源情况建立合金系统并寻求新的冶金过程。(7)综合利用燃料,发展重有机合成。(8)新型动力机械和大型机械。(9)黄河、长江综合开发的重大科学技术问题。(10)农业的化学化、机械化,电气化的重大科学问题。(11)危害我国人民健康最大的几种主要疾病的防治和消灭。(12)自然科学中若干重要的基本理论问题。有人认为"危害我国人民健康最大的几种主要疾病的防治和消灭"与"自然科学中若干重要的基本理论问题",两项不宜列入。实际上这两项是重要的,我国有几种疾病(如血吸虫病)严重地危害着几千万人民的生命,不是一件小事;理论问题绝对不能忽视,列入重点也是对的。也有人提出十二个重点太多,实际上十二年内的重点,不是要立即齐头并进,而是要分轻重缓急,在五年计划和年度计划中作更具体更适当的安排。

第三,科学研究工作体制中的两个问题。一个是要不要成

立常设的高级协调机构,一个是科学院的技术科学部应否继续
存在。关于高级协调机构问题争论最大。在八月份的讨论中,
少数同志曾有不同意见,但出席会议的中国科学家(包括郭沫
若院长)和大多数有关单位负责干部,一致主张建立一个常设
的高级协调机构。因为科学规划是全国规模的,而执行时必须
分为三个系统,即科学院、高等学校、产业部门,另外还有原子能
委员会和航空工业委员会。对这几个系统实施科学规划的情
况,应该有一个机构经常加以监督。至于由什么机构来负责这
一任务,大家曾考虑过由国家计划委员会或国家经济委员会、或
国家技术委员会,或科学院来担负这一任务,但都觉得不适当。
计委只能最后综合平衡科学研究的长期计划,不能负责年度计
划和协调等繁重任务;经委只能最后综合平衡科学研究的年度
计划,不能管长期计划,也很难处理科学研究的许多协调工作;
技术委员会的任务主要是技术政策和技术改革等,由它把科学
院、高等学校、原子能和平利用和航空工业委员会的科学研究工
作全部管起来也不恰当,科学院也不宜担负过多的科学计划行
政任务,特别是现在没有这个条件。另外一个重要因素,值得我
们重视的,是全国科学家很重视"科学规划委员会",以参加科
学规划工作为无上光荣,它是我们最近新发现的团结全国科学
家的一种良好的组织形式。科学家们喜欢这一个组织形式,我
们就不应当轻率地抛弃它。因此,把科学规划委员会保留下来,
并设一精干办公机构担负上述任务,是一个比较妥当的办法。
提出反对意见的同志,主要是认为有了这样一个机构,反而不好
工作。这种想法是不对的。在十月二十八日的会议中,大家一

致同意了大多数人所赞成的意见。关于科学院技术科学部的问题,主要是有少数同志认为技术科学应该完全由产业部门搞,科学院不必再有(或者暂时不必有)技术科学部。这种意见是不对的。科学院技术科学部要多负责理论性的研究,对发展技术科学关系重大,是绝对不能取消的。但科学院的技术科学部应该主动地注意加强和产业部门的联系,适当分工协作,摊子不要铺得过大。

第四,科学研究干部和科学研究机构问题。规划中对十二年需要大学毕业的科学研究干部有一初步估计,约十四万六千人,多数人认为偏高,今后还应该切实加以核算。科学研究机构问题,"纲要"(草案)中提出了设立科学研究机构的五项原则:(1)必须有明确的任务;(2)必须注意各方面的配合和协作,避免重复;(3)必须有周密的准备和必要的人力物力条件,(4)应适应研究工作的特点,一般规模不宜过火,层次不宜过多;(5)设置地点应接近研究对象和生产基地,并尽可能与高等学校的设置相配合。我们认为很好。目前有些部门在建立研究机构方面存在偏多偏大现象,今后应按这些原则作统一安排。

报告中所说的这些问题的讨论,非常清晰和生动地说明了在科技规划制定过程中是如何集思广益、汇聚各种意见和智慧的。

《"十二五"规划纲要》在编制过程中,有关部门利用互联网、手机短信平台、电子邮件等方式,在全国发起了"共绘蓝图,我为'十二五'规划建言献策"的活动。历时两个月,收到了64709份意见、建议。对这些意见、建议都进行了认真研读,尽可能吸纳到《纲要》中。

根据这些意见,《纲要》充实了发展生物质能、加快残疾人事业发展、推进收入分配改革和优先发展公共交通等章节的内容。

人民群众对国家规划的制定非常关注,纷纷以不同方式积极参与建言献策。山东滨州有一个盲人,叫孙东,36 岁,用盲文写了整整 6 页纸的信件,就发展盲人教育、建设盲人网站提出了建议。机械科技研究总院一位 77 岁的退休人员张鸿博老人,身患癌症,刚刚经过 6 次化疗,写了 4 万字的关于收入分配的建议。

每次起草和编制工作,党中央国务院领导同志都身体力行,深入开展调查研究,广泛听取各方意见。在起草《中共中央关于制定国民经济和社会发展第十三个五年规划的建议》过程中,习近平总书记先后在浙江、贵州和吉林主持召开座谈会,听取 18 个省份主要领导同志对"十三五"时期经济社会发展的意见和建议,并在中南海主持召开党外人士座谈会,听取各民主党派中央、全国工商联领导人和无党派人士的意见和建议。通过一次次调研、一次次座谈、一次次交流讨论,使未来 5 年的发展环境、主要目标、发展理念、发展主线等越来越清晰,越来越明确。

在起草《中共中央关于制定国民经济和社会发展第十三个五年规划的建议》过程中,党中央首先发出《关于对党的十八届五中全会研究"十三五"规划建议征求意见的通知》,在党内一定范围征求意见和建议。与此同时,文件起草组成立后的第一件工作,就是深入各地各部门开展专题调研,广泛征求各方意见。

各方面反馈的意见都认为,党的十八届五中全会重点研究"十三五"规划建议问题并提出建议,对坚持和发展中国特色社会主义,实现"两个一百年"奋斗目标、实现中华民族伟大复兴的中国梦,具有十分重要的意义。文件起草组充分考虑、认真吸收了各方面意见和建议。

根据中央政治局会议决定,7月底,建议稿下发党内一定范围征求意见,包括征求党内部分老同志意见,还专门听取了民主党派中央、全国工商联负责人和无党派人士意见。其间,中央政治局常委会召开3次会议、中央政治局召开2次会议分别审议建议稿。

从反馈情况看,各地区各部门对建议稿给予充分肯定,同时也提出了许多好的意见和建议。一是建议对"十三五"时期我国发展面临的机遇和挑战作出更加深入和更具前瞻性的分析概括。二是建议进一步突出人民群众普遍关心的就业、教育、社保、住房、医疗等民生指标。三是建议抓住新一轮科技革命带来的机遇,将优势资源集聚到重点领域,力求在关键核心技术上取得突破。四是建议进一步提高绿色指标在"十三五"规划全部指标中的权重,把保障人民健康和改善环境质量作为更具约束性的硬指标。五是建议重视促进内陆地区特别是中西部地区对外开放。六是建议更加注重通过改善二次分配促进社会公平,明确精准扶贫、精准脱贫的政策举措,把更多公共资源用于完善社会保障体系。

党中央责成文件起草组认真研究和吸纳各方面意见和建议。文件起草组全面汇总、逐条分析各方面意见和建议,做到了能吸收的尽量吸收。

从国务院及其有关部门来说,党的十八届五中全会后,"十三五"规划纲要正式进入最后编制阶段。国务院成立了"十三五"规划纲要草案编制工作领导小组,在近几个五年规划编制中,这样的安排还是首次。国务院总理李克强多次听取规划纲要草案编制工作汇报,主持召开规划纲要草案编制工作会议、国务院常务会议、国务院全体会议,部署规划纲要编制工作,还多次主持召开座谈会,听取国内外各界人士对"十三五"规划纲要草案的意见建议。

从 2015 年 11 月起,发改委在全国范围开展为期两个月的"问计求策"活动。社会公众通过网络留言、信件、热线电话等多渠道多方式,重点围绕贯彻落实新发展理念、"十三五"重点难点问题以及改善民生福祉等方面建真言、献良策,提出意见建议近 3 万份。

从破解老龄化社会难题到解决看病难、上学难,从治理严重雾霾到发展循环经济,从工业化、信息化融合发展到推进新型城镇化建设……一封封信件、一条条留言背后,饱含着广大人民群众对全面建成小康社会的殷切期望。

随着中国深度融入世界经济,"十三五"规划吸引了国际社会的高度关注。亚洲开发银行、经济合作与发展组织等机构向国家发改委提交了研究报告。为借鉴国际经验,吸收国际智慧,中方于 2015年 12 月邀请诺贝尔经济学奖获得者斯蒂格利茨等知名专家座谈,为规划纲要的编制出谋划策。

由 55 位经济、科技、企业以及其他领域知名专家组成的专家委员会,对规划纲要草案进行了多轮论证和咨询,形成了专家论证报告。

在"十四五"规划编制工作中,为贯彻落实习近平总书记关于"十四五"规划编制工作要开门问策、集思广益,把加强顶层设计和坚持问计于民统一起来,齐心协力把"十四五"规划编制好的重要指示精神,2020 年 8 月 16 日至 29 日,"十四五"规划编制工作开展网上意见征求活动,分别在人民日报、新华社、中央广播电视总台所属官网、新闻客户端以及"学习强国"学习平台开设"十四五"规划建言专栏,听取全社会意见建议。

习近平总书记对网上意见征求活动作出重要指示,强调通过互联网就"十四五"规划编制向全社会征求意见和建议,在我国五年规划编制史上是第一次。这次活动效果很好,社会参与度很高,提出了许多建设性的意见和建议。有关部门要及时梳理分析、认真吸收。广大人民群众提出的意见和建议广泛而具体,充分表达了对美好生活的新期盼。人民对美好生活的向往就是我们的奋斗目标,人民的信心和支持就是我们国家奋进的力量。要总结这次活动的经验和做法,在今后工作中更好发挥互联网在倾听人民呼声、汇聚人民智慧方面的作用,更好集思广益、凝心聚力。

"十四五"规划编制网上意见征求活动组织有序,社会反响热烈,累计收到网民建言超过 101.8 万条,为做好"十四五"规划编制工作提供了有益参考。

不仅是五年规划,其他各种规划也都以不同的方式广泛征求各方面的意见,汇聚智慧,提高规划的科学化水平。特别是与人民群众关系更加直接的规划,不仅制定,而且其实施,都进一步突出人民的主体地位,注意扩大群众的参与程度,激发广大人民群众的积极性和创造性。

比如,2016 年中共中央、国务院印发的《"健康中国 2030"规划纲要》,把建设健康中国的战略主题确定为"共建共享、全民健康"。核心是以人民健康为中心,坚持以基层为重点,以改革创新为动力,预防为主,中西医并重,把健康融入所有政策,人民共建共享的卫生与健康工作方针,针对生活行为方式、生产生活环境以及医疗卫生服务等健康影响因素,坚持政府主导与调动社会、个人的积极性相结合,推动人人参与、人人尽力、人人享有,落实预防为主,推行健康生活方式,减少疾病发生,强化早诊断、早治疗、早康复,实现全民健康。

这一战略主题把共建共享作为建设健康中国的基本路径,把全民健康作为建设健康中国的根本目的。立足全人群和全生命周期两个着力点,提供公平可及、系统连续的健康服务,实现更高水平的全民健康。要惠及全人群,不断完善制度、扩展服务、提高质量,使全体人民享有所需要的、有质量的、可负担的预防、治疗、康复、健康促进等健康服务,突出解决好妇女儿童、老年人、残疾人、低收入人群等重点人群的健康问题。要覆盖全生命周期,针对生命不同阶段的主要健康问题及主要影响因素,确定若干优先领域,强化干预,实现从胎儿到生命终点的全程健康服务和健康保障,全面维护人民健康。

七、完善规划体制

中国规划体系特别是五年计划(规划),与中国的计划(规划)体制紧密联系在一起。两者同生同长,又同样随着由计划经济向社会主义市场经济的转变而发生重大的变化。坚持在改革开放中不断改革和完善计划(规划)体制,这也是中国共产党提高五年规划治国理政的独特方式之一。

计划体制,又称计划管理体制,是社会主义国家有计划地管理国民经济的具体制度和方法的总称,是整个经济体制的重要组成部分。我们已经将五年计划改为五年规划,而且规划也已经不限于经济,所以,原来的计划体制,在我看来,也就应该改称"规划体制"了。本书

第三章已经梳理了中国规划体系的发展,指的是由各类规划组成的规划本身的体系。这里的规划体制,主要指制定和实施一系列规划的组织和机制。

中华人民共和国成立的头 3 年,是新民主主义社会,实行的实际上是以市场调节为主、直接计划与间接计划相结合的经济体制。随着"一五"计划的开始制定和实施,中央采取一系列措施,从上到下建立集中统一的计划经济机构,先是通过制定年度计划,然后通过实施五年计划,来加强对经济工作的统一领导。

1952 年 11 月,在中央人民政府之下,增设了国家计划委员会,这是与政务院平行的机构。国家计划委员会的负责人称主席。国家计划委员会成立后,重工业部、第一机械工业部等 13 部划归其领导。这样,国家计划委员会就在领导国家经济建设工作的许多重要方面取代了政务院。当时国家计划委员会还有"经济内阁"之称。

1953 年 2 月,中共中央发出《关于建立计划机构的通知》,要求中央一级各国民经济部门和文教部门,必须迅速加强计划工作;各大区和各省、市的财经委员会应担负计划任务,其有关计划业务,应受国家计划委员会指导;综合编制各行业长期和年度计划,并检查计划执行情况,积极推动国营经济和合作社经济的发展壮大,保证各社会经济成分逐步按比例发展。

"一五"计划的编制工作原来由中央财经委员会负责。1953 年初,中财委根据中央的指示,对五年计划进行了第三次编制。到同年6 月,改由国家计划委员会进行第四次编制。

从 1953 年起,国家逐步扩大了计划管理的力度和范围。按照第一个五年计划的要求,国民经济中的计划管理日益加强。

到 1954 年 9 月，一届全国人大一次会议通过《中华人民共和国宪法》，国家政权机关发生很大变动，政务院改为国务院。国家计划委员会也改为隶属国务院的组成部门，在国务院统一领导下负责综合管理国民经济计划工作和对国民经济进行宏观调控。

此后，国家计委在制定和实施多个五年计划的过程中发挥了重要作用。

在以战备为中心编制和调整"三五"计划时，由于毛泽东多次表示对计划工作的不满，1965 年初成立了一个由余秋里等五人组成的"小计委"，实际主持国家计委的工作。

"文化大革命"期间，国家计委也受到严重冲击，大批干部下放五七干校。但其在艰难复杂环境下坚持工作，对维护国民经济的正常运行发挥了重要作用。其间，在周恩来、邓小平先后努力整顿国家经济时，国家计委以其务实、严谨的特点，不同程度对"左"倾歪风进行了抵制。整顿的一个重要措施，就是恢复和加强计划管理。1972年，国家计委起草了《关于坚持统一计划，加强经济管理的规定》，经周恩来批准，提交 1973 年 1 月的全国计划会议讨论。《规定》对改进经济管理提出了许多重要思想：加强国家统一计划，搞好综合平衡，反对地方各行其是；严格控制基本建设规模，不许乱上建设项目；职工总数、工资总额、主要产品物价等管理权集中在中央，各地区、各部门无权擅自决定；中央下放的大中型企业，由省、自治区、直辖市和少数省辖市管理，不得再层层下放；企业实行党委领导下的厂长负责制，建立强有力的生产指挥。这些措施在当时一片混乱的状况下对维持国民经济的正常运行，是非常管用的。

1973 年 7 月，国家计委拟订了《第四个五年计划纲要（修正草案)》。《修正草案》对主要经济指标进行了调整,不少指标有所压缩,钢产量下调到 3200—3500 万吨,后又调到 3000 万吨。1972 年、1973 年两年国民经济形势有所好转,1973 年各项主要经济指标都完成和突破了计划。

"文化大革命"结束后,国家计委对改革开放的形成和启动发挥了特殊的作用。1977 年 3 月,国家计委向全国计划会议提交的《关于 1977 年国民经济计划几个问题的汇报提纲》,提出了要不要抓好生产,要不要规章制度,要不要社会主义积累,要不要实行各尽所能、按劳分配原则,要不要引进新技术等 10 个需要澄清的问题,促进了思想理论上的拨乱反正。1978 年 3 月,国家计委向中央提交了《关于一九七八年引进新技术和进口成套设备计划的报告》,经中央批准,推动了对外开放政策的形成。

为适应改革开放的发展和需要,计划体制逐步进行改革,表现在计划委员会的机构上,也先后进行了多次改革。

1982 年 3 月 8 日,五届全国人大常委会第 22 次会议通过《关于国务院机构改革问题的决议》。为加强对国家日常经济活动的集中统一指挥,重组国家经济委员会,强化其职能,并进一步加强和改进国家计划委员会的工作。

1988 年,原国家计委、国家经委被撤销,组建新的国家计委。国家计委被定位为高层次的宏观管理机构,不再承担微观管理和行业管理职能。

1998 年 3 月,国家计划委员会被更名为国家发展计划委员会。主要职责放在了管理有关国民经济全局的事务上,着力制定发展战略,进行宏观经济管理;减少对微观经济活动的干预,创造公平竞争的市场环境,减少了繁多的行政审批手续。

2003年,继续进行改革,将原国家经贸委的部分职能和原国务院经济体制改革办公室一同并入,将其更名为"国家发展和改革委员会"。"计划"二字,自此完全从中国政府的部门中剔除。

2008年,国家发改委的职能再次进行了局部调整。2013年的机构改革又进行了一定的调整。

计划(规划)体制改革的早期任务,是改革长期形成的高度集中,以直接控制和行政手段为主,僵化而缺乏活力的计划体制,建立计划经济与市场调节相结合、统一性与灵活性相结合、间接控制和直接控制相结合、富有弹性和生机的计划体制。改革的主要内容是:计划工作的重点,由年度计划为主,逐步转向以中长期计划为主;计划的编制和执行,由直接管理为主开始转向直接管理与间接管理相结合;计划的范围,由比较单一的经济计划,改变为国民经济、社会发展和科技进步结合为一体的计划体系;计划管理方法,由主要靠行政手段和指令性计划,改变为注重运用经济手段和指导性计划;扩大地方的计划管理和经济调控权力,扩大企业生产经营活动的自主权;确立起在中国共产党统一领导下的中央和省、自治区、直辖市以及计划单列市两级管理和控制体系。

随着社会主义市场经济的建立和完善,计划(规划)体制的改革也不断深化。国家发展和改革委员会现有职责中与计划(规划)编制和实施直接相关的主要有:

拟订并组织实施国民经济和社会发展战略、中长期规划和年度计划。牵头组织统一规划体系建设。负责国家级专项规划、区域规划、空间规划与国家发展规划的统筹衔接。起草国民经济和社会发展、经济体制改革和对外开放的有关法律法规草案,制定部门规章。

统筹提出国民经济和社会发展主要目标,监测预测预警宏观经济和社会发展态势趋势,提出宏观调控政策建议。综合协调宏观经济政策,牵头研究宏观经济应对措施。调节经济运行,协调解决经济运行中的重大问题。拟订并组织实施有关价格政策,组织制定少数由国家管理的重要商品、服务价格和重要收费标准。参与拟订财政政策、货币政策和土地政策。

负责社会发展与国民经济发展的政策衔接,协调有关重大问题。组织拟订社会发展战略、总体规划,统筹推进基本公共服务体系建设和收入分配制度改革,提出促进就业、完善社会保障与经济协调发展的政策建议。牵头开展社会信用体系建设。

党的十八大以来,党和国家要求发改委的工作坚决贯彻新发展理念,把主要精力转到管宏观、谋全局、抓大事上来,加强跨部门、跨地区、跨行业、跨领域的重大战略规划、重大改革、重大工程的综合协调,统筹全面创新改革,提高经济发展质量和效益。进一步减少微观管理事务和具体审批事项,最大限度减少政府对市场资源的直接配置,最大限度减少政府对市场活动的直接干预,提高资源配置效率和公平性,激发各类市场主体活力。

要强化制定国家发展战略、统一规划体系的职能,完善国家规划制度,做好规划统筹,精简规划数量,提高规划质量,更好发挥国家发展战略、规划的导向作用。

要完善宏观调控体系,创新调控方式,构建发展规划、财政、金融等政策协调和工作协同机制,强化经济监测预测预警能力,建立健全重大问题研究和政策储备工作机制,增强宏观调控的前瞻性、针对性、协同性。

要深入推进简政放权，全面实施市场准入负面清单制度。深化投融资体制改革，最大限度减少项目审批、核准范围。深化价格改革，及时修订调减政府定价目录，健全反映市场供求的定价机制。加快推进政府监管和公共信用信息共享。

党的十九届五中全会后的 2020 年 10 月 30 日，李克强主持召开国务院"十四五"规划《纲要草案》编制工作领导小组会议。国家发展改革委就规划纲要编制作了汇报。李克强指出，编制"十四五"规划纲要，要坚持以习近平新时代中国特色社会主义思想为指导，认真贯彻党的十九届五中全会精神，全面把握新发展阶段，坚持稳中求进工作总基调，围绕落实新发展理念、推动高质量发展、深化供给侧结构性改革、构建新发展格局，紧扣满足人民日益增长的美好生活需要，使规划既有战略性和前瞻性、又有针对性和操作性，将以习近平同志为核心的党中央关于制定"十四五"规划和 2035 年远景目标建议的部署变成推动经济社会发展的具体蓝图。

李克强要求，规划编制要谋划确定"十四五"发展的支撑举措。围绕强化创新驱动发展、发展现代产业体系、扩大国内需求、促进国内国际双循环、加强生态文明建设、提高人民生活水平等，再推出一批发展工程、创新工程、民生工程，特别是在教育、医疗、养老、育幼等方面加大力度。要研究提出有针对性的重大政策，保障规划确定的重点任务落地。

李克强说，编制规划是政府的职责，实施规划要依靠人民群众，尊重经济规律，发挥市场力量。规划要围绕充分发挥市场在资源配置中的决定性作用和更好发挥政府作用，善用改革开放的办法破难题促发展。突出敢啃硬骨头,深化重点领域和关键环节改革,持续推进"放管服",加快打造市场化法治化国际化营商环境,更大激发市场主体活力;实行高水平对外开放,拿出更多更有力度的开放举措,促进国际合作,实现互利共赢。

李克强强调,编制规划是当前一项重要任务。要加强组织领导和工作统筹,强化全局意识和责任,抓好各领域重大问题研究,广泛听取各方面特别是社会公众意见,进一步集思广益、凝聚共识。做好国家规划与地方规划、专项规划有机衔接。全国上下共同努力,推动"十四五"时期经济社会持续健康发展,确保全面建设社会主义现代化国家开好局、起好步。①

八、推进民主法治

我国宪法规定:"中华人民共和国的一切权力属于人民。""人民行使国家权力的机关是全国人民代表大会和地方各级人民代表大会。"全国人民代表大会依法行使的职权之一,是"审查和批准国民经济和社会发展计划和计划执行情况的报告"。

中国共产党章程规定:"党必须在宪法和法律的范围内活动。""党必须集中精力领导经济建设,组织、协调各方面的力量,同心协力,围绕经济建设开展工作,促进经济社会全面发展。"②

---

① 《李克强主持召开国务院党组会议学习贯彻党的十九届五中全会精神》,《人民日报》2020 年 10 月 31 日。

② 《中国共产党第十九次全国代表大会文件汇编》,人民出版社 2017 年版,第 78 页。

按照宪法和法律的规定,五年计划(规划)既要坚持中国共产党的领导,又必须履行规范的法律程序,由全国人大批准。整个五年计划(规划)和其他规划,都要严格依照宪法法律、包括按照法律规定的程序来制定。

1954 年 9 月 15 日至 28 日,第一届全国人民代表大会第一次会议在北京隆重举行。刘少奇在关于宪法草案的报告中说:"我们国家的大事不是由一个人或少数几个人来决定的。人民代表大会制既规定为国家的根本政治制度,一切重大问题就都应当经过人民代表大会讨论,并作出决定。全国性的重大问题,经过全国人民代表大会讨论和决定,在它闭会期间,经过它的常务委员会讨论和决定;地方性的重大问题经过地方人民代表大会讨论和决定(当时尚未设地方人大常委会——引者注)。我国的人民代表大会就是这样能够对重大问题作出决定并能够监督其实施的国家权力机关。"[①]

周恩来在《政府工作报告》中,介绍了第一个五年计划的制定情况和主要内容。他说,从 1953 年起,我国开始了经济建设的第一个五年计划。但制订第一个五年计划的全部工作现在还没有最后完成,对于计划的许多细节还在进行补充和修订。

1955 年 7 月 5 日至 30 日,第一届全国人民代表大会第二次会议在北京举行。会议的主要议程和任务是决定中华人民共和国发展国民经济的第一个五年计划。李富春作《关于发展国民经济的第一个五年计划的报告》,详细汇报了"一五"计划的内容和有关情况。作

---

① 中共中央文献研究室编:《建国以来重要文献选编》第 5 册,中央文献出版社 1993 年版,第 490 页。

家巴金代表把五年计划比作"数字的诗"。东北工学院院长靳树梁代表说这个计划的"每个数字都放射着灿烂光芒"。1955年7月30日,全体代表以高票通过了我国第一个五年计划。这是全国人大第一次审查批准中国的五年计划。

在一届全国人大二次会议上,还通过了关于根治黄河水害和开发黄河水利的综合规划的决议。第一个五年计划及报告中都已提到了开始进行黄河的根治和综合开发工作,但正如邓子恢所说:"因为这一规划所涉及的不止五年,它的第一期工程就需要到一九六七年才能完成,所以需要作为第一个五年计划以外的单独的问题来讨论。"在中央政治局会议上,刘少奇指示,根治黄河是一件大事,应提交全国人民代表大会讨论。所以,全国人大成立后的第二次会议,就由邓子恢作《关于根治黄河水害和开发黄河水利的综合规划的报告》,代表们进行了热烈的讨论。这是全国人大历史上第一次审议和批准重大建设项目,开创了一个重要的先例。

可惜的是由人大审议和批准重大项目的做法没有能坚持下去。在民主和法制受到破坏的年代,许多关系国计民生的重大问题,诸如"大炼钢铁""人民公社化运动"、一些重大建设项目等,都没有经过全国人大或人大常委会讨论决定,造成了严重的后果。

"一五"计划之后,从"二五"计划到"五五"计划的四个五年计划都没有提交全国人大审议,计划指标、完成情况也没有公开。这种情况,反映了这些时期民主政治越来越不正常的状况。

1978年党的十一届三中全会以后,国家的政治、经济生活逐步回到正轨。1982年12月,五届全国人大五次会议批准"六五"计划。自此,国家的每个五年计划(规划)及中长期规划都经由国务院提请全国人大审查批准。"六五"计划的时间是1980年至1985年,仍然是在计划已经实施一年多时间以后才提交全国人大表决。但从"七五"计划开始,每个五年计划(规划)都能在实施前交由全国人大审议。

1986年4月,出席六届全国人大四次会议的代表,以举手表决的方式一致通过了"七五"计划;1991年4月,七届全国人大四次会议上,代表们则以按表决器的方式高票通过了"八五"计划。

1991年3月,李鹏总理向七届全国人大四次会议作《关于国民经济和社会发展十年规划和第八个五年计划纲要的报告》。与审议前几个计划一样,代表提出了许多意见和建议,国务院根据这些意见和建议对报告作了近百处修改。所不同的是,由时任总理李鹏专门向主席团作了修改情况的说明,这在人大历史上是首次。

从举手表决到按表决器再到向大会主席团报告修改情况,从"一五"计划在计划实施两年后颁布到"七五"计划于计划开局之年通过,这一个个看似细微的变化,折射出社会主义民主与法制的发展和进步。

邓小平南方谈话之后,改革和发展的速度加快。因此,国务院于1993年向八届全国人大一次会议提出《关于调整"八五"计划若干指标的建议》。调整后的"八五"计划,由原计划的6%调整为8%—9%。全国人大通过了这个建议。实际结果,"八五"期间国民生产总值年增长达12%,工业年均增长达17.8%,国民生产总值"翻两番"的目标提前五年实现!

十届全国人大四次会议期间,近三千名全国人大代表履行宪法和法律赋予的神圣职责,审查并批准了"十一五"规划纲要。这次对

"十一五"规划纲要草案的审查,在全国人大历史上创下了两个"第一":第一次在大会召开前让纲要草案与代表见面并进行讨论;第一次在大会主席团会议议程中列入全国人大财经委报告纲要草案的审查结果。

2005年10月,党的十六届五中全会通过了《中共中央关于制定国民经济和社会发展第十一个五年规划的建议》。在全会召开前后,全国人大常委会先后组织1500多名全国人大代表,就规划涉及的重大问题进行专题调研,撰写了170多篇调研报告,既为规划纲要的起草提供了重要参考,又为大会审查纲要草案提前做好了准备。

春节前后,按照全国人大常委会的安排,全国人大财经委对纲要草案进行审查。1月25日,财经委听取国家发改委主任马凯代表国务院起草小组所作的汇报,并对纲要草案提出了19条修改意见和建议。春节前,全国人大常委会办公厅又对纲要草案提出14条原则性意见和9条具体修改意见。国家发改委进行了认真研究,采纳部分修改意见和建议,随后报送全国人大财经委初步审查。春节长假后一上班,财经委召开全体会议,会同其他专门委员会对纲要草案进行了初步审查。国家发改委采纳了全国人大提出的32条意见和建议。春节长假后的第一个星期,全国人大常委会办公厅召开省级人大常委会负责人会议,部署安排全国人大代表学习中共中央《建议》,讨论纲要草案初步审查稿。

自2月中旬起,全国人大代表的一条条修改意见和建议便源源不断地汇入全国人大常委会办公厅。常委会办公厅组织人手对代表的意见及时进行了汇总,共综合整理出274条建议。国家发改委根据全国人大常委会办公厅送交的人大代表意见、建议,对纲要草案进行了修改完善。

全国人大常委会组织的预先审查，为提请大会正式审查奠定了坚实的基础。

2月28日，十届全国人大常委会第二十次会议经过表决，决定将审查和批准"十一五"规划纲要列入十届全国人大四次会议议程草案。3月4日，经大会预备会议表决，审查和批准规划纲要正式纳入大会议程。当天中午，出席大会的近三千名代表就拿到了纲要草案的文本。

3月5日，十届全国人大四次会议在人民大会堂开幕。温家宝在向大会报告政府工作时，就纲要草案作了说明，并提请大会审查。3月6日至8日，与会代表认真审查纲要草案，各抒己见，建言献策。

根据人大代表审查和政协委员讨论时提出的意见和建议，国家发改委对纲要草案进行了34处修改，许多真知灼见被吸纳进了草案。

3月9日下午，十届全国人大四次会议召开第一次常务主席会议，听取全国人大财经委关于纲要草案的审查结果报告。3月10日下午，大会主席团举行第二次会议，听取全国人大财经委报告纲要草案的审查结果。会议经过表决，通过了这个审查结果报告，决定将关于规划纲要的决议草案提交各代表团审议后，提请3月14日的大会表决。最后大会按法律程序顺利通过。

2016—2020年的"十三五"规划，是以习近平同志为核心的党中央主持编制并完整实施的第一个五年规划。为了做好审查批准前的准备工作，全国人大常委会围绕"十三五"规划纲要编制开展了高规格大规模的专题调研。张德江委员长对专题调研十分重视，专门作出重要批示,要求常委会办公厅和全国人大财经委牵头组织,各有关专门委员会、常委会工作委员会共同参加,做到"任务、目标、人员、时间"四落实,确保形成一批有分量的调研报告,既为中央决策和有关方面编制"十三五"规划纲要提供参考,也为2016年召开的十二届全国人大四次会议审查批准"十三五"规划纲要做必要的准备。

自2015年3月底开始,各单位先后在召开有关部门和专家座谈会的基础上,认真撰写调研报告,广泛征求各方面意见,反复进行修改完善。至7月上旬,9个专门委员会、2个工作委员会经过认真调研,共形成并提交24份专题调研报告,涉及民族、养老、财政经济、教科文卫、外事、侨务、节能环保、"三农"、港澳事务等诸多领域。

2016年1月25日,规划纲要草案稿提交全国人大财经委。财经委在调查研究的基础上,着手对"十三五"规划纲要进行初步审查。

2月22日,中共中央政治局召开会议,讨论国务院拟提请十二届全国人大四次会议审查的规划纲要草案稿。会议要求,在"十三五"规划纲要草案提交十二届全国人大四次会议审查和全国政协十二届四次会议讨论的过程中,要充分发扬民主、集思广益,切实把规划纲要制定好,为更好实施规划纲要奠定扎实基础。

2月27日,规划纲要草案报送全国人大。代表们进行了认真的审议。大会闭幕前夕,根据代表委员在审查讨论中提出的意见,起草组对规划纲要草案作出57处修改,增加"推行电子发票""保障医疗安全""生育关怀"等内容,删除"建立保险费补偿机制"和"设立战略性新兴产业板",将"降低烟草危害"改为"大力推进公共场所禁烟",等等。

审查和批准关系国计民生的中长期规划,是宪法和法律赋予全国人大的职责。根据中央全会的建议,党中央、国务院领导制定完整的国民经济和社会发展计划(规划),然后正式提交全国人民代表大会审议,同时征求中国人民政治协商会议的意见,最后由全国人大会议表决通过。这一法律程序,既坚持了中国共产党对国家事务的领导,又坚持了依法治国的方略,符合宪法和法律的规定,体现了人民当家作主的宪法原则。审查批准五年规划,是把党的主张和人民的意愿有机结合并上升为国家意志的过程,更是人民当家作主、坚持和完善人民代表大会制度的生动体现。

改革开放以来,除了审查批准五年计划(规划)之外,全国人大还恢复和发扬了50年代的一些好的传统和做法,对重大项目也进行审查。如长江三峡工程,就经过长达几十年的研究论证过程,最后由国务院提请全国人大审议和批准,然后才正式开工,充分反映了民主和法制的进步。

除了五年一次对五年规划进行审查外,每年一次的人大会议,都要对前一年的决算和当年的预算进行审查。为此,要作出很多的工作安排。如2010年全国人大常委会的监督工作计划就包含了很多这方面的内容:

"二、审查和批准决算,听取和审议审计工作报告,听取和审议计划、预算执行情况的报告

(一)听取和审议国务院关于2009年中央决算的报告。

(二)听取和审议国务院关于2009年度中央预算执行和其他财政收支的审计工作报告。

以上两项报告请国务院除按照监督法规定的内容和要求提

出外,还要重点报告全国人大财政经济委员会关于 2009 年预算和 2008 年中央决算审查报告中所提建议的落实情况。报告拟安排在 6 月份举行的常委会第十五次会议上听取和审议。

(三)听取和审议国务院关于今年以来国民经济和社会发展计划执行情况的报告。重点报告经济和社会发展总体形势、年初确定的主要预期目标的完成进度、存在的主要问题,转变发展方式、调整经济结构、保障和改善民生的主要措施和重点领域改革的进展情况等。报告拟安排在 8 月份举行的常委会第十六次会议上听取和审议。

(四)听取和审议国务院关于今年以来预算执行情况的报告。重点报告执行十一届全国人大三次会议关于批准 2010 年预算决议的情况,2010 年度上一阶段财政收支和实施积极财政政策的情况,政府投资资金尤其是农业、教育、科技、文化、卫生、社会保障等重点资金的到位和使用情况,中央财政对地方转移支付的情况,国债发行情况等。报告拟安排在 8 月份举行的常委会第十六次会议上听取和审议。

四、专题调研

(一)对国民经济和社会发展第十二个五年规划纲要编制工作若干重要问题开展专题调研。重点调研纲要涉及的国民收入分配、经济结构调整、就业和社会保障、教育科技文化卫生事业发展、'三农'、节能减排和环境保护以及财政体制和税收制度改革情况等。专题调研报告应在 8 月份前完成。由财政经济委员会牵头负责组织和实施。"

九、确保贯彻落实

计划（规划）编制完成并审查批准，就进入了正式实施的阶段。而在早期的五年计划时期，计划（规划）还没有编制完成，就实际开始实施了。计划（规划）画的是蓝图，关键是指导实际施工，真正成为现实。中国共产党在贯彻落实计划（规划）、完成既定任务方面积累了丰富的经验，形成了一系列成熟的程序和办法。这也是中国共产党独特的治国理政方式之一。

五年计划（规划）批准之后，国务院就要按照职责分工，将计划（规划）提出的主要目标和任务分解落实到各地区、各部门，明确约束性指标的责任部门，约束性指标的地区分解，建立约束性指标的公报制度，将约束性指标纳入各地区、各部门经济社会发展综合评价和绩效考核，组织全国实施。

在五年计划（规划）实施过程中，每年的中央经济工作会议发挥着重要的作用。中央经济工作会议是中共中央、国务院召开的规格最高的经济会议。自 1994 年以来每年举行一次，一般在每年年尾 11 月到 12 月举行。任务一般都是按照在它之前召开的中央全会精神，总结当年的经济工作成绩，分析研判当前国际国内经济形势，着重研究确定下一年度的经济建设和各项任务，特别是要及时提出一些重大的方针政策或有关对策，制定下一年度的宏观经济发展规划，部署和安排下一年度的经济工作，从而为下一年度的经济工作明确方向，落实任务。

直接与中国计划（规划）有关的，是每年的计划工作会议，现在已改为发改工作会议。这一会议,要非常具体地分析研究五年计划(规划)实施的情况和进展,研究部署下一年度的计划(规划)工作。会议在新的五年计划(规划)批准之前,要对这个计划(规划)进行研究,提出修改建议。计划(规划)批准后,要研究贯彻落实的要求和措施。还要根据五年计划(规划)的总体任务,分别部署和制定各种类型的地方计划(规划)、专项规划等。要就涉及各个地区的很多问题交流情况、交换意见,统筹解决许多问题。这种计划工作会议或发改工作会议,对贯彻落实中国规划起着非常直接和重要的作用。

每年3月的全国人大会议,都要依照宪法规定,审查和批准国民经济和社会发展计划(规划)和计划(规划)执行情况的报告,审查和批准国家的预算和预算执行情况的报告。国务院总理要代表国务院作政府工作报告。每年的经济社会发展状况和有关部署都是其中主要的内容。五年计划(规划)的执行情况当然包含其中。人大代表都要按照法律程序对政府工作报告进行审议,提出改进的意见和建议。与此相关,全国政协会议也要听取政府工作报告,进行讨论,提出意见和建议。地方各级的人大、政协也都要召开会议。所有这些已经规范化的会议、程序,对组织实施五年计划(规划)和其他各种计划(规划)都发挥着重要的作用。

随着民主法制的健全发展,随着计划(规划)体制的改革和进步,2006年颁布、2007年正式实施的监督法明确规定:"国民经济和社会发展五年规划经人民代表大会批准后,在实施的中期阶段,人民政府应当将规划实施情况的中期评估报告提请本级人民代表大会常务委员会审议。"

因此,从"十一五"规划开始,五年规划中期评估报告首次依法提请全国人大常委会审议,这标志着我国五年规划工作迈上了一个新台阶。

2013 年 12 月 28 日,十二届全国人大常委会第六次会议听取并审议了国务院关于"十二五"规划纲要实施中期评估报告。这是自监督法实施以来,第二次提请全国人大常委会审议五年规划中期评估报告。受国务院委托,国家发改委主任徐绍史在报告中指出,纲要主要目标实现程度良好,但全面完成还存在一些问题和挑战,必须加快建立健全有利于科学发展的体制机制,强力推进节能减排和生态环境保护各项举措,推动经济转型升级,为促进经济持续健康发展奠定坚实基础。审议中大家强调,针对节能环保部分约束性指标实现进度滞后的问题,要下更大功夫、作更多努力。希望国务院和地方各级政府把全面深化改革贯穿于经济社会发展各个领域各个环节,确保纲要提出的目标任务如期实现。

为配合常委会审议,全国人大财经委成立调研组,就"十二五"规划中期评估,组织对纲要提出的重大战略任务推进情况和确定的 24 项主要指标完成情况开展专题调研。调研组在北京召开国务院有关部门、专家学者和部分地区人大财经委负责同志参加的座谈会,听取情况介绍和意见建议。然后,分赴安徽、海南、重庆、北京四省(市)召开 4 个片区人大财经委座谈会,听取全国 31 个省(区、市)人大财经委介绍本地区开展"十二五"规划中期评估工作情况和规划实施情况,并在当地开展调研。在调研基础上形成了专题调研报告,供常委会组成人员审议时参阅。

国务院及有关部门对纲要实施中期评估工作也给予了高度重视。评估工作自 2013 年 2 月启动,由国家发改委牵头,制定评估方案并组织实施。同时,委托有关科研机构进行第三方评估,向部分专家和企业发放问卷调查,并首次在网上开展公众意见调查,为评估提供依据和参考,取得良好效果。2013 年是国务院继"十一五"规划之后在中期评估中第二次引入第三方评估。

与会委员和代表都认为,虽然人大对规划实施的监督还有待完善和加强,但依法向人大提交五年规划中期评估报告并进行审议,使我们切身感受到中国不断前行的民主进程,感受到人大工作和人大制度绽放出的新的光彩。

如何将各项规划落到实处?从规划本身作出的部署、提出的要求,也可以清楚地看出来。

如《中华人民共和国国民经济和社会发展第十三个五年规划纲要》的第二十篇,就是"强化规划实施保障"。该篇强调,保障"十三五"规划有效实施,要在中国共产党的领导下,更好推行各级政府职责,最大程度地激发各类主体的活力和创造力,形成全党全国各族人民全面建成小康社会的强大合力。

为此,《规划纲要》要求:

一是发挥党的领导核心作用。

坚持党总揽全局、协调各方,发挥各级党委(党组)领导核心作用,提高领导能力和水平,为实现"十三五"规划提供坚强保证。坚持党要管党、从严治党,以改革创新精神全面推进党的建设新的伟大工程,保持和发展党的先进性、纯洁性,提高党的执政能力,确保党始终成为中国特色社会主义事业的坚强领导核心。加强领导班子和干部队伍建设,完善政绩考核评价体系和赏罚机制,调动各级干部干事创业努力性、主动性、创造性。强化基层党组织整体功效,发挥战斗碉堡作用和党员先锋模范作用,更好带领群众全面建成小康社会。

注重发挥工会、共青团、妇联等群团组织的作用,牢固和发展最普遍的爱国统一战线,全面落实党的知识分子、民族、宗教、侨务等政策,充分发挥民主党派、工商联和无党派人士作用,最大限度凝聚全社会共识和力量,推进改革发展,维护社会和谐稳定。

二是形成规划实施合力。

明确政府主体责任,科学制定政策和配置公共资源,普遍动员全社会力量,共同推动规划顺利实施。

为此,要加强规划协调管理。加强统筹管理和衔接协调,形成以国民经济和社会发展总体规划为统领,专项规划、区域规划、地方规划、年度计划等为支撑的发展规划体系。国务院有关部门要组织编制一批国家级专项规划特别是重点专项规划,细化落实本规划提出的主要目标任务。地方规划要做好发展战略、主要目标、重点任务、重大工程项目与国家规划的衔接,切实贯彻落实国家规划的统一部署。加快出台发展规划法。

要完善规划实施机制。各地区、各部门要加强对本规划实施的组织、协调和督导。开展规划实施情况动态监测和评估工作,把监测评估结果作为改进政府工作和绩效考核的重要依据,并依法向全国人民代表大会常务委员会报告规划实施情况,自觉接受人大监督。本规划确定的约束性指标以及重大工程、重大项目、重大政策和重要改革任务,要明确责任主体、实施进度要求,确保如期完成。对纳入本规划的重大工程项目,要简化审批核准程序,优先保障规划选址、土地供应和融资安排。发挥审计机关对推进规划实施的审计监视作用。密切关注形势变化和风险演化,坚持守住底线,做好应对困难复杂局势准备。需要对本规划进行调整时,由国务院提出调整方案,报全国人民代表大会常务委员会批准。

要强化财力保障。加强财政预算与规划实施的衔接协调,在明晰各级政府支出责任的基础上,强化各级财政对规划实施的保障作用。中期财政规划和年度预算要结合本规划提出的目标任务和财力可能,合理安排支出规模和结构。加快政府投资立法。

要充分调动全社会努力性。本规划提出的预期性指标和产业发展、结构调整等任务,主要依靠市场主体的自主行为实现。要激发全国各族人民参与规划实施、建设祖国的主人翁意识,充分发挥各级政府、社会各界的努力性、主动性和创造性,尊重基层首创精神,汇聚人民群众的力量和智慧,形成全体人民群策群力、共建共享的生动局势。

为了进一步确保规划的贯彻落实,在规划期限到达之时,还应该对规划实施情况进行全面的检查和总结。

早在 2005 年,我就提出制定发展规划的方法论问题,指出在制定新的规划前,都应该认真总结以往规划的执行情况,着重检查哪些方面没有完成,分析原因,总结经验教训,以保证规划的权威性、严肃性。后来,我多次呼吁:"提高规划实施回头看的水平"。主要意思是,从历史上的情况看,我们在制定规划上所下的功夫很大,但当这种规划到期之时,回过头来检查审视规划完成情况的功夫却远远不够。在某一个报告里,简要地概括一下取得的成就,似乎就算是总结了。至于上一个规划的目标实现了没有,实现了多少,哪些实现了,哪些没有实现,很少有具体的研究和交代。特别是对那些没有完成的内容,常常采取回避的态度,好像从来没有提过这些目标、喊过这些口号、立过这些项目似的。这不是一种实事求是的态度,也不是一种求真务实的作风。

我强调,上一个规划完成了,当然是好事,是成绩,其中肯定包含着很多经验。但没有完成的项目,为什么没有完成?是实施的措施不力,还是果断做了调整?是情况发生了变化,还是最初制定得就不合理?认真研究一下,其实能得到很大教益,并在制定新的规划时加以注意和改进,这比单纯地唱赞歌要好得多。

所以,当我们制定、审议以及开始执行一个个五年规划和其他规划、计划时,最好先对规划、计划的执行情况作一次全面的总结和分析。在某种意义上,敢不敢,善不善对规划实施的成效回过头来进行总结和分析,这是我们战略谋划水平高不高的一个重要尺度。善于总结经验,勇于吸取教训,我们制定新规划的水平才能不断有新的提高。

令人欣慰和高兴的是,这一问题现在终于有了重要的改进。2020年10月22日,在党的十九届五中全会开幕前夕,中央政治局常委会在中南海召开会议,听取"十三五"规划实施总结评估汇报。从50年代初开始实施"一五"计划至今,对五年计划进行研究和调整的会议不少,但这种对五年计划实施情况进行总结和评估的会议几无印象。这样的做法体现了实事求是、一抓到底、善始善终的良好作风。

《"十四五"规划和2035年远景目标纲要》在第十九篇"加强规划实施保障"中,着重强调了三个方面的要求:加强党中央集中统一领导,健全统一规划体系,完善规划实施机制。其中在完善规划实施机制方面,要求落实规划实施责任,加强规划实施监测评估,强化政策协同保障,加快发展规划立法。所有这些,都有助于切实保障规划得到有效的实施。

责任编辑：刘敬文
封面设计：汪　莹
责任校对：白　玥

图书在版编目（CIP）数据

中国规划/李忠杰 著. —北京：人民出版社,2021.6（2025.8 重印）
ISBN 978－7－01－023400－7

Ⅰ.①中…　Ⅱ.①李…　Ⅲ.①国民经济计划-五年计划-研究-中国-
　　2021-2025　Ⅳ.①F123.399

中国版本图书馆 CIP 数据核字（2021）第 091904 号

中国规划
ZHONGGUO GUIHUA

李忠杰　著

人民出版社 出版发行
（100706　北京市东城区隆福寺街 99 号）

中煤（北京）印务有限公司印刷　新华书店经销

2021 年 6 月第 1 版　2025 年 8 月北京第 2 次印刷
开本：710 毫米×1000 毫米 1/16　印张：27.5
字数：310 千字

ISBN 978－7－01－023400－7　定价：70.00 元

邮购地址 100706　北京市东城区隆福寺街 99 号
人民东方图书销售中心　电话（010）65250042　65289539